基督教文化研究丛书

主编 何光沪 高师宁

四编 第 **5** 册

基督教与华北社会研究
（1927～1937）（下）

张 德 明 著

花木兰文化事业有限公司

国家图书馆出版品预行编目资料

基督教与华北社会研究（1927～1937）（下）／张德明 著 —— 初
版 —— 新北市：花木兰文化事业有限公司，2018〔民107〕
目 4+184 面；19×26 公分
（基督教文化研究丛书　四编　第 5 册）
ISBN 978-986-485-480-6（精装）
1. 基督教史　2. 华北地区
240.8　　　　　　　　　　　　　　　　　107011421

ISBN-978-986-485-480-6

9 789864 854806

基督教文化研究丛书

四编　第 五 册　　　　　　　ISBN：978-986-485-480-6

基督教与华北社会研究（1927～1937）（下）

作　者	张德明
主　编	何光沪 高师宁
执行主编	张　欣
企　划	北京师范大学基督教文艺研究中心
总 编 辑	杜洁祥
副总编辑	杨嘉乐
编　辑	许郁翎、王筑　美术编辑 陈逸婷
出　版	花木兰文化事业有限公司
发 行 人	高小娟
联络地址	台湾 235 新北市中和区中安街七二号十三楼
	电话：02-2923-1455／传真：02-2923-1452
网　址	http://www.huamulan.tw 信箱 hml810518@gmail.com
印　刷	普罗文化出版广告事业
初　版	2018 年 9 月
全书字数	331850 字
定　价	四编 9 册（精装）台币 18,000 元

基督教与华北社会研究
（1927～1937）（下）

张德明　著

目

次

第五章 基督教与华北政治、社会生活

在非基督教运动时期，随着反教运动及"收回教育权"运动的发展，导致民教关系、政教关系进入紧张阶段。1927-1937年间，虽然反教活动平息，华北基督教在活动过程中，仍然受到政府管理、民族主义、战争灾荒等诸多因素影响，但基督教仍然积极融入中国社会，尝试改善民教、政教关系。本章将对此时期华北地区的政教，民教关系进行分析，并特别关注女青年会与华北女子生活，探求基督教为振兴教会在本土化过程中所做的努力。

一、华北政教关系

近代基督教会入华，因受到不平等条约保护，侵损了中国政府的权威，打破了中国古代传统的政教关系。南京国民政府建立后，虽然发起改订新约运动，却基本接受了历届政府签订的不平等条约的传教条款，并宣布宗教信仰自由，但又从维护国家利益角度出发，开始对教会加强管理，约束教会在华活动，同时又利用教会的某些资源为国家建设服务。国民政府此时期对教会学校及基督教的活动进行了限制，颁布了相关政策。

（一）教会学校管理问题

自非基督教运动开始出现的收回教育权运动，在南京国民政府时期继续付诸实施，也对教会教育产生了直接冲击。因教会学校游离于国民政府的管辖之外，南京政府大学院1927年曾向各地教会学校发出《教会学校调查表》，要求各教会学校向当地教育行政机关填报此表，汇报有关学校的学生、教职员、经费等基本情况，华北各教会学校多按要求进行了填报。大学院1927-28

年还先后颁布了《私立大学及专门学校立案条例》、《私立中等学校及小学立案条例》及《私立学校条例》，其核心内容是要把外国教会学校纳入了中国私立学校的体系中，要求外国教会学校在中国立案，使其在法律上不再独立于中国教育体系之外。特别是在限制教会学校传教方面，教育部 1929 年 4 月公布的《宗教团体兴办教育事业办法》中规定，为传播教义设立的学校招生者，不能使用学制系统内的各级学校名称[1]，其含义也就是禁止教会学校作宗教宣传。1929 年 8 月 29 日，教育部又颁布《私立学校规程》，内中除了限制学校的宗教教育外，还要求："私立学校接受教育行政机关之监督及指导；私立学校校长须以中国人充任，即外国人不得在中国任校长；学校必须向政府教育行政机关立案"。[2]而教育部及各地在执行过程中，也要求甚严，迫使大多数教会学校立案。因学校若不在政府立案，毕业生资格将不被社会承认，故当时大多数教会学校先后在政府立案。而当时山西、山东、北平、天津、河北等地大多数教会学校则选择立案，如北平的育英、崇实、崇德、贝满、培华、汇文、笃志等教会中学 1930 年 3 月均立案[3]。燕京大学与齐鲁大学这两所著名的教会大学，自 1929 年开始申请立案，在历经波折，并将神学院分离后，也得以在 1931 年获准立案。但亦有学校根本改变学校性质，使不在部章立案之列，成为专门的神学校。如英国浸礼会在山东所办的三处中学因不认同教育部的规定，拒绝立案，而是直接停办中学。因受于当时教育部的规定，"凡宗教团体如欲传习其所信仰之宗教而设立机关，招致生徒者，概不得沿用学制系统内各级学校之名称"[4]，故该会所办的青州守善中学改为"守善农工院"，北镇鸿文中学改为"鸿文农工道学院"，周村光被中学停顿一个时期后改为"光被道学班"，挂起"农工"、"神学"的招牌，即不再立案。

教育部为促使教会学校立案，曾在 1929 年《私立学校规程》规定，"凡未依照本规程准立案之私立学校，其肄业生及毕业生不得与已立案之学生受

1 《教育部颁布之宗教团体兴办教育事业办法》,《中华基督教会全国总会公报》1930 年第 2 卷第 4-5 期，第 446 页。

2 《私立学校规程》,《总会公报》1929 年第 9 期，第 271 页。

3 《北平特别市市立即私立立案各中等学校一览表》,《北平特别市市政公报》1930 年第 54 期，第 8 页。

4 《教育部厘定宗教团体兴办教育事业办法》,《总会公报》1930 年第 2 卷第 4-5 期合刊，第 446 页。

同等待遇。"[5]为落实此政策，1930年8月，教部通令专科以上学校禁止招收未立案学校学生[6]，以要求各教会学校尽快立案，而教会学校的迟迟不立案，导致学校学生出路无法得到保证，也引发了学潮。然各学校在执行过程中，仍通过举行报名考试的形式，招收部分未立案高中毕业生或转学生，如1930年因燕京大学招收了部分未立案中学的毕业生，教育部曾训令北平教育局查实，并将不符合资格的9人勒令退学。[7]在大部分教会学校在政府立案的形势下，1933年10月，国民政府又颁布《修正私立学校规程》，除继续要求不得以宗教科目为必修课及不得在课内作宗教宣传外，还规定外国人不得在中国境内设立教育中国儿童之小学，私立学校开办三年未经立案者，主管教育行政机关得令其停办[8]，进一步加强了对教会学校的限制，但在实际落实过程中，教会小学仍得以继续开办，仅在学校立案问题上执行较严。因教会学校招收未立案中学毕业生的现象仍屡禁不止，1934年7月，教育部再次重申前令，各该校不得招收未立案之专科以上学校转学生，未立案之中等学校升学生，如再违令招收，本部不予认可。[9]而针对各学校拒绝立案，而以神学院名义继续办学的办法，同年9月，教育部又发布《限制宗教团体设立学校令》，内称："凡宗教团体设立学校应遵照修正私立学校规程办理，如或设置机关传习教义，概不得沿用学校名称，并不得仿照学校规制，编制课程，招收学龄儿童及未满18岁之青年，授以中小学应有之科目，以杜假借而免混淆。"[10]但实际此规定执行却不力，华北各神学院照旧招生，有意与政府保持距离。对于当时仍有部分教会小学使用《农民宗教读本》等课本宣传教义，违反了《私立学校规程规定》，教育部1935年专门颁令各省市教育厅局，规定在教会小学内若含有宣传宗教意义或仪式之教科书，当予取缔[11]。

值得注意的是，各教会学校立案后，又按照教育部规定统一开设了党义课程，并每周一举行总理纪念周活动，学习三民主义，五权宪法，民权初步

5　《私立学校规程》，《总会公报》1929年第9期，第271页。

6　《教部通令各大学禁收未立案学校学生》，《青岛民报》1930年8月31日，第4版。

7　《教部驳斥燕大新生入学资格》，《中华基督教教育季刊》1930年第7卷第1期，第88-89页。

8　教育部编：《教育法令汇编》第1辑，上海：商务印书馆，1936年，第343页。

9　《未立案学校学生各校不得招收》，《福建教育周刊》1934年第198期，第31页。

10　教育部编：《教育法令汇编》第1辑，第385-386页。

11　《为查禁农民宗教读本由》，《教育公报》1935年第7卷第19-20期，第11页。

等内容，在教会学校推行党义教育，部分学校还成立党义教育研究会，这也是政府实施对教会学校控制的重要体现。实际上传教士本身对于校园内政治仪式十分抵触，尤其对于孙中山的个人崇拜纪念，认为也与基督精神也违背，而当时在山东瑞华中学任教的瑞典传教士曾言："如果立案代表着不再上宗教课，这个我可以接受，但是如果立案后要举行各种政治集会的话，那么我是绝对不会接受的。"[12]而实际在党义教育实施过程中，多由各校训育主任兼任，教会学校对此也不甚重视，学生接受程度也不高。

（二）国民政府对基督教的管理

此时期具体到对基督教及传教士的管理，虽然国民政府坚持宗教信仰自由政策，并且保护传教士在华人身安全，但制定一系列对基督教的管理法案以维护国家利益。如 1929 年 12 月 28 日，针对在华外人享有的领事裁判权，国民政府还发布国民政府令，要求传教士在内的侨居中国的外人，应一律遵守中国中央政府及地方政府，依法颁布之法令、规章[13]。1931 年 5 月 4 日，国民政府公布《管辖在华外国人实施条例案》十二条，规定外国人受中国司法法院管辖，对其犯罪由中国法院进行审判，可对外国人进行监禁、羁押及拘留[14]。此条例本准备在 1932 年 1 月 1 日实行，但因九一八事变爆发及各国反对，1931 年 12 月 29 日，国民政府又发布命令，称"本年各地天灾变故，所有应行筹备事项，尚未就绪，该项管辖在华外国人实施条例应暂缓实行。"[15]后此办法实施日期一再后延，最后并未实行，到 1943 年中英、中美新约谈判时，直接废除。作为外国公民的传教士，在华仍享有治外法权及领事裁判权。此时期，国民政府掀起的改订新约运动，也对与不平等条约有千丝万缕关系的教会造成了冲击，部分传教士、基督徒也主张废除传教条约特权，但最终皆未落实，直至 1943 年才废除。而在废约运动过程中，部分地方政府还要求教会配合。如 1931 年 5 月，山东胶县教育局曾要求在该县的瑞典浸信会设立的瑞华中学组织学生参与废约运动宣传，要求该校随时集合学生举行废

---

12 *Letter from Doris Struz to her Parents*, June 23,1929.

13 外交部编：《管辖在华外国人实施条例案》，南京，1931 年，第 1 页。

14 《管辖在华外国人实施条例案》，台北国史馆藏：国民政府档案，档案号：001-012037-0002。

15 《国民政府令，1931 年 12 月 29 日》，台北国史馆藏：国民政府档案，档案号：001-012037-0002。

约的演讲讨论等集会，联合各校举行公开演说竞赛，知道学生在假期中进行
废约宣传等要求。[16]

　　出于对外来宗教的敌视，实际国民党政府官方对基督教仍采取防范态度，
认为"此类团体在过去每藉宗教宣传为文化之侵略，为患至巨，虽信教自由
本党所许，然应由党部予以适当之指导，政府予以切实之监督，运用其宣传
本党党义而纠正其谬误，并严防其文化得略。"[17]国民政府在 1929-30 年间，
曾对外国在华事业进行过调查，其中也包括基督教会及其学校、医院机构，
借此加强对基督教的管理。1931 年 3 月 5 日，为指导基督教团体，国民党中
央民众训练部拟定了《指导基督教团体办法》，上报国民党中央执行委员会，
后国民党中央常会决定请中央组织、训练、宣传三部长及王正廷、陈果夫审
议[18]。他们之后召开多次会议审查此办法，最终在 1931 年 6 月 18 日，经国民
党中常会的王正廷、陈果夫及上述三部长等委员审议，删除了部分过激的条
款，正式改名为《指导外人传教团体办法》，其中规定；"各地外人传教团体
应受党部指导、政府监督，各团体除例会外，举行大会时，当地高级党部得
派员参加；各地外人传教团体不得进行反三民主义宣传；外人传教团体的总
会须在办法颁布后四个月内，向中央党部登记，登记后再呈请所在当地政府
备案；各团体如违反该法规定，由政府依法取缔。"[19]然而，该办法在执行过
程中，外国传教团体在治外法权的庇护下，对此办法也并不认可，内中规定
几乎成为一纸空文，直到 1935 年也只有真耶稣教会、中华国内布道会、中华
耶稣教自立会全国总会等三个本土教派团体在国民政府内政部登记备案[20]。到
1936 年 10 月，当时涵盖在华教会众多宗派的中华基督教会全国总会又申请向
所在地的北平市政府立案，报告组织缘起及区域分布、事业概况等。[21]该会在

16　《胶县教育局训令第 98 号》，山东省潍坊市档案馆藏：私立胶县瑞华中学档案，
　　档案号：049-001-0003-0016。

17　中国第二历史档案馆编：《中华民国史档案资料汇编》第五辑第一编：文化，南京：
　　江苏古籍出版社，1994 年，第 1029 页。

18　《指导基督教团体办法》，台北：中国国民党党史馆藏，档案号：3.3-158.44。

19　《指导外人传教团体办法审查案，1931 年 6 月》，台北：中国国民党党史馆藏，
　　档案号：3.3-172.19.

20　《内政年鉴》编纂委员会编：《内政年鉴》第四册：礼俗篇，上海：商务印书馆，
　　1936 年，第 135 页。

21　《中华基督教会备案、五台山复兴佛教同愿会和调查普明佛教总会的文件》，北京
　　市档案馆藏，档案号：J181-014-00227。

华北的组织有华北大会，山东大会、山西大会，河北大会，翌年初，经北平市政府审核许可，最终收到中央民众训练部颁发之人民团体组织许可证书，成为政府承认之合法团体。[22]这也在于中华基督教会带有强烈的本土色彩，而外国差会团体却始终未在政府备案。对于本土教会，国民政府的管理也相对严格。如1934年时，北平市公安局曾因灵恩会牧师武锡考等以宗教讲演诱惑妇孺为由，指责其借讲道蛊惑群众，宣扬北平将有大难，鼓励信徒前往绥远，对治安有碍，并以此将武氏等查办。[23]

对于教会医院，国民政府则认定其为慈善机关，同意继续开办，但不准利用慈善机关作宗教之宣传，并规定"各教会或西人所设之医院暨院所护士，应服从中国法令，得与他院受同等之待遇。"[24]故华北各教会在华医院仍由教会自办，得以继续维持，而其宗教活动实际并未如教会学校那般受到太多限制。

在此时期，虽然教会学校被迫在政府立案，国民政府也颁布了一系列管理基督教的法案，但实际基督教的传教活动却并未受到太多限制。此时期，教会在华租地产生的中外交涉也时有发生，国民政府为此于1928年颁发了《内地外国教会租用土地房屋暂行章程》对教会租地进行规范，1929年还发布《外国教会租用地屋契税应强制载明必要事项四项令》，其要求载明的四项涉及租用期间之约定，土地四至及面积或房屋大小及式样，土地或房屋在传教宗教范围以内之用途，教会国籍等；翌年又颁布《解释内地外国教会租用土地房屋暂行章程第六条释义》进一步进行细节完善[25]，但地方上仍有相关案件出现。如1932年，河北获鹿县救世军教会就其所租地的纳税问题与当地政府发生纠纷，该教会请求地方免除租地的粮赋，但河北地方政府认为应按令纳税。此事直接引起外交部、财政部的关注，后经多次讨论，财政部拟定了《外国教会在内地租用土地征税办法》，行政院1933年7月更是因此办法要求该教会以改称地租的名义缴纳赋税，但该教会却仍是拖延不交[26]，因其涉外性质也令

22 诚静怡：《中华基督教会是什么》，《富吉堂会务周刊》，1940年"廿五周年纪念特刊，"，第36页。

23 《北平市公安局关于灵恩会牧师武锡考等以宗教讲演惑妇孺等情的呈》，北京市档案馆藏，档案号：J181-031-04077。

24 《教会医院医师等应服从中国法令》，《中华基督教会年鉴》第11期，第97页。

25 《外人租地章程》，台湾"中央研究院"近代史所档案馆藏，档案号：11-06-01-19-02-002。

26 《征收河北获鹿县英教会契税》，台湾"中央研究院"近代史所档案馆藏，档案号：11-06-16-09-01-019。

政府犯难。因立法院在上述 1929 年的必要事项四项令第一项中删去了"或永租"三字，也引起了地方政府的认识歧义，认为是中央不准外国教堂购买房地即永租。为此，山西省府 1932 年曾致电外交部关于外国教会购买或永租房地请求税契事项，应如何办理。外交部 8 月 5 日回电仍承认教会永租权利，称："暂行章程第一条租用二字，原系包括永租而言。外国教会租用土地房屋应强制于契约内载明必要事项四项仅系规定教会租用房地契约之方式，其第一项办法中"或永租"三字虽经立法院删去，暂行章程中关于永租地址固定，并不由之而发生变更，更因外国教会得在内地永租土地系属条约范围内之权利，自不能以租地契约内仅有载明租用期间之强制规定，并无永租字样，而即谓该项永租权利以及取消"[27]。英教会救世军 1930 年在河北文安县购买两处房产，河北地方政府也据章程认为外国人在中国地方应用土地只有租佃权，并无所有权。而且救世军在该县购置房地契纸上所载买主是救世军，并非教会出名，亦未注明公产，与部章不合。但驻津总领事翟兰思（Lancelot Giles）函却请县政府给予立案，为此，河北省政府于 1933 年请示中央政府如何办理。外交部回复河北省府称，应遵循暂行章程第四、第五条之规定，房屋可准其承买，但房屋所坐落之基地，只得永租。1933 年 7 月 24 日，河北省府又咨询外交部关于教会租地立契及教会土地纳税办法，即在新章程公布后，不准再用永租，买更不论，如何纳税的问题。8 月 8 日，外交部回复河北称：立契按照 1929 年甘肃天主堂购地办法，载明必要四项，纳税则按照行政院对河北获鹿教会之规定。[28]

　　教会租地问题颇为复杂，即使相关章程颁布，也频繁引起地方政府向外交部咨询。因清末民初各教会租地契约形式多是绝买，国民政府 1928 年颁布暂行章程公布后，要求教会土地之前系绝买者以永租权论，部份地方政府还将此类契约要求教会改为永租契。如北平 1930 年还公布《教会租用土地房屋税契规约》，规范教会契约，当时发现中华圣公会契约为民初已绝买之契，间有书写传教人姓名者，与部章程不合，通令其于 1930 年 3 月 3 日换给永租契。同年 3 月 31 日，北平市政府又将美国北长老会之前的三份地契换给永租契。

---

27 《山西省政府请解释教会租地永租权疑义》，台北国史馆藏：外交部档案，020-070600-0024。

28 《英教会救世军在文安县购买房屋基地》，台北国史馆藏：外交部档案：020-041107-0040。

[29]当时还有地方当局对于外国教会的认定产生歧义，如 1930 年 9 月 7 日，北平档案馆保管处还就社会局询问的青年会是否认为外人传教团体，对其租地是否按照教会租用土暂行章程办理，咨询外交部。外交部 9 月 21 日回复称：基督教青年会不能认为外人教会团体，其租赁房地自应依照普通手续办理。但中国或外国青年会如以团体名义租赁房地，为该会自身利益计，应先依照民法取得法人身份，方得法律上之保障。若教会团体中如有外国人租赁土地则应使用内地外国教会租用土地暂行章程。[30]

在具体基督教管理上，国民政府仍是相对宽松，如 1935 年 9 月，国民政府内务部在答复河南地方有关外人传教管理的询问时称："外人入内地传教，除应受《内地外国教会租用土地房屋暂行章程》之限制外，尚无其他特定限制规章……如教会请求出示保护时，亦可酌予照办"，但同时内务部又对本国基督徒的行为进行约束，规定"教徒若系本国人而有假借名义违反现行法令情事，当然依法办理"。[31]当时国民政府只是试图对在华基督教进行调查，如 1936 年 3 月，内政部还曾会同中央民众训练部、司法院、外交部、教育部协商处理外人在华主持宗教团体办法，经两次协商后，决定先进行调查统计，当时各省对本省宗教团体进行了初步调查报表。而南京政府之所以加强对传教士的管理，主要在于基督教的外来宗教性质，尤其基督教享有的种种特权，造成了对国家现实利益的挑战，而且传教士也游离于国民政府管辖体系之外，还时常批评政府运作管理，从而导致了政府对基督教的试图约束，实际效果却并不如对佛道教的管理更有成效。国民政府对基督教政策实际执行的软弱性，这也是基督教所享受的治外法权所决定，政府制定的多数法案对基督教来说形同虚设，很难实际约束教会活动。而值得注意的是，虽然此时期国民政府默许传教士的传教活动，但在各地出现的少数反教活动中，与晚清时期的地方官绅作用类似，地方党部起着重要的推波助澜的作用。如 1930 年，天津地方党部曾公开在官方通告中谴责当地传教士从事鸦片与吗啡生意，并向

---

29 《北平市政府请解释教会土地暂行章程第六条》，台北国史馆藏：外交部档案，020-070600-0025。

30 《北平档案保管处请核示北平市基督教青年会是否认为外人教会团体》，台北国史馆藏：外交部档案，020-070600-0025。

31 《外人来华传教之监督与保护办法》《中央日报》1935 年 9 月 17 日，第 1 张第 3 版。

叛军走私武器，但当地的英文报纸《京津泰晤士报》却称是其在编造谎言，借机反教。[32]

（三）华北基督教与政府的交往

基督教会在此时期经历非基督教运动冲击后，也开始内部反省，教会意识到时代环境的变化，更加重视参与国家建设，与政府的合作加强，以此来赢得官方与民众对基督教的认同感，增强教会的本土化意识。来华传教士一致在华致力于社会改良，慈善工作，希望中国实现西方的现代化，而这些目标部分与南京政府所致力的目标相似，故南京政府又借助传教士力量为中国改革服务，从而双方又在推动地方改良、教育医疗等方面进行了合作。

在此需要提及的是，1930 年蒋介石加入基督教对教会的影响。蒋介石在宗教层面上传教士的联系密切，还与 1927 年蒋宋联姻与 1930 年受洗入教的促成相关。1927 年 12 月 1 日，蒋介石与信奉基督教的宋美龄成婚，因宋母要求其研究基督教义，并且诵习圣经[33]，蒋氏对基督教兴趣大增。1927 年 12 月 11 日，蒋介石曾到上海的景林堂听传教士布道。蒋介石 1930 年加入基督教，更是在来华传教士中引起了广泛争论。经过数年对基督教的学习后，1930 年 10 月 23 日，蒋介石在上海正式受洗入教，江长川为蒋受洗，传教士霍约翰（J. C. Hawk）主持圣餐仪式，并组织赐福祈祷；[34] 蒋氏之所以加入基督教，据其所称是为了完成岳母希望蒋入教的心愿，他在当天日记中说："但愿岳母长寿，故受洗之心益切，以偿老人之愿，使其心安痊愈也。"[35]蒋介石的受洗也在传教士及基督徒内部产生了重要影响，尽管有部分人质疑其入教的动机，但多数人认为这将会为基督教发展提供机会。英国的《浸礼会平信徒》杂志，更对蒋氏此举给予高度评价，称："在此动乱的年代，这将会在中国教会历史书书写伟大的篇章，预示着属于基督教的时代终会到来，这也是五年奋进布道运动的成果。"[36]中国的基督徒也对蒋介石入教抱有热切希望，如山东的基督

32　Hallett Abend, "The Crisis of Christian Missions in China", *The Current History*, Vol.32, No.5, Aug 1, 1930, p.931.

33　宋美龄：《蒋夫人言论集》，上海：国民出版社，1939 年，第 426 页。

34　"General Chiang Kai-shek Baptized", *The Chinese Recorder*, December.1930, p.803.

35　《蒋介石日记》，1930 年 10 月 23 日。（中国社会科学院近代史研究所藏）

36　"China's President A Christian", *The Baptist Layman*, No.103, January-March, 1931, p.21. *Church Missionary Society Archive*, Section I, East Asia Missions, Part 18, Adam Matthew Publications, 2001,Reel 383.

徒郭中一撰文指出："我们很希望他能继续努力实现基督徒的生活，不始劝终意，不丧气灰心，在可能而合理的范围内，辅助教会的不及，指正教会的错谬，对党对国更有新鲜永久的贡献。"[37]但蒋氏加入基督教也受到社会舆论质疑，如烟台的《芝罘日报》曾称："独是以科学时代之现在，全国之打倒教会口号，高唱入云，而国府主席，竟身入其中，于人民之趋向上，不无关系耳。"[38]但也有报刊认为不必对此举大惊小怪，称蒋氏受洗："也不过和迷信朋友的皈依三宝，或是过继给天后圣母关帝老爷做儿子，同样的一回事吗？"[39]随着蒋介石对基督教的研修及与传教士的交往，蒋氏对基督教越加认同。非基督教运动时期，不论共产党及国民党，还是社会舆论都将教会学校视为文化侵略的工具，作为攻击教会的重要口实。然而作为国民政府最高领袖的蒋介石对此却有不同看法，1931年4月14日，蒋氏在日记中反驳共产党将基督教作为帝国主义侵略工具说法，称："基督教乃世界性而不讲国界，故决不为任何一国帝国主义者所利用"[40]，当然这也与其信仰基督教有关。同年4月18日，蒋氏又发表《主义与宗教之关系》一文，称基督教带有革命性，主张用基督教打倒共产主义的"共产教"，最后提出"研求基督教，以仁爱为本之精神与真理发扬而光大之，以挽救今日之世道与人心"[41]，也在当时国民政府官员中曾引起争议。1935年5月17日，蒋氏在日记中又称："英、法帝国主义者利用基督教会，引诱边民，此乃帝国主义者之不道，而非基督教本身之违反教理也。"[42]后在1936年2月的日记中，蒋氏还有了在中国将基督教代替佛教的想法，称："中国宗教应以耶教代佛教，方可与欧美各民族争平等，而民族精神之发扬与固有德性之恢复，亦能得事半功倍之效。"[43]1937年3月26日，蒋介石还在南京发布《耶稣受难予余之教训》的书面致词，系统阐述其对基督教看法，在基督徒中产生广泛影响，蒋氏则在日记中自称："身信对于青年思考与民族复兴，及建国之影响必大也。"[44]但蒋介石作为现代国家的领袖，

---

37 郭中一：《蒋主席加入教会之后》，《鲁铎》1931年第3卷第1号，第15页。

38 《一段关于蒋主席受洗的怪评》，《真光杂志》1932年第31卷第10号，第83页。

39 《蒋主席受洗，何必大惊小怪》，《硬的评论》1930年第1卷第7期，第109页。

40 《蒋介石日记》，1931年4月14日。（中国社会科学院近代史研究所藏）

41 高素兰编注：《蒋中正总统档案事略稿本》第10册，台北国史馆，2004年，第457页。

42 黄自进、潘光哲编：《蒋中正总统五记：学记》，台北国史馆，2011年，第86页。

43 《蒋介石日记》，1936年2月15日。（中国社会科学院近代史研究所藏）

44 《蒋介石日军》，1937年3月26日。（中国社会科学院近代史研究所藏）

奉行政教分离，虽然与传教士表示友善，并未对基督教政策放宽，仍是服从于国家利益制定宗教政策，故又继续限制基督教在华活动。

南京国民政府在世俗生活中与传教士的合作，以 1934 年开展的新生活运动最为典型，当时华北差会众多传教士也积极参与其中，并将其贯彻到五年运动中推行。1934 年 2 月，蒋介石在南昌发动新生活运动，此后蒋介石及宋美龄多次呼吁传教士参与政府合作，在各地开展活动其用意在于借助教会力量来拓展新运事业，扩大新生活运动的影响。1934 年 11 月，蒋介石夫妇在太原接见天主教、新教传教士代表，重申希望传教士参加新生活运动[45]。1935 年，蒋介石在新生活运动促进会总会干事会议上演讲还称："教会里的外国人，多半各有专长，若是拿钱聘请，一个月三五百元也请不到。现在他们情愿帮忙，当然没有不用的道理，所以各地新生活运动当和青年会或教会联络合作。"[46]为响应此运动，1935 年，中华基督教青年会暨基督教各教会新生活服务团成立，专门开展各项新生活运动。当时教会人士也提出教会如何参与新生活运动，如："凡信仰基督的人士，应对布道运动加倍努力，并须觉悟教会的责任，即在给与新生活运动所需的灵力；每天为中国祈祷，使爱精神和爱国精神二种精神打成一片；基督徒具有他人所不及的服务态度，故能与新生活运动合作，并能在教会程序中，实现新生活运动，以便对社会国家有所服务。"[47]因新生活运动要求与基督教传教士所追求的改革目标有相同之处，故华北各地的传教士及基督徒积极响应参与，通过宣传与改良实践，积极配合地方政府开展起新生活运动，成为推行西式文明及振兴中国的重要力量[48]。如山西基督徒刘辑五曾发表《基督教与新生活运动》一文，提出："基督教无论在形式或内容上，均有新生活的精神，则谓基督教为新生活运动的先锋或基础，有何不可呢？"[49]时在燕京大学工作的美国传教士范天祥（Bliss M.Wiant）曾在自己的日志中记述："蒋介石在持守他的基督教原则底下，于中国开展了一个新的运动，强调领导中国的男男女女迈向更美好的新一天，过清廉、健康和

---

45 "The Present Situation: Missionaries and New Life Movement", *The Chinese Recorder*, January 1935, pp. 61~62.

46 《蒋委员长提倡新生活运动应当和教会合作》，《通问报》1935 年第 640 期，第 6 页。

47 《对于新生活运动的意见和批评》，《兴华》1937 年第 34 卷第 19 期，第 9 页。

48 "Effect of New Life Aid Christian Forces", *The Christian Century*, Vol.LIV, No.23, June 9, 1937, p.755.

49 刘辑五：《基督教与新生活运动》，《革新月刊》1935 年第 2 卷第 2 期，第 11 页。

节约的生活，不吸烟成为他其中一项信仰原则，这运动非常广泛迅速地传遍整个中国，我们都希望它会有重大的意义。"[50]但他在当天日记中还颇有讽刺提到北平市长那时却在颐和园举办盛大的宴会，颇为奢华浪费，以此暗指此运动的虚张声势。而且更令传教士困惑的是，新生活运动所宣扬的四维八德等儒家理念，实际与基督教义格格不入，但他们又因取得政府支持的目的，须积极配合该运动的开展。蒋介石也积极倡导利用传教士的优势为国家服务，如他曾要求各地在救灾时与教会密切合作，还通知各地教会协助，其在1936年6月1日曾致电汉口农民银行总经理徐继庄时指出："凡前所指定灾区放款各地点，务令派往放款经理人与就地之耶稣教会切实联络，并求其协助，则得益与便利必多。以其教会多在交通不便之灾区，且皆有组织与调查，其效力必备于行中新派之人也。"[51]1936年12月，西安事变发生后，各地教会还纷纷致电张学良，请其释放蒋介石，并为蒋氏祈祷平安，如华北神学院、华北弘道院曾在12月14日停课一天，为蒋组织班级祈祷及晚祷[52]。在蒋获释返回南京后，各教会又致电向其祝贺，如12月25日，青岛基督教灵恩会即致电蒋介石称"感谢神听，众圣徒禁食祈祷我公安然出险。"[53]

　　除了政府的限制政策外，在此时期，各教会学校，医院在经济紧张形势下，还积极谋求中央及地方政府支持，这也是政教关系缓和的表现。因燕大面临经济危机，财政紧张，发起"百万基金运动"，得到政府政要支持。1934年10月16日，蒋介石、汪精卫、孔祥熙联名邀请南京官员出席茶话会，开始劝募，司徒雷登致谢词，汪、孔亲自出席赞助[54]。1934年11月10日，蒋介石一行来到孔祥熙亲手创办的山西太谷铭贤学校，接见外籍教士及师生代表，并发表致辞称"务求学校无一学生做坏事，务求个个学生做豪杰，做圣贤"[55]。

50 范燕生著，李骏康译：《颖调致中华：范天祥传》，香港：基督教文艺出版社，2010年，第117-118页。

51 《蒋中正致徐继庄电》（1936年6月1日），台北国史馆藏：蒋中正总统文物，档案号：002-010200-00160-007.

52 储怀安：《华北神学、弘道两院停课为国哀祷》，《通问报》1936年第49号，第5页。

53 《青岛基督教灵恩会电蒋中正》（1936年12月25日），台北国史馆藏：蒋中正总统文物：002-090300-00004-241.

54 《汪蒋孔联名为燕大募捐，昨在励志社举行茶话会》，《中央日报》1934年10月17日，第8版。

55 《蒋委员长训辞》，《铭贤校刊》1934年第5卷第11-12合期，第69页。

1936 年 9 月，因司徒雷登募款建设燕京大学，热心教育，兴办学校，劳绩懋助，蒋介石批准给予明令嘉奖[56]。而且教会学校、医院在当时教学、医疗质量上都具有优势，也得到政府当局的肯定。如 1935 年 5 月 13 日，河北邢台长老会福音医院新楼落成时，在当地驻扎的 32 军军长商震及县长均出席典礼并致辞，其中商震还医院称为"邢台一带病者之福星"。[57]1936 年 6 月 22 日，齐鲁大学新医院落成时，山东省政府主席韩复榘亲自出席并致辞，称赞医院的精湛业务及对社会贡献，称："贵校新旧医院我都参观过，在院服务的人，无论动作，精神，都够良医的条件。尚望继续努力，为人类服务，为社会造幸福。"[58]蒋介石政府虽限制教会学校传教，但反对盲目排斥教会学校，如因当时徐州不准教会学校传教登记，致多处停办，故蒋介石其在 1937 年 6 月 22 日致电教育部长王世杰、江苏省主席陈果夫时曾称："中以为排斥教会学校，反对传教于我国社会人心风尚与政治，皆有极大之损失，而于现在为尤甚，如能用之得当，国家实多利益，应设法维持与奖勉也[59]。"因蒋介石的基督徒身份，当时各地教会也多次请其拨款捐助或题词，多得到蒋介石同意。如 1937 年 6 月 17 日，中华基督教会全国总会干事诚静怡与会长谭沃心请求蒋介石出席于 7 月 16 日在青岛开幕的该会第四届常会并给予训词，最后蒋氏因公务繁忙并未出席，但给予了训词。[60]当然也应该看到，传教士作为民国社会中的特殊群体，仍然享受治外法权的保护，尤其其背后更是代表英美等国家，故当时民国政要仍与传教士接触比较频繁，对他们态度比较友善，部分传教士也成为中外关系交往的联系人。

需要指出的是，此时期华北地区频繁发生战争及土匪劫掠，也对教会正常教务产生了严重影响。如 1930 年中原大战波及山东，2 月 19 日，在诸城的瑞华浸信会受战事影响，交通断绝，教会亦被阻止，至 8 月 26 日暂告平静，

---

56 《嘉奖北平私立燕京大学校务长司徒雷登》，《内政公报》1936 年第 9 期，第 12 页。

57 董新民：《邢台长老会福音医院新楼落成与展览会》，《通问报》1936 年第 21 号，第 4-5 页。

58 《新医院开幕，韩主席亲致开幕词》，《齐大旬刊》1936 年第 6 卷第 27 期，第 191 页。

59 《蒋中正致王世杰、陈果夫电》（1937 年 6 月 22 日），台北国史馆藏：蒋中正总统文物，档案号：002-010200-00177-030.

60 《北平中华基督教总会在青岛举行周年庆，请蒋中正临赐训词，1937 年 6 月 17 日》，台北国史馆藏：国民政府档案，档案号：001-011240-0001.

得以恢复教务。[61] 战事期间，国民政府还尤其注意保护外国人安全，如中原大战期间，蒋介石于 1930 年 8 月 4 日即特别电令夏斗寅、朱怀冰所部在攻占济南时，要由师部派兵保护各领事与教堂[62]。同年 8 月 12 日，蒋介石又致电蒋光鼐，强调在进入济南后要保护各领事馆与教堂[63]。因双方都不想因伤害外国人而引起与他们所在国的关系交恶，即使与蒋方作战的阎锡山也特别强调要求部队在作战中注意保护外人生命财产安全，并曾要求军队腾让占领的顺德长老会房舍，禁止占据教堂[64]。与阎联合讨蒋的冯玉祥在东进过程中，也特地发布命令强调，对于各国侨民，如无违法行为者，均应一视同仁，妥为保护[65]。但战争对教会的影响却是十分巨大，如 1933 年中日在山海关交战时，华北美以美会山海关各教会或被日军占领，或被炮火攻击，教友被掳者有之，伤亡者有之。而双方停战后，又有屠夫蹂躏，烧杀淫掠，较兵灾为尤甚。[66]特别是随着 1937 年 7 月日本全面侵华的开始，华北各地相继沦陷，基督教因为欧美国家教会开办，得以继续维持，但正常活动大受干扰，重新复兴的教务又陷入低潮。当然教会也在战争发生时，发扬一贯的博爱慈善精神，积极参与救护伤兵，也赢得了官方好感。1933 年，昌平地区讨伐刘桂堂战争，军队请求该地教会的田牧师去救护伤兵，田牧师就领了几位教友当开火时冒险的冲过战场，救了十几个伤兵，也医好了他们，从此时该地的教会大大的兴旺，也受军官们的敬仰[67]。

　　此外，当时华北的教会学校内的学潮及外籍教员与中国师生间的纠纷，往往也会引起中外交涉。如 1930 年 5 月，美国南浸信会在山东黄县的崇实中学因学潮停关，但反对学校当局的中国教员及学生若干人仍占用校舍并对美

61　《诸城浸礼会记录：1930 年》，山东省诸城市档案馆藏，档案号：C4-143。

62　《蒋中正电夏斗寅、朱怀冰，1930 年 8 月 4 日》，台北国史馆藏：蒋中正总统文物，档案号：002-080200-00407-110。

63　《蒋中正电蒋光鼐，1930 年 8 月 12 日》，台北国史馆藏：蒋中正总统文物，档案号：002-080200-00407-134。

64　《阎锡山电傅作义，1930 年 5 月 1 日》，台北国史馆藏：阎锡山史料，档案号：116-010101-0098-092。

65　《孔文轩等电阎锡山，1930 年 3 月 31 日》，台北国史馆藏：阎锡山史料，档案号：116-010101-0084-129。

66　王耀庭：《兵燹后之华北年议会简报》，《兴华周刊》1933 年第 30 卷 45 期，第 30 页。

67　黄小同：《布道组的报告》，《燕大团契声》1934 年 5 月，第 20 页。

籍教员以武力相恫吓。为此，美国驻烟台领事请求美国驻南京领事麦耶（Paul W. Mayer）请求其向统治胶东的军阀刘珍年发报保护其生命及房产。7 月 24 日，南京领事致电王正廷，反应此问题，外交部随后致电山东省府查实。山东省府则令教育厅查明办理，后给予适当保护。[68]对于 1930 年代的政教关系，美国军事情报局在华人员也于 1931 年指出：“中国地方官员对传教士疏于保护，政府限制教会学校，而且对于军队及土匪给传教士带来的财产损害补偿不力。”[69]

此时期，国民政府通过改订新约运动，企图逐步削弱外国人在华特权，也使基督教在华特权的根基受到动摇。国民党政府虽然坚持宗教信仰自由，但不断通过法律法规加强对教会团体的管理和控制，还试图通过三民主义的意识形态来排挤宗教的影响，并淡化教会事业的宗教色彩，使之成为在政府管理体制内的世俗化的社会事业，并利用这些事业为中国社会服务。而教会在此时期经历非基督教运动冲击后也开始内部反省，教会意识到时代环境的变化，更加重视参与国家建设，与政府的合作加强。1930 年代，教会参与到政府倡导的新生活运动、乡村建设运动、禁烟运动中来，利用自身优势为政府建设服务，形成了较为平稳缓和的政教关系格局。但是也应该看到，基督教与西方国家仍有千丝万缕的关系，其仍享有佛道教所不具备的特权，故也导致国民政府对其管理多是颁布相关条例，但执行的实效却并不显著。

二、华北民教关系

（一）民教关系反思

义和团运动后，西方传教士改变以往的所谓“拯救个人灵魂”的策略，以创办教会学校为重要手段，图通过独立的教会教育体系来影响中国教育和中国青年的民族意识，根本目的在于促使中国基督教化。表面上看，教会在华传教策略改变后，中国社会与教会势力的冲突似乎不再像 19 世纪末那样尖锐。但是,深层次的文化冲突、帝国主义对中国的文化侵略的矛盾并没有解决。这种深层矛盾的不断积累，势必导致更深刻的冲突，从而导致了持续数年的非基督教运动的爆发。

---

68 《山东黄县教会房产被占》，台北国史馆藏：外交部档案，档案号：131-00000-6742M。
69 Comments on Current Events, May 13-27,1931, *U.S. Military Intelligence Reports. China, 1911-1941*, Reel.1 p.4, University Publications of America, Inc,1983.

随着南京国民政府的成立，已经平息了反教思潮，基督教获得了相对良好的社会环境，但民教最本质的冲突并未解决。基督教作为一神性宗教，带有强烈的排他性，必然与广大乡村盛行的迷信，民间宗教，佛道教等信仰发生冲突，"乡间之多神思想、福利志愿与一神教之布道宗旨、牺牲精神更形杆格"[70]。基督教不能深入中国，也是因为基督教本身与中国文化相龃龉，诚如燕大教授赵紫宸所言："因为中国人祀祖宗，基督教嫉视祭祖宗；中国人重男轻女，许男子娶妾，不许女子失节，而基督教则坚持一夫一妇制，绝不稍为容让；中国人重其在上者，基督教则主持平民主义；中国方兴国家的思想，基督教则欲破除国家种俗的畛域；中国人注重过则不惮改，基督教则注重人不能自救，须痛心疾首的忏悔罪过，以邀上帝的垂援；中国人欢喜优游自得，基督教则与墨子之教相近似，专以自苦为极；中国人大都不信人格神，基督教则全以人格神为中心信仰；中国人不善于组织，基督教则注全力于教会与夫教会的典章，制度，遗传，神学。"[71]另外，基督教所宣扬的人皆有罪、以至原罪论等，亦常被国人误解，且与儒家的性善说水火不相容，如此自然招来极大的抗拒与冲突。由于近代东西方之间的差距，带有文明优越感传教士来华后，对中国民众的传统信仰往往加以排斥，妄图让他们改信基督教，这也多会引发民教纠纷。

基督教坚持"一神教"信仰，传教士也极力树立基督教信仰的绝对权威，妄图尽快建立一个统一的基督教世界。为此，传教士一方面与中国传统的神抵对抗，努力宣扬上帝才是真正的福音，用基督教的教义、教规向教民灌输一神信仰，严格规范教民的信仰活动，禁止教民因袭或参与任何与基督教礼仪相抵触的各种崇拜祖先神偶的习俗和活动，但"中国人崇敬先人之念正切，向日教会对此，不特漠不关心，且持反对态度，至比之偶像假神"[72]，因此也使很多民众不肯加入基督教。虽然教会也逐步改革教会礼仪，对教徒祭祀采取折中态度，企图缓和民众反对情绪，但终因其外教性质，始终未得民众完全认同。正如马士在分析中国人厌恶传教士原因时所论："传教士起初在官吏看来，是一个多事的人，一个挑拨是非的人，在民众看来，则是一个令人厌恶的革新者。没有人承认基督教在任何方面优于中国流行的各种宗教，它似

---

70 赵琪修：《胶澳志》，1928 年铅印本，卷三：民社志（四：宗教），第 69 页。

71 赵紫宸：《中国民族与基督教》，《真理与生命》1935 年 9 卷第 5-6 合期，280 页。

72 诚静怡：《本色教会的商榷》，《圣经报》1926 年第 16 卷第 84 期，第 47 页。

乎于根绝文明。"[73]而且当时的乡村民众虽然逐步接受教会开办的学校，医院，但仍然对基督教抱有敌视态度，乡村民众虽然听见说："基督教是最完全最高尚的，却因看到教会是外国人主办的，总是心裹怀疑，裹足不前。"[74]故当时入教民众仍属少数，如美国公理会自 1913 年到山东陵县建立教会传教，历经二十年，但"信徒寥寥，不足百人"。[75]

南京国民政府成立后，因政府要求教会学校立案，而教会学校反应消极，又再次激起民众收回教育权的反基督教运动，时有破坏教会正常教务的事情发生。如 1929 年圣诞礼拜期间，周村区会教堂即遭到长山县党部的房崇岭率本镇部分工人的破坏，搅乱礼拜秩序，"摇旗呐喊，口呼'打倒基督教'，杂以种种谩骂"[76]，并在教堂内外张贴反教标语，打砸教堂内玻璃及桌椅等，造成损失约 2000 美元。[77]同年 12 月 17 日，当山东浸礼会统会在青州举行时，因青州守善中学迟迟未在政府立案，浸礼会认为教部对宗教教育限制过严，并准备全盘改组。该校男女学生及他校学生协同县党部七八百人遂大闹会场，捣毁基督教堂，并将部分教友拘押于县党部。后应英国浸礼会请求，中华基督教会全国总会于 1930 年 1 月将此两案报告行政院，请该院训令山东省府，责成两县释放被捕的青州教友，秉公处理长山打砸教堂一案[78]。因关系到英国基督教利益，行政院于 1930 年 1 月 16 日即令山东省府秉公办理，责成保障，为此山东省政府主席陈调元命山东省党务整理委员会查照，并分令长山、益都两县妥为保护教会，[79]才平息这一风波。1930 年，美国南浸信会的崇实中学因未立案导致学潮，进而停办，部分激进学生更是发生扰教行为。美国驻华公使 1930 年 8 月还致函外交部，要求保护房屋及美籍教员生命，外

73　【美】马士、宓亨利著，姚曾廙译：《远东国际关系史》，上海书店出版社，1998 年，第 262 页。

74　赖逸休：《五运与乡村教会》，《真光杂志》1930 年第 29 卷第 8 号，第 35 页。

75　苗恩波修：《陵县续志》，1936 年铅印本，第十四编：种族宗教，第 37 页。

76　《掀然大波之山东反教运动》，《总会公报》1930 年第 2 卷第 4-5 期合刊，第 455 页。

77　"Shantung Church Takes Bold Stiand", *The Chinese Recorder*, February 1930, p.127.

78　《中华基督教会全国总会关于山东青州、周村两地学生工人反对基督教奴化，结队捣毁教堂，请责成处理，致国民党政府行政院代电（1930 年 1 月）》，国民政府行政院档案，中国科学院近代史研究所南京史料处选辑：《帝国主义利用宗教侵华史料》，1960 年。

79　《掀然大波之山东反教运动》，《总会公报》1930 年第 2 卷第 4-5 期合刊，第 458 页。

交部为此请山东省政府加以保护。[80]而此类民众反教行为，多是自身利益受到传教士威胁的当地士绅鼓动民众反教，而民国成立后，感到自身儒家文化受到基督教文化强烈挑战的知识分子反教情绪更加强烈，从而带动鼓动了普通民众反教。而当时传教士也认识到知识分子对民众思想的影响，认为"要改变民间的一切思想行为，不能不注意到操纵民间思想的知识分子。"[81]不可忽视的是，在南京政府初期各地的反教运动中，甚至当地党部官员也在背后策划民众反教，这也是文化冲突，民族主义的深层次原因所致。还有一个因素在于"中国官员看到传教士在下层民众中工作，也就是处在最会引发革命危险的团体中，官员们深信传教士形成了一种威胁。"[82]但是在此时期，民教激烈冲突进而发生教案的事件已经比较少见，只是在局部地区仍有小规模的民教冲突，这也是基督教逐渐被民众认同的表现。

（二）从 1931 年德福兰案看华北民教关系

基督教传教士自近代入华后，受其外来宗教性质及中西文化冲突等多种因素影响，始终面临重重阻力，导致各地教案频发，尤以义和团运动、非基督教运动为两次反教高潮。南京国民政府成立后，明令保护教会活动，反教风潮减弱，政教、民教关系有所缓和，但牵涉到传教士与地方社会的案件仍时有发生。此类案件往往牵涉领事裁判权与来华基督教问题，而南京国民政府此时又在积极与各国交涉废除领事裁判权，故也成为中央及地方政府的棘手事务。目前学界对晚清时期的教案研究较多，但对非基督教运动之后的传教士与地方社会冲突而引起的中外交涉却关注不多。因此时期由美国传教士在各地引起的中美交涉较多，本节试图从个案出发考察中美有关此类案件的交涉，所要探讨的问题是：在南京国民政府初期，中美政府在此类交涉中如何从法律上解读运用领事裁判权？中美政府内部对交涉的态度又有何种差异？社会舆论的反应在交涉中占有何种角色？来华传教士与基督徒又是如何应对此类交涉？

---

80 《中美往来照会集（1843-1931）》第 19 册，桂林：广西师范大学出版社，2006
　　年，第 192 页。

81 单伦理：《五运进程中的基督教宣传问题》，《真光杂志》1932 年第 31 卷第 2 号，
　　第 20 页。

82 Paul A.Varg, *Missionaries, Chinese and Diplomats, American Missionary Movement in
　　China, 1890-1952*, Princeton University Press,1958,p.32.

1931 年 7 月，正当中美废约谈判进行时，美国公理会派遣来华的医学传教士德福兰（F. F. Tucker）在山东德县博济医院内开枪杀死院内工友王国庆，在当地引起了民众强烈抗议，也导致了中美官方间的交涉。此时恰逢反帝与废约运动高峰时期，国内外报刊高度关注此案，也引发了中外舆论激辩。本文将以中美废约交涉中的典型案例——1931 年德福兰案件入手[83]，利用台湾国史馆所藏国民政府外交部档案与美国国家档案馆收藏的济南领事档案等相关案卷，加之美国教会档案及相关中西报刊等史料，在理清此案件过程的基础上，从政治与法律互动的视角，着重分析因中美两国法律差异而引起的领事裁判权交涉矛盾及背后中美政府内部的态度分歧，并考察中外舆论与基督教内部对此案的争论，从而对 1930 年代初期的中美交涉复杂性有所认识。

1、法律差异下的领事裁判权：中美官方之交涉

南京国民政府成立后，中美交涉案件仍时有发生，美国在华领事裁判权也尚且有效，导致中美官方在案件交涉时，中方虽然可以调查案情，但仍无对涉案外人的审判权力，而是由美方根据独立调查进行审判。地方政府在国民政府于 1929 年裁撤各地交涉署后，虽不能单独处理外交事务，但却在涉外案件中更加积极主动，这也在德福兰案中有所体现。

此次案情缘起于 1931 年 3 月底到 7 月初，博济医院曾发生多次窃案，前后损失公款 2470 元。[84]医院方面曾两次向当地警方报案，警方却采取不作为态度，一直未破案[85]。故自 7 月开始，作为医院总司库的德福兰，每日夜宿办公室，携带手枪，秘密侦察。7 月 11 日五时左右，德氏见有人入室，欲开保险柜，遂起身查看，并以左手将该人捉住，但被挣脱逃走，遂开枪击之。入室者复自院内逃出，向该院西园墙奔去，德氏追随又连发两枪，其中第二枪击中该人腰部，致其倒于院墙下。经查看，发现为院内工友王国庆，因其被弹伤要害，经医治无效，于是日 6 时 50 分身亡[86]。

---

83 目前学界对此案件的关注研究较少，王神荫的《基督教公理会在山东的发展和组织概况》(《文史资料选辑》第 2 辑，济南：山东人民出版社，1982 年)、《德县地区志》（济南：齐鲁书社，1992 年）、李传斌的《条约特权制度下的医疗事业》(湖南人民出版社，2010 年)、景敏的《近代美国公理会在鲁西北活动研究》(山东大学硕士论文，2014 年) 等论著，对此案有所介绍，但相关论述及引用资料都较为简略。

84 "Letter from Dr. Vincent Wagner Relating How Dr. F.F. Tucker Confronted a Thief", July 17,1931, Special Collections of J. Willard Marriott Library, University of Utah.

85 《德县美人德福兰枪杀王国庆》案卷，台北国史馆藏，档案号：020-990600-3429。

86 《德县美人德福兰枪杀王国庆》案卷，台北国史馆藏，档案号：020-990600-3429。

此案案发后，中美政府随即展开交涉，大致可分三个阶段。第一阶段为中方调查为主，美方则派领事探访。中方的调查则首先由德县展开，后通过省民政厅、省法院主导，最后将案情上报外交部定夺。案发当天，该院严守秘密，直到 7 月 12 日才由德县民众教育馆馆长徐乃真电话通知了德县官方。德县官方闻讯后，县长李树德 12 日立即率司法、警察人员前往医院实地勘验，并拍照存卷[87]。德县法院随后致函博济医院，令德福兰以书面形式报告该案详细经过。后德氏由当地商铺作保，于 7 月 13 日将报告递交法院，并称："在两星期以内，如有逃脱情事，敝负完全责任。"[88]德氏还找到恰巧于 10 日来院的王国庆之父王玉可，打算给其部分金钱，使其出结，将儿子尸体带回恩县原籍，了结此事，但却未果。德氏此举也被德县官方定义为"情虚畏罪，希图以金钱运动湮没杀人痕迹。"[89]

此案因事关外交，德县官方迅速将案情上报山东省府，山东省府对此案颇为重视。7 月 12 日，德县法院致电山东省高院，请示是否逮捕德福兰。山东省高院以详情不明，一面电令该县政府及该检察官迅将详情查复，一面函请山东省政府派员调查事实，向美国驻济领事提出严重交涉，请其重惩[90]。13 日，德县县长也分致山东省府主席韩复榘及民政厅长李树春，报告案情及会同法院等人勘探结果，并请示处理方案[91]。韩复榘当日回复令继续查明原由，民政厅厅长李树春则电令将该美人暗中监视，以防逃逸[92]。德县政府碍于领事裁判权的存在，未能立即将德福兰拘押，而是奉命派警团暗中监视。此外，博济医院的郭寿仁、高雅儒还相应做了案情书面情况说明，医院人员从王国庆住处搜出的钱币也开列了清单，都交给了德县官方，他们提供的证据都在指向王国庆为盗贼。

事发后，美国方面亦迅速行动，驻济南领事也亲自前往德县调查。德福兰于 7 月 11 日即将此案情况报告了驻济南领事米赫德（Carl D. Meinhardt），询问下一步对策。米赫德接到报告，除于 13 日上报北平的驻华公使外，还于

---

87 《德县博济医院美人枪杀华工案》，《华北新闻》（天津）1931 年 7 月 16 日，第 1 版。

88 《德县王案凶手已有亲笔供呈法院》，《世界日报》1931 年 7 月 19 日，第 5 版。

89 《德县美人德福兰枪杀王国庆》案卷，台北国史馆藏，档案号：020-990600-3429。

90 《德县美人德福兰枪杀王国庆》案卷，台北国史馆藏，档案号：020-990600-3429。

91 《德县美人竟枪杀华工》，《北平晨报》1931 年 7 月 15 日，第 8 版。

92 《美人德福兰枪杀华人案详情》，《华北日报》1931 年 7 月 18 日，第 9 版。

当晚赴德县调查。[93]因德福兰在给德县官方的报告中称除了搜出王国庆身上有自造医院钥匙一把外，还称："在伊屋内衣物中搜出现洋一百一十九元，小皮包一个，内装山西省废角票 24 角，山东省角票 1 角，均与敝院失款正相符合，并由伊屋内搜索敝院窃出零星物件，伊时有偷窃情事，毫无疑义。"[94]德福兰也将此证据告知了米赫德，米氏采信此说并上报给驻华公使，还于 14 日面见德县县长时称德福兰"因防止盗窃而袭杀华工王国庆，诚为不幸之案件，但不能负刑事上之责任，中美邦交素称敦睦，深不愿此事而引起两国之恶感。"[95]但中方则对此偷窃证据给予反驳，指出其"竟以事后揣度之词，为被害者之窃盗证据，殊难置信。"[96]米氏还曾提议参加新成立的王国庆惨案后援会将于15 日召开的反帝宣传大会，并建议将宣传会改为欢迎会，庆祝德大夫打死土匪，县长则告以死者系工友而不是土匪，拒绝了其提议，并对其为德氏辩护进行了驳斥。[97]米赫德当天下午还到德县地方法院，调查肇事情形，拜访德县法院院长王士琛，再次强调王国庆为盗贼，称其死前曾承认罪行，并拿出所谓从王国庆处获得的保险柜钥匙来证明，遭到王士琛的驳斥[98]，米氏无奈于15 日返回济南。从此也可看出，德县地方当局在处理对外交涉时，并没有一味屈从于外国压力，而是据理力争。

美国领事的到访，也使得山东当局对此案给予持续关注。7 月 15 日，德县地方法院检察官孙鼎致电山东济南高等法院，陈述案情，提出四点疑点，认为德福兰乃故意杀害王国庆，而王国庆是为擦抹地板才进入办公室，并否认被害者在死前曾承认盗窃[99]。后山东省高院又令孙鼎回复该院与美领交涉情形，孙氏在 17 日的复电中驳斥美领提出的所谓为德福兰辩护的三点证据，称其捏造王国庆死前承认盗窃，拥有开保险柜钥匙及住屋内藏有院内失窃钱款等诬陷王为盗贼的证据，提出米赫德的所有证人均系该院职员工友上下联成

---

93 Records of Foreign Service Posts （RG 84）, Consular Posts, Tsinan, China, Volume 121, National Archives and Records Administration of the United States.

94 《德县美人枪杀华工案，韩复榘主慎重办理》，《导报》1931 年 7 月 17 日，第 3 版。

95 《德县美人枪杀华工续讯》，《观海》第 2 期（1931 年 8 月），第 237 页。

96 《德县美人德福兰枪杀王国庆》案卷，台北国史馆藏，档案号：020-990600-3429。

97 《王国庆惨案尚有内情》，《益世报》（天津），1931 年 7 月 19 日，第 3 版。

98 《美人行凶案，法院长痛驳美领》，《中央日报》1931 年 7 月 20 日，第 2 张第 3 版。

99 《德县美人德福兰枪杀王国庆》案卷，台北国史馆藏，档案号：020-990600-3429。

一气，自无传讯采取供词之价值，且系外人势力范围之下，票传到案，处处棘手。孙还指出如王国庆果有窃盗行为，中美法律大概相同，亦不论死，该德福兰之擅杀，应请向美领交涉，按律治罪。[100]7 月 16 日，李树德还专门致电外交部及山东省府、高等法院详述德案经过，并附死者照片两张，请求外交部、省府与美使交涉，以平民怒。特别是李树德在汇报时将案情描述为王国庆为德氏故意杀死，并提出了否定王为窃贼及德福兰蓄意杀人的多项证据，诸如王国庆身上搜出的钥匙非开保险柜钥匙等，再如此案发生时间既在五点钟，天明以后岂能有窃盗行为。王国庆既为该院工人，凡属院内之人均能认辨，并无于日出时仍敢侵入办公室之理，并指明德氏在认清王国庆情况下，仍然开枪乃是防卫过当，这些证据也被外交部在之后给美国驻华公使的照会中复述[101]。由上可知，中美双方已经对王国庆是否为盗贼，进而对德福兰的杀人性质产生了分歧。

除了德县当局的报告外，山东省民政厅还指定特派员李西峰于 7 月 16 日下午到达德县，以便调查实情。李氏经过询问调查后，于 17 日下午乘车返回呈覆，其报告称从王国庆身上搜出的钥匙实为办公室所用，而非保险柜钥匙，认定王被误杀无疑，但其在报告中也附带了德福兰的述说及该院华人院长郭寿仁的陈述，两人皆认定王为盗贼，并称搜出了王盗窃的院内部分金钱及零星物件，与医院所失窃物品相同，确系赃物[102]。由此可见，李西峰在调查中坚持自己判断的同时，也将不利于中方的证据如实上报，履行了较为公正的司法程序。

山东省府在调查基础上，采取了进一步的积极举措。德福兰在德县时并未被关押，但山东省府于 7 月 18 日电令德县方面将德福兰押解赴济南，解送民政厅转交济南市政府妥为看管。德福兰获悉后，希望 20 日再赴济南，以便交接处理德县医院的财务等事宜，获得中方许可，后德氏通过电报将此事告知美国驻济南领事[103]。德福兰于 20 日到济南火车站后，米赫德在车站意图将德氏带回询问，未获准许，后其又向济南市长闻承烈交涉，将德氏送交美领

---

100 《德县美人德福兰枪杀王国庆》案卷，台北国史馆藏，档案号：020-990600-3429。

101 第三二七号，*Records of the United States Legation in China,1843-1945*, Roll 19, Washington: National Archives Microfilm Publication, No. T-898,1963,p.6.

102 《德县美人德福兰枪杀王国庆》案卷，台北国史馆藏，档案号：020-990600-3429。

103 "How the American Consul was Tricked"，《中华民国史料外编：前日本末次研究所情报资料》英文史料：第 19 册，桂林：广西师范大学出版社，1997 年，第 456 页。

署看管，亦未成功。德氏最终被关押在市政府公安局拘留所，米赫德当晚看望德福兰，亦再次请求公安局长王恺如将其带回，未获允许。时王氏的答复也颇为强硬，称："外国人枪杀中国人，我们的民众非常愤慨，现在把凶手解来，政府当有办法可以交涉，现在释放是不能的。"[104]米赫德还于 20 日晚及 21 日两次拜见韩复榘，力请引渡。韩氏均亲自接见，告以此事山东省政府不敢自专，既事属外交，已致外交部请示，方可规定。[105]因德福兰的特殊性，中方对其在拘留所的待遇也颇为优待，"未带刑具，看书通信起居均极自由。"[106]从山东省府的应对看，地方政府因顾忌较少，针对此类中外交涉的态度相对积极，敢于触动外国利益，坚持扣押德福兰。

在中方逮捕德福兰后，中美双方交涉进入第二阶段，即由美方展开独立调查，中方则对美方的行动进行抗议。因此案为美国人在中国枪杀华人，故而牵涉到领事裁判权问题，这也是当时中美正在谈判交涉的外交事务。各国在华领事裁判权因鸦片战争后的不平等条约产生，严重危害中国司法主权，北洋政府在 1925 年曾发起"修约外交"，希望裁撤领事裁判权，却未达成所愿，而此时南京政府高举"革命外交"大旗，继续试图废除领事裁判权，但在与美国谈判过程中，阻力也颇大[107]。然为应付国民会议的召开，1931 年 5 月 4 日，国民政府单方面公布《管辖在华外国人实施条例案》十二条，其主旨是废除领事裁判权，外人犯罪由中国法院依法审判规定，外国人受中国司法法院管辖，对其犯罪由中国法院进行审判，可对外国人进行监禁、羁押及拘留，准备 1932 年 1 月 1 日正式实行[108]。在此形势下，美方于同年 7 月 14 日制定出了《中美条约草案》，决定有条件的逐步废除领事裁判权，对于外

---

104 《行凶美人德福兰解济情形》，《中央日报》1931 年 7 月 24 日，第 2 张第 3 版。

105 《德枪杀华人凶犯，美领要求引渡》，《京报》1931 年 7 月 23 日，第 2 版。

106 《美人杀华工案，凶手解济南》，《庸报》1931 年 7 月 23 日，第 3 版。

107 目前学界对中美废约交涉研究较多，如有吴孟雪：《美国在华领事裁判权百年史》（社会科学文献出版社，1992 年）、王建朗：《中国废除不平等条约的历程》（江西人民出版社，2000 年）、李恩涵：《九一八事变前中美撤废领事裁判权的交涉》（台湾《中央研究院近代史研究所集刊》，1986 年第 15 期）、杨天宏：《北洋外交与"治外法权"的撤废》（《近代史研究》，2005 年第 3 期）及仇华飞：《美国在华领事裁判权的形成与撤废》及崔巍编译：《1931 年初美国政府对废除在华治外法权的态度》（《民国档案》，2014 年第 2 期）等论著，但多是宏观考察交涉谈判过程，甚少从具体个案来探讨交涉中的矛盾。

108 《管辖在华外国人实施条例案》，台北国史馆藏：国民政府档案，档案号：001-012037-0002.

人在华犯罪给予短期拘留或罚款等轻判[109]，但该案发生时，美方尚未就此草案与中方进行谈判。因德福兰案发生在中美废约谈判期间，中美两国政府此时也特别重视牵涉其中的案件，而美国则称在现有条约终止前，仍享有领事裁判权[110]。美国驻华公使詹森（Nelson T. Johnson）在将此案件上报美国国务院后，国务院于 7 月 22 日回电，要求其与中国官宪交涉，须按照领事裁判权之规定，保证对于德福兰之待遇。[111]美国国务院和驻华公使态度一致，即坚持要在这样的案件中，将美国司法审判的全套机制运用到中国。国务院一再督促米赫德召集调查庭，詹森则立即联系上海总领事让其派美国在华法院检察官赴山东开展独立调查。[112]德福兰的被捕更加强了美国政府的这种诉求。尽管根据 1858 年中美《天津条约》第十一条规定，中国政府可以逮捕美国人，但必须交由在中国的美国法庭审判[113]，米赫德仍对中方逮捕德氏很是不满，引证 1844 年中美《望厦条约》第十一条款、1880 年中美"续约附款"的第四条款中有关领事裁判权规定，提醒山东政府拘留美国公民是与条约精神相违背的，要求中国官员遵守之前的"神圣"条约。[114]有上海教会期刊称："美国方面有利用鲁省当局拘捕载氏（德福兰），为破坏领事裁判权之不法行为，借口抵抗吾国治外法权之取消。"[115]美方拖延谈判概为不争事实，原因也不全在此案，但该案却成为其一延缓甚至抵抗废除领事裁判权谈判的理由。

虽然当时山东处于半独立状态，但在关系重大的外交事务上还是向中央请示处理，山东省府以国民政府裁撤地方交涉署后，地方政府不便处理外交事务为由，根据外交部公布的善后办法，即于 7 月 20 日电请外交部详覆对策，

---

109 该草案原文见：*The Foreign Relations of the United States: Diplomatic Papers*, 1931, Vol. III, Washington, DC :Government Printing Office ,1946,pp.893-904.

110 "Chinese Seize Missionary In Shooting Case", *The Standard Union*, July 21,p.4;《美人枪杀华工案凶手德福兰解济》,《时报》1931 年 7 月 24 日，第 3 版。

111 "Washington's Reply to Minster", *Shanghai Times*, July 24,1931,p.1;《美教士击毙华人案》,《天津民国日报》1931 年 7 月 24 日，第 3 版。

112 Records of Foreign Service Posts （RG 84）, Consular Posts, Tsinan, China, Volume 121, National Archives and Records Administration of the United States.

113 "U.S. Demands China Give Up Missionary Held in Killing", *Washington Post*, July 23, 1931,p.7.

114 Records of Foreign Service Posts （RG 84）, Consular Posts, Tsinan, China, Volume 121, National Archives and Records Administration of the United States.

115 《社论：基督教义贵在实行》,《兴华周报》1931 年第 28 卷第 31 期，第 1 页。

以凭办理[116]。7 月 21 日，美国领事还致信韩复榘，抗议中国违反领事裁判权规定，私自扣押德福兰，要求将德氏交由美方，并请其派员同美方共同调查，称德县地方调查太过浮泛[117]。因未见外交部回电，21 日晚，山东省府又急电该部，称美领终日来府要求引渡，以本府无直接对外交涉之规定已婉词答复，究竟该美人德福兰如何办理，务请此电到后即示办法，以免美领纠缠而作切实之交涉[118]。为避免事端扩大，外交部于 22 日复电山东省府称："美人枪杀王国庆一案，马号各电均悉，可速同证据移送驻济美领署审问。"[119]基于此电，德福兰连同证据于 23 日即被济南市府转交驻济美领署看押。外交部最后仍然从大局出发，没有坚持自行审判德福兰，被迫遵守了当时领事裁判权的规定，这也是当时务实温和型"革命外交"的体现。虽然德氏最终被移交给美方，美国国务院仍认为出现中方拘留美国公民的情况，是因为当地领事没有迅速采取美国的司法程序由领事法庭自行拘留。为此，米赫德辩解称是因为没有收到如领事法庭法规第 57、58、60 条规定的对德福兰的控诉，也没有找到他犯罪的证据，所以没有传讯他。[120]

山东当局与外交部在此案过程中，往来电文频繁，也便于外交部掌握最新情况，与美交涉。7 月 22 日，外交部还致电德州地方法院，望其对该案检察与验尸时，查得之真相及与美领谈话经过情形详细电复。后孙鼎即将调查真相及美领谈话情形回复外交部，并附之前回电山东省高院的两份原文。7 月 23 日，山东省政府又致电外交部称，根据德县县长报告，提出王案疑点四端，指出德福兰所称各节证，以该县长等查报情形，显系事后虚拟，无论华工王国庆窃盗事实无从证明，亦罪不至死，称德福兰任意枪杀，残暴横行，请求外交部向美使严重交涉，以重民命而维国权，并附德县县长李树德 16 日原电[121]。7 月 29 日，山东省政府又将省民政厅派员调查此案报告及山东高等法院

116 《德县王案候外部电覆》，《新闻报》1931 年 7 月 24 日，第 9 版；《美人杀华工案，鲁省府向外部询办法》，《新中华报》1931 年 7 月 23 日，第 4 版。

117 China-Tsinan-Consulate Correspondence, 21 July,1931, *Department of State U.S. Consulate, Tsinan,China（1918-1941）*, National Archives of the United States.

118 《德县美人德福兰枪杀王国庆》案卷，台北国史馆藏，档案号：020-990600-3429。

119 《外部电省府将德福兰移送美领署》，《大青岛报》1931 年 7 月 26 日，第 4 版；《德县惨案凶手依然引渡》，《时事新报》1931 年 7 月 24 日，第 2 张第 1 版。

120 Records of Foreign Service Posts （RG 84），Consular Posts, Tsinan, China, Volume 121, National Archives and Records Administration of the United States.

121 《德县美人德福兰枪杀王国庆》案卷，台北国史馆藏，档案号：020-990600-3429。

呈送的两份文件，电至外交部作为参考。[122]这些来电也成为外交部之后向美国发出交涉照会的参考。

美国官方也未对此案妄下定论，而是坚持独立调查。在美国国务院 7 月 22 日公布的官方报告中，在提及此案时也客观叙说："德福兰击毙一名中国人，据其称此人是一名盗贼"[123]。后美国方面为了解案情，特派美国在华法院检察官萨贲德（George Sellett）于 7 月 26 日从驻地上海到达济南，侦查此案，以便依法办理[124]。萨氏此次在济南曾遍讯德氏及其有关人物，又会晤驻济南美领事了解案情。萨贲德曾想召集证人在领事署问话，但中方又试图干扰调查，萨氏"发现所有证人均被德县县长及党部威吓，若有供给开脱 TUCKER 之证言者，均将不利，故认为在此情况下调查不妥，故未进行。"[125]7 月 31 日，萨氏还专门同德福兰谈话，要求其宣誓并进行了长达半天多的官方询问，详细听取了德福兰对案情的陈述，并进行了记录[126]。

由于按照当时领事裁判权的规定，美方有权按照本国法律审讯在华犯罪的外人，但中美两国因国情，社会制度等方面因素，在法律规定上存在较大差异，特别是对正当防卫，持枪等方面的规定更是不尽相同，这也导致了中美官方对案件性质认定的分歧，由此也产生了交涉的困局。7 月 31 日，山东省民政厅将中方搜集的该案证据送到济南市府，市府当以案关民命，情节重大，随即抄同证据函请驻济领事米赫德查照，依法严重讯办[127]。因美方根据米赫德陈述，已初步认定王国庆为盗贼，德福兰开枪杀人为自卫之举，故外交部长王正廷还于 7 月 31 日给美国驻华公使詹森的照会中，提出了德县政府报告的此案疑点四端，对于王氏为盗贼及德氏属于正当防卫说法给予反驳，认为："无论何国之法律，对于正当防卫之条件规定至为严密，假令本案被案者果有窃盗之意，该德福兰发枪将其击毙，其防卫非正当，自应彻底审究。"[128]实际综合各方材料看，在王国庆已死的情况下，中美双方都出示了对己有利的证据，难以分辨王

---

122 《德县美人德福兰枪杀王国庆》案卷，台北国史馆藏，档案号：020-990600-3429。

123 "Doctor Tucker Taken into Custody by Chinese Authorities", *Publications of the Department of State Press Release*, July 25,1931, p.109.

124 "nvestigating Tucker Case", *The Independent Weekly*, Vol.1, No.26, August 1,1931, p.9.

125 《德县美人德福兰枪杀王国庆》案卷，台北国史馆藏，档案号：020-990600-3429。

126 Letters Concerning the Tehchow Robbery and Killing, August 8,1931,p.4, Special Collections of J. Willard Marriott Library, University of Utah.

127 《德县美人德福兰枪杀王国庆》案卷，台北国史馆藏，档案号：020-990600-3429。

128 《美人德福兰手枪击毙王国庆一案》，《中美往来照会集（1846-1931）》第 19 册，第 309 页。

国庆的盗贼身份，但德福兰开枪杀死王国庆却是中美公认的事实，德氏则称开枪为威吓王国庆，"若非逃跑跳墙，更无性命之忧。"[129]

在济南调查结束后，8月2日，萨赉德又前往德县侦查此案，搜求证据，藉以审查德福兰此种举动是否有罪，如属有罪，则萨氏按手续在法庭提起公诉，如德福兰并无提起公诉之罪名，则萨氏仍当依据法律宣告其无罪[130]。萨氏还专门赴德县博济医院调查，据事后访问萨氏的报纸载："萨氏询问了医院内的所有雇工，称他们中的大部分都认为德氏的行为是正确的"[131]，萨氏也想以此来获取人们对德福兰的同情。但当时德县官方对此则称："该院职员工友，且上下联成一气，自无传讯采取供词之价值"[132]。这也说明了中美双方对当事证人的不同态度，上文中萨氏在济南也未对已被中方威吓的证人问话。后萨氏又偕书记乘火车返沪，并将以侦查结果报告美公使詹森。8月3日，上海《大美晚报》记者往访萨氏，其称："此案办理未毕，今犹未能表示应否起诉。"[133]山东当局因见美方未有答复，山东省府还于8月4日令济南市府电请外交部严速交涉，外交部回电称已照会美使，请其惩凶赔偿。后济南市府面请驻济美领事署依法严予惩处，但米赫德称此案既经移归中央办理，地方不便再行酌定办法，拟侯中央与美使交涉办理。此后，济南市府屡经催问，该领事仍以此为词答复[134]。

当时美国政府也十分关注此案进展。据上海的英文《密勒氏评论报》称："美国国务卿曾要求美国驻华公使尽快安排对德福兰的初步审判，并将相关程序报告递交中国政府"[135]。但在美国政府内部，关于如何在此案中实际操作领事裁判权也存在分歧。7月底8月初，美国国务院接连五次下令济南领事组织调查法庭审理此案，以决定是否将德福兰移送到美国在华法院审讯，甚至训斥米赫德在明知国务院对正式司法程序的强烈愿望的情况下，仍久久没有将此案"进入司法程序"。米赫德则以自身司法经验作保，征引领事法庭规则第59条和领事规则第60条中关于"直到有确切的罪名指控以前，任何公民都不能被传

129 《德县美人德福兰枪杀王国庆》案卷，台北国史馆藏，档案号：020-990600-3429。
130 《魏振玉牧师致董事部函》，《华北公理会月刊》1931年第5卷第7期，第43页。
131 "Again Doctor Tucker", The China Critic, Vol.IV,No.33, August 13,1931,p.772.
132 《德县美人德福兰枪杀王国庆》案卷，台北国史馆藏，档案号：020-990600-3429。
133 《美检事萨赉德返沪》，《申报》1931年8月4日，第16版。
134 《德县美人德福兰枪杀王国庆》案卷，台北国史馆藏，档案号：020-990600-3429。
135 "Missionaries Pass Resolutions Condemning Dr. Tucker", The China Weekly Review, Vol. 57, No.10,August 8 , 1931, p.407.

讯"的规定[136]，坚定地认为在没有收到对德福兰的指控之前，他没有权利组织这样的法庭审讯。美国国务院和济南领事的分歧演变为法律辩论，国务院提醒米赫德注意 1919 年巴尔内斯联邦法令（Barnes Federal Code）第 4087 号法规的修订版中关于领事官在逮捕、审讯和判决罪犯的职责的规定，米赫德则认为问题的本质是领事是否有权利在任何时间举行一场法庭审讯来决定一个在其管辖权范围内的美国人犯罪的可能性，并坚信这是与美国宪法精神相违背的。[137]

因正处废约谈判的敏感时期，美国政府想要极力声张领事裁判权，认为这是向中国人展现美国司法官员行使司法职权的重要案例，故不顾案件的实际情况和领事法规，只求像在美国国土上一般由美国人全权掌控案件的审判，不让中方有任何插手的余地。直到美国驻华公使收到萨贲德的调查报告，情况才有了转变。8 月 8 日，萨氏在给詹森的报告中称："从中美两国法律看，德氏此举都非犯罪，因为法律也认同当一个人遇到暴力行为时，有必要采取各种措施来阻止肇事者的行动。如果对其进行庭审，那将有违法律与正义。"[138]其中，萨氏详细陈述了其调查该案的诸多细节，包括他曾经出于政治的考虑，决定在济南召开调查庭，后因中国证人拒绝作证而作罢，以及其独立调查的结论就是德福兰没有犯罪，为了证明这点，他既列出美国习惯法第 292条、刑法典第 410 和 425 条作根据，其中有明确关于"私人实施逮捕"情况的规定，即任何个人都可以在任何犯罪正在实施时逮捕罪犯，如果杀了罪犯，只要提供罪犯拒捕的证据，其行为就是正当的。而且他还试图引用中国法律佐证，因为《中华民国刑法》第 49、55 条也有规定，一个犯罪的人可以被任何人在没有逮捕令的情况下逮捕，甚至可以被暴力逮捕；但实施的暴力不能超过必要的范围。但这样一来，王国庆是否正在实施盗窃犯罪就成为德氏是否违反了法律的关键所在。[139]基于此因，萨氏坚称王国庆是盗贼，他认为即使按照中国法律，德福兰的行为也是合法的。

---

136 规定参见 United States Consular Regulations: a Practical Guide for Consular Officers and Also for Merchants, Shipowners and Masters of American Vessels in all Their Consular Transactions, Washington: French & Richardson, 1868, p.51.

137 Records of Foreign Service Posts （RG 84）, Consular Posts, Tsinan, China, Volume 121, National Archives and Records Administration of the United States.

138 Letters Concerning the Tehchow Robbery and Killing, August 8, 1931, p.9, Special Collections of J. Willard Marriott Library, University of Utah; T. A. Bisson, "The United States and Far East", *Pacific Affairs*, Vol. 5, No. 1, Jan., 1932, p.71.

139 Records of Foreign Service Posts （RG 84）, Consular Posts, Tsinan, China, Volume 121, National Archives and Records Administration of the United States.

因中美双方法律及对此案认识的差异，中国方面对上述美方的解释也存在异议。8 月 10 日，国民政府司法行政部将山东省高院发来的德福兰案详情转发外交部，驳斥美方的所谓证据，提出该案疑点四端，代请外交部向美交涉[140]。中美双方对正当防卫规定也存在认识分歧，美方法律对正当防卫要求较松，更多从人性出发，考虑到行为人的处境，认为德福兰是在自卫，保护自身生命财产安全。中方则对正当防卫的要求及认识较严，在 1928 年颁布的《中华民国刑法》在第四章"刑事责任及刑之减免"第三十六条规定："对于现在不法之侵害而出于防卫自己或他人权利之行为不罚，但防卫行为过当者得减轻或免除本刑。"第三十七条规定："因救护自己或他人生命、身体自由、财产之紧急危难而出于不得已之行为不罚，但救护行为过当者得减轻或免除本刑。"[141]基于此规定，中方认为德福兰在认清王国庆且王氏在逃跑情况下，无论其是否行窃，都不应再开枪射杀，可见中美法律的差异，也导致双方对此案的判决产生了争议。

在此形势下，萨赍德在 8 月 22 日将最终调查报告上报美国国务院，对美国政府决策产生关键的影响。萨氏在报告中既坚持了美方一贯持有的德福兰没有犯罪的主张，也支持了济南领事没有必要举办调查法庭的观点。他从法理的角度分析，虽说在美国大多数的司法程序中，调查庭都是刑事诉讼程序的第一步，但它不是必要部分，大部分案件实际上都没有举办调查庭，而是由大陪审团的调查作为最初的审理。在中国，同样没有这个必要，美国在华法院的刑事案件大多数也都没有组织调查庭，而是由法院检察官独立调查和提起诉讼，他的职责和义务类似于在美国的大陪审团。[142]如此解释，萨氏认为这既是最遵从美国的法律精神，又似乎是能保护德福兰的最好办法。基于此报告，美国国务院和驻华公使才都转变了想法，不再坚持命令济南领事组织调查庭。这样，若检查官不予起诉，从美方看来，依美国法律此案已经了结，也无司法程序可再走，德福兰自然是无罪释放，因此在德氏请求出于身体原因要离开济南的时候，也获得驻华公使准许。[143]美方在调查后，也未

---

140 《德县美人德福兰枪杀王国庆》案卷，台北国史馆藏，档案号：020-990600-3429。

141 国民政府编：《中华民国刑法》，上海：云卿图书公司，1928 年，第 17-18 页。

142 Records of Foreign Service Posts （RG 84），Consular Posts, Tsinan, China, Volume 121, National Archives and Records Administration of the United States.

143 Records of Foreign Service Posts （RG 84），Consular Posts, Tsinan, China, Volume 121, National Archives and Records Administration of the United States.

对德福兰采取任何审判，且美方坚持认为德福兰对盗贼开枪并无责任，故德氏也未接受任何惩罚，只是迫于压力，辞去了在德县的传教工作。

在经美方调查后，中美双方交涉进入第三阶段，中方一直要求美方审判德福兰，但却未获美方答复，而地方党部、民众团体也在推动着政府对美交涉。鉴于美国迟迟不对德福兰定罪，并试图为其开脱罪责，在德县的王国庆惨案后援会还于 1931 年 8 月 18 日通过山东省府致电外交部，提了领事裁判权的危害，希望政府态度强硬，称其"为华洋间不平等条约最酷毒之钤镣，其惠洋灭华，莫此为甚，今者撤销领事裁判权，虽未尚实行，而革命民气之激昂，及革命政府之振作绝非往昔可比" [144]，希望政府坚持枪毙德福兰、抚恤死者等之前所提四项为最低要求，继续与美领交涉，誓作后盾，以平民愤而彰国体。外交部收到此电后，在 8 月 24 日再次致电美国公使詹森，要求审判德福兰[145]，但未获美方答复。8 月 29 日，国民党中央执行委员会将由韩复榘、何思源、张苇村等署名的山东省党务整理委员会呈文转交外交部，文中指出因德福兰仍然逍遥法外，请求外交部向美严重交涉，提出枪毙德福兰、要求美方道歉赔偿等四项要求。因美方仍无行动，9 月 21 日，外交部又收到国民党山东省党务整理委员会公函称，该会除通电各地一致声讨并努力宣传外，还请求外交部与美交涉，称"美使显系有意掩护，意欲与日本帝国主义者取同一态度，蔑视国际公法，侵辱中华国权"，要求美方：严惩凶手，优恤死者家属；向我国正式道歉；担保永不得有同样案件发生为最低限度四条件。[146]但上述团体的种种要求，虽然推动了政府加快向美交涉，但提出的多数要求却并未被政府接受，除了因少数要求脱离实际外，也是因其为涉外案件有关，且国民政府此时仍希望联美制日。实际纵观民国时期的政府外交，或多或少都受到民众舆论的影响，尽管效果不尽相同，但却成为左右政府交涉的重要力量。

在此后两年间，美方对于德氏的处理，仍无对中方的答复，而中方因九・一八事变的爆发，中日关系成为当时焦点问题，国民政府对外政策更加倾向于联美抗日，仍然有求于美国，故对要求美方坚持审判德福兰态度并不坚决。实际当时美国政府对德福兰的处理并未公布任何裁决，只是默认了德福兰无

---

144 《德县美人德福兰枪杀王国庆》案卷，台北国史馆藏，档案号：020-990600-3429。
145 "Tucker Punishment Asked of Johnson", *The China Press*, August 25, 1931, p.4.
146 《德县美人德福兰枪杀王国庆》案卷，台北国史馆藏，档案号：020-990600-3429。

罪与自由活动，济南领事曾在 1931 年 10 月初又向驻华公使催问判决事宜，后于 12 月应德福兰请求，亲自致电国务院询问，但均未获答复[147]。华北公理会促进董事部干事部在 1932 年 4 月提及此案时则说：“迄今此案虽未完全了结，然而当地空气已渐缓和，目下只有中美两国政府的交涉而已。”[148]之后外交部于 1933 年 10 月 5 日曾又去电山东省府询问此案审问结果，山东省府回电称令济南市长查案速复，并于 11 月 8 日再次致电外交部报告详情。外交部在得知山东方面未获美方答复后，于 11 月 17 日致电美国公使詹森询问此案审理情形，但未获回音。在此次致美照会中，外交部草稿提到地方官厅亦未得前往观审之机会，与 1882 年中美续补条约第四款规定不符，但最后将此条约删去。因外交部担心将来美方或根据此条要求在中国官厅内观审之权，英国当时已自动声明放弃观审权，而美国尚未放弃[149]。

　　鉴于美方迟迟没有回音，1934 年 1 月 11 日，外交部次长徐谟就此事专门会晤美使馆参事裴克（Willys R. Peck），裴克仍称王国庆为盗窃无疑，德福兰并无责任，不必起诉，此时重提此案，于事无补，恐引起纠纷。[150]同年 1 月 20 日，两人又再次会面，裴称外交部所要求的美方调查报告材料需加整理，稍后转交。至此，此案不了了之。纵观此案，美方不管是出于政治的考量想要组织调查法庭审讯德福兰，还是最后按照法律程序对德氏不予起诉，基本目的和初衷只有一个，都是要继续全面行使在中国的领事裁判权。在当时的领事裁判体制下，美方自认为有理由完全以美国法律处理此案，以中美法律差异为借口，只是经在华法院检察官萨赉德侦查后，便对德福兰宣告“无罪释放”，且抓住中方想要修好中美关系、不愿制造争执的弱点，连起码的外交解释都不愿做出，难怪在当时的中国社会引起极大不满。从此案的最后结局看，实际也印证了当时报刊对同年另一起在华美国士兵枪杀华人案的评论，“今天打死一个华人，至多外交界提起抗议，例行公事的来上一角公文，只要还你一个不瞅不睬，事情冷淡下，也就完了。”[151]当然这也是民国外人

147　Records of Foreign Service Posts （RG 84），Consular Posts, Tsinan, China, Volume 121, National Archives and Records Administration of the United States.

148　《华北公理会促进董事部 1931 年干事报告书》，《华北公理会月刊》1932 年第 6 卷第 6 期，第 22 页

149　《德县美人德福兰枪杀王国庆》案卷，台北国史馆藏，档案号：020-990600-3429。

150　《德县美人德福兰枪杀王国庆》案卷，台北国史馆藏，档案号：020-990600-3429。

151　积勋：《美兵枪杀华人》，《联益之友美术旬刊》1931 年第 184 期，第 2 页。

在华杀人案件的多数结局，除了领事裁判权问题外，也在于中国政府国力有限，无法摆脱对西方国家的依赖所致。

2、救世救人与行凶杀人：中外舆论之激辩

德福兰案在当时可谓轰动一时，《中央日报》、《民国日报》、《纽约时报》、《芝加哥每日论坛报》等海内外的数十家报刊持续报道此案件，还有国内报纸派记者前往山东调查，发表多篇新闻报道。受民族主义影响的国内民众及地方团体，对此类在华外人恃强凌弱的行径也异常愤慨，通过多种形式广为声讨抗议。但因此案中王国庆是否为盗贼难以判断，加之德福兰的传教士身份及中外报刊带有的民族情感因素，由此也导致了中外舆论的激辩。

近代来华传教士自鸦片战争后，依靠不平等条约中"传教宽容条款"才得以公开入华传教，故屡被国人看做是帝国主义侵华工具。此次德福兰持枪杀人，更是为国人攻击基督教平添了绝好的素材。更令传教士尴尬的是，一直以救死扶伤为己任的医学传教士竟然开枪杀人，而且杀人地点更是发生在救人治病的教会医院中。此案发生后，中文报纸也多从反帝角度出发，呼吁政府交涉，攻击德福兰，进而反对基督教传播。由于基督教与西方国家有千丝万缕的联系，中国舆论也对外来的基督教多存在敌视态度，如《天津商报》在报道此案提到博济医院时说："院中外人异常强暴，德县人请其医病者甚少，每日所诊治者泰半为其教徒"[152]。实际当时民众已逐渐认同西医的优势，到博济医院看病者甚多，且还有病情严重的民众敢于在被妖魔化的教会医院中住院治疗。据 1930 年统计，该会在德县有教徒 1353 人，但据当年博济医院报告，看病病人实为教徒总数的十倍之多，当年门诊接待男病人 7517 人，女病人 3875 人，住院男病人 796 人，女病人 296 人[153]，由此可见中方报纸所称显然有违事实。因中方媒体多带有仇视情形，故其报道也不甚客观，影响了他们价值评判，但也应看到部分报纸的导向实与其背后官方管理机构的授意有关。如北平《世界日报》在评价德福兰时，即称其："素日行为蛮横，视华友工为奴隶，今竟恃帝国主义余威，任意枪杀华人，辱我国体莫此如是。吾

---

152 《美人枪杀华人》，《天津商报》1931 年 7 月 16 日，第 3 版。

153 卫氏博济医院编：《山东德县卫氏博济医院报告书》，德县，1930 年，《1930 年门诊住院及大小割症人数表》，哈佛大学哈佛燕京学社图书馆藏；《华北基督教公理会促进董事部第十八次年会报告》，山东德县，1932 年，中国教会统计表，上海档案馆藏，档案号：U115-0-9。

华人应本爱国家爱同胞之热心，急起声援，一致交涉。"[154]上海的《民国日报》也称德福兰："戴慈善之伪面具，施残暴之野蛮行为，敢公然枪杀华工王国庆，则其平日凭藉医术，杀我同胞，不知凡几。"[155]此番言论则明显带有诋毁身为医学传教士德福兰的嫌疑，实际上当时多数地方普通民众与医学传教士关系比较融洽，只不过部分上层精英与知识分子还存在对西医的排斥[156]。而中方舆论也多是借此案反教，当时德县所处鲁西北地区在晚清时期即是反教高潮区，此次案件又在德县发生后，教会人士也感言："此事颇能引起当地社会作反教运动之情势，何况山东乃反教运动最甚之区？"[157]

　　然而当时外方舆论对德氏评价却截然不同，如教会主办的英文《博医会报》即称德福兰夫妇"不仅用精湛的医疗技术服务民众，并且在灾荒救济上贡献颇多。"[158]德福兰在致函法院的自辩信时也称："鄙人来贵国三十余年，职属慈善医院，素主博爱，而请求赈款，创办善举，舍命救人，满城皆知。"[159]上海的英文《字林西报》还赞扬称德福兰并没有因为自己遭受的拘押，而致信美国政府抱怨，"这种忍耐一方面是因为他同情中国人的诉求，另一方面是因为他在山东的赈灾工作时已经历过这类苦难生活。"[160]上海的《密勒氏评论报》还提到了在此次案件后，德福兰夫妇还从自己微薄的积蓄中拿出约2500元，以弥补医院被窃的损失[161]，以来来赞扬其高贵品格。尽管当时中外双方因立场差异导致对德氏评价各不相同，但外方的评价相对中肯，中方舆论则

154　《德县美人枪杀华人后》，《世界日报》1931 年 7 月 17 日，第 5 版。

155　《美人枪杀华工，市联会电请交涉》，《民国日报》1931 年 7 月 19 日，第 3 张第 2 版。

156　可参考胡成的《何以心系中国：基督教医疗传教士与地方社会》（《近代史研究》，2010 年第 4 期）及其著作《医疗、卫生与世界之中国：跨国和跨文化视野之下的历史研究》）（科学出版社，2013 年）、李传斌的《条约特权制度下的医疗事业：基督教在华医疗事业研究》（湖南人民出版社，2010 年）等论著的相关分析。

157　《华北公理会促进董事部 1931 年干事报告书》，《华北公理会月刊》1932 年第 6 卷第 6 期，第 22 页

158　"Dr F. F. Tucker", *The China Medical Journal*, Vol.45, No.10, October 1931,p.1003.

159　《德县美人枪杀华工案，韩复榘主慎重办理》，《导报》1931 年 7 月 17 日，第 3 版。

160　"Taken by a Ruse: Kindly Treated by Chinese Captors Before Release", *North China Daily News*, July 31, 1931,p.14.

161　Edward Hunter, "Some Undisclosed Elements in the Tucker Case", *The China Weekly Review*, Vol. 58, No.1, September 5, 1931, p.24.

或多或少带有些许民族情绪。实际上德福兰在之前的 1918、1921 年两次华北防疫救灾中出力甚大，颇为北洋政府内务部所倚重，这在当时的中文官方《政府公报》中多有记载[162]。

当时美方也注意到了部分中国舆论借机反帝与反教的倾向，如美国驻济南领事米赫德在向美国驻华公使詹森报告此事时，提到德县地方当局较好地掌控了局面，不允许骚乱的发生及对德福兰与医院的攻击。但由于各大中文报纸对此事的大肆歪曲渲染，鼓动民众反帝，使得山东当局的压力颇大。[163]美国公理会总部针对中方的攻击也称："随着目前反对领事裁判权的煽动，当地国民党党部立即发动了歪曲的宣传活动，这起教案被用来作为'传教士帝国主义'的证据。……德县政治鼓动者的力量是如此强大，德福兰夫妇不得不向美国公理会辞职。"[164]在上海的英文《中国评论》还谈到了此次案件对在华基督教的影响，称："毫无疑问，此事会进一步加深中国人对基督教的质疑，部分基督徒的虔诚程度会因此削弱。德福兰的行为会有碍基督教在中国的发展，这远比敌人的大肆宣传更有成效。"[165]

此案中关于德氏杀人原因，中外舆论双方也存在极大争议。在中方的报道及报告中，则都是称德福兰故意杀害王国庆，并捏造王氏为盗贼的借口，如天津《大公报》则将此事描述为："王国庆以事起床外出，与德福兰相遇，德氏莫加侦查，以为窃犯，开枪袭击。该工友以事出仓促，莫知所以，乃回身逃避，藉保生命，被射杀于墙下。"[166]针对中方舆论的攻击，德福兰则请求米赫德查清此次案件，他希望将所有物证交给查案的中国当局，以驳斥中国媒体的歪曲事实[167]。外文报刊则多定性为德氏击毙盗贼的正当防卫。如美国公理会总部主办的英文《传教士先驱》期刊以《德县悲剧概要》对此案件进

---

162 可参见《政府公报》1918 年第 758-759 期、1921 年的第 1819 期、1822 期、1830 期与第 1834-1835 期的有关德氏与内务部的往来电文。

163 "Political Report for July,1931:Tucker-Wang Homicide", *Confidential U.S. State Department Central Files, China Internal Affairs,1930-1939*, Frederick, Md.: University Publications of America, Inc, 1984, Reel.40,p.992.

164 "Survey of Missions of American Board", *The One Hundred and Twenty-first Annual Report of the American Board of Commissioners for Foreign Missions*, Boston: Congregational House,1931,p.8.

165 "Dr. Tucker's Crime and Sin", *The China Critic*, Vol.IV,No.30, July 23,1931,p.700.

166 《德县王国庆惨案详情》,《大公报》, 1931 年 7 月 15 日, 第 5 版。

167 "Taken by a Ruse: Kindly Treated by Chinese Captors Before Release", *North China Daily News*, July 31, 1931,p.14.

行了简短报道，则是直接称王国庆为盗贼，德福兰因天黑未认出王国庆，在追击试图逃跑的王氏时，开枪击中王氏要害而致其毙命[168]。在天津的英文《华北明星报》除了叙述德福兰击毙王的过程外，并称当地党部故意歪曲事实，制造事端，也直接定论王国庆为窃贼，并称："他盗窃的证据已经被发现，在他住处发现了大量金钱，还有大量的医院纸张。他还拒绝说出同伙，否则其他钱也可能被找到。"[169]对于这些偷盗证据，上海的《北华捷报》等外文报纸中也多有报道。当时香港的《中国邮报》(China Mail)、《香港每日新闻》(Hong Kong Daily Press) 等英文报纸也对此案件给予关注，报道也是直接称王国庆为盗贼。但与多数英文报刊报道时称德福兰枪杀一名盗贼不同，美国的《当代历史》杂志在报道时则较为客观，称，"德福兰在早晨遇见一名进入他办公室的中国人，并向此人开枪射击，将其击毙，他坚信这是一名盗贼"[170]。可见与中美政府各持一词类似，中外报刊同样也存在类似争论，这也与当事人已死及维护各自公民利益直接相关。

由于长期以来领事裁判权的存在，加之此时中日万宝山事件发生，中方舆论还受民族主义情绪鼓动，借机宣扬反帝思想。更有杂志将此案件联系到了 1897 年发生的德国传教士被杀的巨野教案，其云："三十年前，山东曹州杀了德教士，德人竟借口出兵占据胶州湾，现下美国医生在山东杀华人，我们怎样以对付他？"[171]此主张极具煽动色彩，也将矛头共同指向了当时在华的"帝国主义国家"。虽然普通民众意识中多存在 "杀人偿命"的惯性思维，但此案的开枪杀人者为外国人，中国政府历来在对外交涉中的软弱，也使得民众心理上多认为外国人在中国犯罪会逍遥法外。如北平的《世界日报》记者于7月13日采访王国庆父亲王玉可，其称在法院被问话时吞吞吐吐原因为："外国人的势力大，就是告他也无益……自古来官家都是和外国人一气的，他们带了我去就是过堂，在堂上说外国人不好，那更犯法犯的厉害，还不如咱白死一个人完事的好……医院同乡亲戚，都叫我带他回家，不叫追问，怕洋人厉害，叫县官问罪，更不好办。"[172]从王玉可的回答，也可看出民众对外

168 "The Tehchow Tragedy in Brief", *The Missionary Herlad*,Vol.127,No.9, September 1931, p.387.

169 "Statement Issued on Shooting of a Chinese at Tehchow", *North China Star*, July 16,1931,p.1.

170 "China's Against Communism", *Current History*, September 1, 1931,p.956.

171 《美人枪杀华人》，《艺园》1931 年第 1 卷第 25 期，第 288 页。

172 《德县王案凶手已有亲笔供呈法院》，《世界日报》1931 年 7 月 19 日，第 5 版。

人犯法的一般认识。当时还有部分激进分子散发传单，造谣说本是德福兰自己偷钱，却杀害中国人以掩盖自己罪行，试图激起民愤。[173]但到8月初时，民众抗议声势减弱，据萨赉德声称，"大部分的抗议活动已经消失了，而且医院中的60名华人雇工都没有停止工作"[174]。这种难以持续长久的抗议，实际上也是当时多数民众反帝运动的共性。但此案的影响却仍存，即使在1946年的报纸在批评当时美国士兵在华行凶时，还专门提起此案，曾评价德福兰的行为称："一个强国的国民，不知自爱，不知自重，处处暴露些鄙卑的态度给人家看，如何能使人瞧得起呢？"[175]

因此案正逢中美废约谈判期间，舆论还将此案与领事裁判权问题联系起来，进行了广泛评论。中方舆论多以此案件为理由，给政府施加压力，呼吁废除领事裁判权，美方则多认为是中国方面借题发挥，故意制造案件，以达到废约的目的。在外界强大的舆论压力下，德氏本人甚至想到过主动放弃领事裁判权，他先是向济南领事提出，"尽管我当然可以声称有领事裁判权，但我觉得不这样做比较好，理由并非原则性的，而只是在这个中国人民族主义情绪高涨的时候，满足他们的一些要求似乎更明智"。[176]7月20日，德福兰曾向各方发表一份宣言，在谴责民众团体与地方党部盲目排外的同时，"但他表示放弃领事裁判权，遵从中国政府的法律程序。"[177]虽然德氏本人声称放弃领事裁判权的保护，这也代表了部分传教士对领事裁判权的态度，但美国政府却仍以领事裁判权对其保护。上海的英文《密勒氏评论报》则称："如果德福兰案件发生在条约终止之后，那么对中美两国当局来说，形势会变得非常尴尬。"[178]当时美国军事情报局中国部门人员在德氏被转交美方前则称："中国有权逮捕德福兰，但应移交美方处理。关于中国人限制一个享有领事裁判权的外国人的做法已经在这里引起了广泛的讨论，假若领事裁判权被废除，将

173 Edward Hunter, "Some Undisclosed Elements in the Tucker Case", *The China Weekly Review*, Vol. 58, No.1, September 5, 1931, p.24.

174 "Missionaries Pass Resolutions Condemning Dr. Tucker", *The China Weekly Review*, Vol. 57,No.10, August 8 , 1931, p.407.

175 《德福兰杀王国庆案》，《青岛民言报》1946年10月9日，第3版。

176 Records of Foreign Service Posts （RG 84），Consular Posts, Tsinan, China, Volume 121, National Archives and Records Administration of the United States.

177 "The Tehchow Hospital Case", *The Chinese Recorder*, Vol. LXII, No. 9, September, 1931, p. 540.

178 "Thorburn And Tucker Cases and Exterritoriality", *The China Weekly Review*, Vol. 57,No.9, August,1, 1931, p.327.

会出现的结果是显而易见的。"[179]当时美方仍对中国的司法体系持怀疑态度，也不放心将本国公民交由中方审判，如伦敦的《泰晤士报》也对此发表评论说："此案例的特殊之处在于提示在华外国人仍然可能承受风险，尤其是有政治力量在煽动公众，且他们被剥夺了领事裁判权的时候。"同时，该报还提到了国民政府可以实施法律的地区有限，外国人也不信任将其交由中国审判。[180]当时在华外报也十分关注此案进展，在上海的《字林西报》、《大美晚报》、《上海时报》及天津的《京津泰晤士报》、香港的《中国邮报》等给予持续报道。尤其是美国举办的在华报纸十分关注此案进展，如 8 月 21 日，美国在天津的主办的《华北明星报》曾致电外交部情报司长刁敏谦称，据报告南京政府就德福兰案向美国驻济南领事提出抗议，请其告知详情[181]。实际上德福兰案作为在中美废约谈判期间发生的偶然案件，虽然为中外舆论制造了话题，也为美方延缓谈判提供了借口，却未对谈判结果产生实质性影响。

　　除了报刊的关注外，国民党地方党部及民众团体还不断组织抗议活动，向政府施加影响，企图惩治德福兰，尤其是指导地方群众运动的国民党地方党部在此次交涉案件中也起到重要推动作用。当时南京政府虽从外交大局出发，明令保护教会活动，但"弱势独裁"体制下的国民党在地方党政关系上的整合程度不高，部分地方党部不顾政府法令，仍然组织易受民族主义鼓动的民众反教[182]。7 月 12 日下午，德县区党部召开紧急会议，当经决议要求外交部速同美交涉，立即拘捕进而枪毙德福兰，抚恤死者，组织王国庆惨案后援会，停办基督教学校与医院等九条善后办法。[183]后新组成的王国庆惨案后援会除电全国各地请求一致声援外，还于 7 月 13 日致电外交部长王正廷，请求向美领馆严重交涉，并提出四项要求："枪毙凶手德福兰；美领馆

179　"Comments on Current Events, July 8-23,1931", *U.S. Military Intelligence Reports. China, 1911-1941*, Frederick, Md. :University Publications of America,1983,Reel.1, p.594.

180　"Arrest of American in China", *The Times,*23 July, 1931.p.11.

181　《德县美人德福兰枪杀王国庆》案卷，台北国史馆藏，档案号：020-990600-3429。

182　相关研究可参考王奇生的《党员、党权与党争：1929-1949 年间的国民党组织形态》（北京：华文出版社，2010 年）和《党政关系：国民党党治在地方层级的运作（1927-1937）》，（《中国社会科学》，2001 年第 3 期）、李巨澜的《试论抗战前国民党地方党部的边缘化》（《华东师范大学学报》，2006 年第 2 期）等论著。

183　《德县美侨枪杀华人案续志》，《申报》1931 年 7 月 17 日，第 12 版；"Tehchow Hospital Shooting Affair", *The Week in China*, Vol. XIV, No.329, July 18,1931, pp.1062-1063.

向中国政府道歉；对死者有重大抚恤；勒令停止基督教立之博卫医院及博文中学在德活动"。[184]该后援会还拟于 15 日召开反帝宣传大会，继续扩大声势。山东省府为防止民情激愤导致外交冲突，而采取谨慎态度，要求德县县长："转知该县民众团体，勿得张大其势，开会集议"。[185]但山东地方当局与国民党在山东党部间存在矛盾纠纷，地方党部相对于政府更加激进，故省府电令也未能阻止地方党部组织民众集会，党部也想借此达到民众拥护与反教的双重目的。7 月 15 日下午，德县各界在县府前召集举行反帝国主义暴行宣传大会，会上各代表对万宝山案及王国庆惨案均有沉痛之演说，民众异常愤慨，并重申了致电外交部所提的四项要求[186]。在此次宣传大会上，中方演讲称德福兰杀人有辱国体，事后还假造许多证据以图掩饰罪恶，指责米赫德态度蛮横，袒护凶手，侵害司法，有失外交官之地位及职责范围。而且此次大会上的演讲及标语口号，都将此案与万宝山案共同视为帝国主义在华暴行的罪证，并以"国耻"、"惩办凶手"、"复仇"等极富色彩的词汇大肆发泄民族主义情绪。[187]当时甚至有鼓动者催促德县政府尽快逮捕德福兰，虽然遭到县长拒绝并有力地控制了局势，没有演变成冲突或事件，但由于各大中文报纸对此事的大肆渲染，鼓动民众反帝，还是给山东当局造成了巨大的压力。[188]地方党部及民众除了提出的与本案有关要求外，其所提的停止教会在德县的医院、学校活动，则明显带有借机迁怒于基督教与盲目排外型的民族主义之倾向。

山东省内其他地区的团体及民众也积极关注此案，要求严惩凶手。如"济南各界咸以美人在我国内地，竟敢任意枪杀华人，凶暴均谓已极，无不愤慨万分……非严重交涉，依法惩处该凶犯不可。"[189]国民党山东省历城县党务整理委员会除呈请山东省党部转咨政府严重交涉外，也致电南京中央党部，国民党政府各部院会及全国各级党部、政府与民众团体等机关，希望全国同志

---

184 《德县美人德福兰枪杀王国庆》案卷，台北国史馆藏，档案号：020-990600-3429。

185 《德县美人枪杀华工案》，《华北日报》1931 年 7 月 17 日，第 9 版。

186 《德县美人枪杀华工续讯》，《新闻报》1931 年 7 月 18 日，第 9 版。

187 Records of Foreign Service Posts （RG 84）, Consular Posts, Tsinan, China, Volume 121, National Archives and Records Administration of the United States.

188 "Political Report for July,1931:Tucker-Wang Homicide", *Confidential U.S. State Department Central Files, China Internal Affairs,1930-1939*, Frederick, Md.: University Publications of America, Inc, 1984, Reel.40,p.992.

189 《德县博济医院美人枪杀我国同胞王国庆》，《京报》1931 年 7 月 16 日，第 2 版。

同胞一致声援，誓为死难同胞复仇，不达目的不止[190]。即使民众要求停办的美国公理会在德县的博文中学也声援抗议，"校内师生也怀着强烈的中国人民自尊心，义愤填膺，要求杀人者偿命，严惩凶手"[191]，体现出教会学校师生的爱国之心。此外，此次案件也得到了山东省外的响应，南京、上海、天津及北平等地报纸广泛报道，各团体也宣言响应，如7月18日，上海市特区市民联合会特别集会，一致主张通电全国同胞，共同努力，不用美货，督促政府严厉交涉，以达惩凶赔偿道歉，及担保以后不再发生同样杀害华人之目的。[192]当时察哈尔省党务特派委员会也通电中央党部及全国各党部，请求一致声讨德县之惨案，誓为死难同胞复仇。[193]受民众运动及此案的影响，德福兰所在的博济医院也暂时停止营业。[194]

值得注意的是，此时期的党部组织反教，实际上与晚清类似，都是地方精英率领反教的活动，只不过在晚清是士绅阶级，但并未纳入清政府的官僚制度体系，而到民国时期地方精英已经纳入党国体系。然民众的抗议运动却没有像晚清时期那样形成暴力性的教案，而是在党部领导下采取相对理性的抗议活动，这也是非基督教运动及之后反教案件的新趋势，但这种形式的抗议诉求的实质效果却难言满意。

3、宗教情感与民族意识：基督教会内部的反应

德福兰案不同于一般的中外交涉，因其为传教士的特殊身份，也引起了国内外传教士及基督徒的广泛关注。本作为救人医生的德福兰却开枪杀人，此种自相矛盾的做法及中外舆论的激辩，也促使教会内部围绕德福兰是否有罪、使用武器自卫及领事裁判权等问题，从基督教义、法理、民族感情等方面产生了激烈的争论。

案件发生后，在美国公理会传教士内部，引起强烈反响。如在山西的14名公理会传教士表态反对德福兰使用武器，并将他们态度告知差会秘书[195]，但此事影响不大。后在北戴河避暑的美国公理会的27名传教士专门为此事会

---

190 《德县美人德福兰枪杀王国庆》案卷，台北国史馆藏，档案号：020-990600-3429。

191 于仲友：《我所知道的德县博文中学》，《德县史志》1986年第1期，第25页。

192 《美人枪杀华工，市联会电请交涉》，《民国日报》1931年7月19日，第3张第2版。

193 《德县美人德福兰枪杀王国庆》案卷，台北国史馆藏，档案号：020-990600-3429。

194 "American Doctor Held by Chinese for Murder", *The Canberra Times*, 23 July, p.1.

195 "The Tehchow Case"，《中华民国史料外编：前日本末次研究所情报资料》英文史料，第19册，第457页。

集讨论，于 7 月 25 日发表宣言，也引起极大争议。他们在简要介绍该案情况后，提出了三点主张："（甲）此案关系法律须待法律解决。（乙）德福兰为保卫公产，不得已打死王国庆，究竟不是布道士初来中国的意志，更不是基督舍身立教之原则；绝不赞成布道士用任何武器来保卫财产。（丙）事前未曾根据基督立教的原则，而规定适宜准则，以范围同工，所以传教士对此案件的发生负有相当责任，只可静待公平的解决"。[196]该宣言依据法律与基督教义来评判此事，可以说相对较为公正。后此宣言还以《德县医院案件：美国公理会 27 名传教士的宣言》为题在 7 月 28 日的英文《京津泰晤士报》公开刊登[197]，也在中国传教士内引起极大争论。

该宣言公布后，在上海，汉口，天津等地的外文报刊上，多数传教士刊文对此 27 人在案情未调查清楚情况下，即仓促表态的行为表示不满，认为他们的举动违背司法程序，是对本国同胞落井下石，会对德福兰审判带来不利影响，甚至还提出驱逐他们返回美国[198]。如上海的《博医会报》也认为在此事情真相未明之前，擅自发布宣言且攻击自己的同事是不道德的，且 27 人的宣言是匿名发布的，该报认为："幸亏他们是在中国而不是英国，否则他们这种卑鄙的行为将会遭受至少监禁的惩罚。"[199]还有传教士为德福兰开枪杀人辩护说："如果事情到了此种紧要关头，我也会认同德福兰的做法，'以牙还牙，以眼还眼'就是对付他们的最好办法了。"[200]北戴河 27 名传教士的宣言发表后，也有教士指责是中国人劝说这些传教士发布这份宣言，故当时承认参与其中签名的常德立对此做出回应，称无人劝说他们发表此宣言，并强调称："我们之所以如此做，是因为我们是美国人，且以'基督教传教士'身份来到中国，考虑到我们团体中的一员杀死一名中国人，虽然他不是有意为之，但该行为却不符合基督教教义，因此我们不得不反对它。"[201]虽然常德立从教义本

---

196 《山东德县卫氏博济医院不幸的一件事》，《华北公理会月刊》1931 年第 5 卷第 7 期，第 43-44 页。

197 全文见："The Tehchow Hospital Incident :A Statement by Twenty-seven Members of the American Board Mission", *Peking & Tientsin Times*, July 28,1931,p.7.

198 Edward Hunter, "Some Undisclosed Elements in the Tucker Case", *The China Weekly Review*, Vol. 58, No.1 ,September 5, 1931, p.22; Letters Concerning the Tehchow Robbery and Killing, 1931,p.5, Special Collections of J. Willard Marriott Library, University of Utah.

199 "Dr F. F. Tucker", *The China Medical Journal*, Vol.45, No.10, October 1931,p.1003.

200 " An Act of Judas", *Peking & Tientsin Times*, July 31,1931,p.8.

201 Edward Hunter, "Some Undisclosed Elements in the Tucker Case", *The China Weekly Review*, Vol. 58, No.1, September 5, 1931, p.24.

身回应了其他传教士的质疑和批评，但多数传教士还是从民族感情及教会利益出发，对此宣言给予抨击。当时的中国教会报刊也关注了传教士对此宣言的批评，称："上海《大美晚报》藉词拼击，且有所谓西教士者，亦从而附和之。"[202]此外，在天津的美国商会、美国人协会等团体也公开批评此宣言，甚至要求美国公理会将此27名传教士遣返回国。特别是当时美国驻天津领事艾奇逊（George Atcheson）也表达了对此宣言的不满，并于7月31日致信美国国务院，称此举会被中国舆论所利用宣传，影响案件的解决，希望美国公理会总部约束管理这些传教士，并且还派领事馆的官员出席了天津美以美会召开的谴责此宣言的会议[203]。由此可见，虽是传教士内部的争论，亦影响到政府官员层面，美国政府甚至动用政治手段，防止宗教讨论影响到国家的政治利益。

《京津泰晤士报》发表此宣言后，也有多名传教士致信该报，表达他们的态度，被连续多天公开刊登，多数传教士仍是批评此宣言。如天津的传教士摩尔（F. M. Moore）指出："对这些在北戴河愉快度假的传教士们来说，通过这些决议是非常容易的。但我们可能会询问，他们这么做的目的是为何？这肯定会对德福兰造成惨痛的创伤，也会导致抗议者制造许多虚假与无耻的宣传来干扰此次案件审判，而且对德福兰的履历与声誉的影响都是致命的。"[204]还有传教士说："他们的举动对现在中国如此多传教士来说是不幸的，他们的政策只是无代价的去获取中国人的支持，而不顾公平合理的原则。他们看起来认为这样会赢得中国人，让中国人明白他们总是对的，而不道德的传教士是错误的。"[205]8月4日，在青岛度假的另外27名传教士也公开回应此事，同样匿名刊发于8月7日的《京津泰晤士报》上，他们宣称大多数传教士是支持困境中的德福兰的，而他们也拒绝不信任同伴，攻击德福兰的行为，会给予他各种所需帮助，并认为会有更多传教士谴责北戴河27名传教士的这种不忠诚与非基督徒所为的举动。[206]当时仅有少数传教士支持北戴河传教士的

202 《社论：基督教义贵在实行》，《兴华周报》1931年第28卷第31期，第1页。

203 China-Tsinan-Consulate Correspondence, 31 July,1931, *Department of State U.S. Consulate, Tsinan,China（1918-1941）*, National Archives of the United States.

204 "Missionaries Strongly Criticized for Attack on Dr. Tucker", *The China Weekly Review*, Vol. 57, No.11,August 15,p.445.

205 "Missionary Group Anonymously Attacks Dr. Tucker", *The China Digest*, Vol.XXIII,No.295, August 8,1931.p.167.

206 "The Tehchow Case", *Peking & Tientsin Times*, August 7,1931,p.6.

宣言，如有传教士致信该报说，这些传教士的发言忠实践行了基督徒信守的原则，实际并未对德福兰的审判造成不利影响，而且他们还私下表达了对德福兰的同情[207]。德福兰本人针对北戴河传教士的宣言，实际也是不赞成，其在 8 月 8 日信中则说这些传教士的宣言："是由于恐惧过于激进与排外的中国人而出现的反应，对德县案件解决并不是一个积极因素"[208]。如果仅从案情本身来看，传教士的争论还是因对德福兰杀人案的定性问题产生，北戴河传教士的发言合乎教义规定，但他们攻击本国同事却不合情理，故遭到了其他传教士的抨击。

此宣言也得到了国外传教士的关注，在波士顿的美国公理会总部指出："发布的这条宣言，在外国团体中引起了反对的暴风雨，主要在于有同工因为被批评而处于遭迫害的危险中时，发布这种宣言是不忠诚的。"[209]在中国生活了 18 年的传教士法瑞德（Wynn C. Fairfield）也在《纽约时报》刊文评论此事，他认为德氏在当时情况下开枪是不明智的，但同时认为 27 名传教士的举动在那时也是失策的，现在还很难预判这一举动对接触到这个宣言的人们的影响。[210]《芝加哥每日论坛报》也关注到了此事，认为 27 人的宣言会有助于国民党党部组织的抗议活动，也会利于国民政府的废约运动，但也会使得数以千计的传教士生命受到威胁。该报还提及在北戴河度假的千余名传教士支持政府审判德福兰，他们还认为中国人应该明白杀人行为是得不到传教士支持的。[211]

在英文报刊热议此事之时，虽然北戴河传教士也将此宣言送往了中方报纸，但"此次宣言直到 8 月 21 日才在中文报纸上出现，其原因在于中方拒绝刊登这个被提供的对德福兰太有利的片面宣言"[212]，后又在 9 月份出版的《华

---

207 "The Tehchow Hospital Tragedy", *The Chinese Recorder*, Vol. LXII, No. 9, September, 1931, pp.598-600.

208 Letters Concerning the Tehchow Robbery and Killing, August 8,1931,p.10, Special Collections of J. Willard Marriott Library, University of Utah.

209 *"Survey of Missions of American Board", The One Hundred and Twenty-first Annual Report of the American Board of Commissioners for Foreign Missions*, Boston: Congregational House,1931,p.8.

210 "Action But Not Method of the Twenty-seven In China is Defended", *New York Times*, October 4,1931.p.54.

211 "Nanking Seeks Immediate Trial of Dr. Tucker", *Chicago Daily Tribune*, August 25, 1931,p.14.

212 "Action But Not Method of the Twenty-seven In China is Defended", *New York Times*, October 4,1931.p.54.注：《纽约时报》并未提及该中文报纸名称，但以期刊形式发行的上海《兴华周报》早在 8 月 19 日的社论中即关注了此事。

北公理会月刊》上被译成中文全文公布。与大多数传教士反对北戴河 27 人的宣言不同，中国信徒从民族感情出发，高度评价 27 人的发言，认为是对基督教为帝国主义工具有力反驳，亦可见发表宣言的传教士所体现出的忠诚于真理的态度及无畏的精神，以此来表达他们的信念[213]。至于他们被其他传教士的痛责与讽刺，上海的中文教会期刊《兴华周报》的编辑认为："各人有各人的见解，自然不能强同，固不妨表示意见，但亦不应强人从己，对于对方的见解痛加攻击。"[214]基督徒许光迪则表示："我不知道那是因为老幼意见之分歧，还是由于国界思想浓厚的关系。"[215]当时中国基督徒看法也认为从基督教义与法理角度来讲，都应反对领事裁判权，对德福兰应当依法审判。如从基督教义来说，基督教讲求博爱容忍，反对暴力流血，希望推爱及敌，故德氏此举显然有违教义要求。还有基督徒试图将此案与基督教、治外法权划清界限，希望严格按照法律办理，称："开枪一事，我们以基督教的立场，不能左袒载氏，何况法律亦无处死窃盗之许可，即使应得死罪处分，亦应交由法庭裁判执行，私人不得擅自处理。本案自有法律可以持平解决，与基督教本身及治外法权之取消与否，均无关系。"[216]少数中国基督徒希望此案能得到认真且公正的调查，但仍从教会利益出发，替德福兰辩护，"希望调查能证明死去的暴徒是携带武器的，所以德福兰开枪绝对有必要，这是为防止他的生命受到更严重的伤害"[217]。可见中国基督徒在非基督教运动的冲击下，教会本色化进程加快，基督徒的民族意识更加觉醒，多数基督徒在此次案件中谴责德福兰，呼吁废除传教特权，这也是他们的民族与宗教感情所决定的。

此案另一争论焦点，为传教士在华携带枪支及武器自卫问题，因此问题在中美两国法律规定中差异较大，故也引起教会内部的激辩。自传教士近代入华后，鉴于中国动乱的社会环境及国人对传教士的敌视，来华传教士多携带枪支传道以图自卫，而此类现象在义和团运动高峰时期更为普遍。当时清政府及民国政府对外人持枪行为虽然并不认可，但在管理上对此行为仍然是

---

213 Li Tsun-Cheong, "Should Missionaries Kill?", *The China Weekly Review*, Vol. 58, No.1, September 5, 1931, p.25.

214 《社论：基督教义贵在实行》，《兴华周报》1931 年第 28 卷第 31 期，第 1 页。

215 许光迪：《从德案谈到武器保卫》，《华北公理会月刊》1931 年第 5 卷第 9 期，第 12 页。

216 《社论：基督教义贵在实行》，第 1 页。

217 Li Tsun-Cheong, "Should Missionaries Kill?", *The China Weekly Review*, Vol. 58, No.1, September 5, 1931, p.25.

默许态度，更重要的是英美等国家本土允许私人持枪，来华外人又不受中国管辖，各国驻华公使则准许他们携枪。1930 年，国民政府军政部为限制外人在华持枪，曾制定颁布《旅居中国外人自卫枪照暂行条例》，规定外人携带自卫枪支应向当地政府申请领取枪照，并由所在地领事担保[218]，实际也保证了外人持枪合法化。因此案牵涉出的来华传教士是否可持枪自卫的问题，在教会内部的争议也颇大。在 7 月 25 日北戴河 27 名传教士的宣言中，他们则表示不赞成传教士使用致命武器来保护财产[219]。虽然在同年 9 月北平召开的华北基督教公理会促进董事部特会上也曾提出此问题，但因内部意见不一，会议决定以后再行讨论此事。[220]华北公理会基督徒许光迪则以平教徒的资格对德氏持武器杀人发表评论，认为其在法理上是防卫过当，其最后提到原则上主张可以用武器保卫教产及个人性命，在严重时期，劝西人只作间接的防卫，谨慎从事。[221]在上海的英文《教务杂志》还提到了德福兰的手枪乃是另一传教士所提供，其本人的手枪早已被盗。该刊认为在华传教士是否该使用武器为争议性问题，可能会刺激中国基督徒去更紧密地探讨武器使用问题，并因此会促使个人、团体及国家完善这方面的规定。[222]当时在华北的暑期学生夏令会上，也专门探讨了在处理经济纠纷时是否应使用武器，但只有少数与会者支持使用武器。多数的基督徒认为即使他人侵犯了自己的生命与财产安全，但夺走他们的生命也是不正义的[223]。可以看出，尽管中美对持枪规定差别极大，但在国内的多数传教士及基督徒也反对持枪导致的防卫过当行为。

此案发生后，德福兰所在的华北公理会也积极应对。7 月 28 日，华北公理会总干事常德立（Robert E. Chandler）及该会传教士高厚德（Howard S. Galt）还曾赴济南会晤萨贲德，并谒见美领事米赫德，了解此案情况，美领答复说："此

---

218 《外人请领枪照》，《申报》1930 年 4 月 6 日，第 16 版。

219 "The Tehchow Hospital Tragedy", *The Chinese Recorder*, Vol. LXII, No. 9, September, 1931, p.597.

220 《华北基督教公理会促进董事部特会记录》，北平，1931 年，第 6 页，上海档案馆藏，档案号：U115-0-8。

221 许光迪：《从德案谈到武器保卫》，《华北公理会月刊》1931 年第 5 卷第 9 期，第 14 页。

222 "The Tehchow Hospital Case", *The Chinese Recorder*, Vol. LXII, No. 9, September, 1931, p. 542.

223 "Shall Missionaries Shot", *The Missionary Review of the World*, Vol.LIV,No.11, November 1931,p.871.

事之最后解决，须由美国法庭审理之。"[224]后该会传教士万卓志（G. D. Wilder）由北戴河返德县为办理善后事宜。同时，华北公理会华人干事魏振玉于 29 日面见德福兰，代表该会表示慰问，并面见美领事。因局势紧张，30 日，魏振玉又赴德县，与德县的教会、学校及医院三方开会商讨解决方案。后三方以德县基督教公理会联合会为名义公开发表宣言，从基督教义出发要求依法审判此案，称："德福兰君之因保护教产，枪杀华工友王国庆，其背乎基督主义自不待言，吾人为光大基督主义起见，对于德君数十年来服务社会成绩昭然，因一时失慎而发生之不幸案件，自然有无限的惋惜，然持枪杀人，虽事出有因，亦为吾人所不能原谅而一致反对者也，更望此案依法律公平判决。"[225] 因北戴河 27 名传教士发言影响甚大，8 月 6 日，华北公理会干事部也被迫认同了这些传教士私自发布的宣言，最后称："德福兰虽因卫护共产，及慎重安全，不幸枪杀工人，在他的觉悟中，已有很深的痛悔，然已不能挽救了，切望我基督教同人，布道同工，深加注意警醒。"[226]实际从华北公理会的各方反应看，他们从基督教的博爱主义与法律角度评判此事，并未袒护同属美国公理会在华差会的德福兰。

　　当时教会内部对于德福兰的安排，也产生了争论。7 月 28 日，在北戴河的传教士还建议德福兰夫妇辞职。而在德县的传教士于 7 月 31 日则决议请求美国公理会总部继续挽留德福兰在德县医院工作，以促进德县的教会事业发展[227]。德福兰为躲避风头，也于 1931 年 8 月 13 日向美国公理会总部递交了辞呈，辞去在德县的工作，并于次日对外公布其决定，美国公理会则于 9 月 14 日收到其辞呈[228]。而在是年 9 月 16-17 日于北平召开的华北公理会促进董事部的特别会议上，会议代表对德氏脱离华北公理会表示惋惜，并请求美总会挽留其在美服务或借与在华其他机关服务。[229]实际上，之后美国公理会总

224 《魏振玉牧师致董事部函》，《华北公理会月刊》1931 年第 5 卷第 7 期，第 42 页。

225 《德县公理会联合宣言》，《华北公理会月刊》1931 年第 5 卷第 7 期，第 44 页。

226 《山东德县卫氏博济医院不幸的一件事》，《华北公理会月刊》1931 年第 5 卷第 7 期，第 44 页。

227 "A Chronology of the Tucker Case", *Papers of the American Board of Commissioners for Foreign Missions, Unit 3,Missions to Asia*, Woodbride, Conn: Research Publications,1982,Reel 254,p.635.

228 "A Chronology of the Tucker Case", *Papers of the American Board of Commissioners for Foreign Missions, Unit 3,Missions to Asia*: China General, Woodbride, Conn: Research Publications,1982,Reel 254,p.635.

229 《华北基督教公理会促进董事部特会记录》，北平，1931 年，第 4 页，上海档案馆藏，档案号：U115-0-8。

部同意德福兰到在华活动的英国循道公会名下服务，后德氏根据该差会安排，先后在华北、华中及西南地区从事医疗救助活动，直至 1941 年回国。[230]

德福兰案件发生后，从教会内部产生的争论，也可彰显当时在华教会的复杂情况。从此案也可看出，来华传教士在对待领事裁判权等外人在华特权的问题争论极大，实际自清末以来传教士内部即对此问题讨论不休[231]。早在 1927 年的"南京事件"后，德福兰所在的华北公理会部分传教士即曾致电美国总部，希望其督促政府撤废外国侨民在华所享之治外法权，"吾等深信差会与宣教士继续依赖传教条约上之特权与利益为不合基督教原则，因此吾等甚愿促本国政府对取消传教条约从速办理。"[232]当然也有传教士基于保护自身利益，反对废除在华传教特权。实际自近代传教士来华传教后，其内部始终存在传教路线、方针等方面意见分歧，当然这也体现在对德福兰一案的态度上。部分来华多年的传教士，熟悉中国社会文化，期望基督教获得国人的认同接受，故他们对德福兰的行径多站在中国人立场上取同情批判态度，没有一味为其辩护，而是从基督教义与法理角度评判谴责此事，体现了他们维护正义与实事求是的可贵精神，他们同样也是支持废除领事裁判权的一派传教士，不希望因为受到特权保护而引起国人敌视，但这也是出于在华传播基督教的考虑。但还有部分传教士则还是尊崇西方基督教文化，对中国文化持排斥态度，还是从维护所在教会及本国同胞利益的狭隘民族感情出发，为德福兰进行辩解，同样仍希望享受领事裁判权的保护，当然这也在于他们对中国不甚完善的法律的质疑，担心会遭到不公正对待。

4、结语

德福兰案作为中美废约交涉中的典型案例，因其涉外性质及舆论的广泛关注，也使其从法律案件演变为轰动一时的政治事件，反映出 1930 年代初期中国政府及民众在民族主义高涨的形势下，对废除领事裁判权的合理诉求。由于德福兰被无罪释放，舆论民愤极大，甚至到 1946 年的报纸在批评当时美国士兵在华行凶时，还专门提起此案，曾批评德福兰的行为称："一个强国的国民，不知自爱，不知自重，处处暴露些鄙卑的态度给人家看，如何能使人

---

230 Drs. EMMA & FRANCIS TUCKER,See https://pinemountainsettlement.net/?page_id=2765.

231 关于当时传教士对在华领事裁判权撤废讨论，可参阅李传斌的《基督教与近代中国的不平等条约》（长沙：湖南人民出版社，2011 年）。

232 《华北公理会致美国差会及教会书》，《中华归主》1927 年第 73 期，第 7 页。

瞧得起呢？"[233]中美两国关于此案的博弈，实际也是围绕领事裁判权而展开的法律问题上的交锋，中国希望获得国际法体制下各国平等地位，美国则是希望在中国享受平等的法律权，这种交锋也在1930年代初期的其他中美交涉中也有体现。由于处在前现代层面的中方法律带有传统法律残余，掺杂人情成分，更同情受害人身份的弱者，与现代法律体系代表的美方法律规定差异较大，美方更加强调独立公正的司法权与法律上的人人平等，重视保护私人的财产与人身安全，故对德福兰杀人性质为正当防卫或防卫过当存在明显分歧。若按照当时领事裁判权规定，美方依照本国法律规定，释放德福兰，无可厚非[234]，但也受到中方民族主义情感与维护主权的挑战。不可否认，美国政府的行动仍是在国际法与领事裁判权体制下进行调查，并考虑到了中国政府与民众的诉求。从美方材料还可以看出，美国政府、驻华公使及济南领事内部对如何运用领事裁判权也存在争议，而美方的很多诉求没有实现，并不完全由于地方政府的阻扰，还跟当时的反帝爱国运动有关。从德福兰到米赫德都震慑于地方的反帝浪潮，在许多措施上尽量缓和，给与中国一定的让步，但由于双方的法律差异与认识分歧，美国政府的行动并未得到中方认可。通过此案也可看出领事裁判权对中国司法主权的极大危害，即使中美法律存在分歧，也只能完全依据美国法律与司法审判程序，中方没有任何争辩的余地，基于此外交上的任何努力也终归是失败的。国民政府及社会人士也通过类似德福兰案件的最终处理结果，更加认识到领事裁判权的恶劣影响，进一步促使了他们力争废除领事裁判权的觉醒意识与实际行动，为1943年领事裁判权的废除埋下了伏笔。

中美两国政府的博弈并不限于法律，亦上升到政治层面的较量，中方试图以此案件激荡民族主义情绪，试图一举废除领事裁判权，达到反帝目的，而美方亦反向利用，想要以此有理由拖延正在进行的废约谈判。在诸如德福兰案等1930年代初期的中外交涉时，南京国民政府借谈判之机，在维护司法主权方面作出一定交涉与抗争，尤其是地方政府、党部的应对态度更加积极主动，这也是国民党中央地方关系及党政关系矛盾性的展现。从此案的结果看，也与大多数中外交涉案的结局类似，可看出南京国民政府初期试图废约

233　《德福兰杀王国庆案》，《青岛民言报》1946年10月9日，第3版。

234　实际当代美国对此类案件的审判结果，也多与德福兰案类似，如2012年轰动一时的美国警察枪杀黑人案等。

的温和型的"革命外交"带有某种不彻底性，但又有某种必然性，部分层面上也是对北洋政府"修约外交"的延续。南京国民政府由于国力不济，对美国始终存在依赖，故对类似案件多畏首畏尾，难于真正的抗争，这在1946年的沈崇事件中也有深刻体现。因近代中外交涉案件的复杂性，往往当事双方国家在处理时，也会直接或间接地将其他国家牵涉其中，从而会影响案件的解决程度，诸如九·一八事变的爆发即影响了此案的进程。但也应注意的是，当时中国的法律制度还不健全，无法确保西方法律制度所提供的权利和保护，加上国民党还不能有效的控制许多地方政府，以及本地精英对基督教的敌视，以至于在华外人担心自己的安全及对中国法律审判产生质疑。固然来华外人本应当放弃领事裁判权，接受本地的环境条件，包括对个人安全的威胁，但是从人性的角度来看，基于上述因素，我们也应该能同情他们在领事裁判权裁废问题上的挣扎。

同时，亦应看到民族感情与社会舆论虽然会对涉外案件的司法审判造成影响，部分民间团体的言行也会推动政府外交进程，但在当时不平等条约与国际法体制下，其实际效果难言满意，而盲目排外的民族主义也不值得提倡。中国舆论所及，侧重点并不在于案情之事实，而在于民族主义之宣扬；中国官方因应这废除领事裁判权之政策及民意，但在司法层面不能完全忽视事实之认定；美国司法方虽有领事裁判权来加以判决，但对于调查中，却需要对于事实层面加以认定，中方对此也不能无视。国外舆论对于中方舆论有所回应，对于领事裁判及司法调查，也有态度表达，从而形成两方的论战。从中外舆论对此案的反应看出，在当时的中外交涉案件中，中外报刊往往会从各自民族感情及利益出发，产生带有主观倾向的报道，而忽视其背后的真实案情，从中也可体现中西方文化、价值观念及法律思想之差异。通过此案件也较能凸显民族主义与道德理想间造成的对立，这也是中外交涉案件论争中的普遍而非个别现象，这种普遍现象反映了多数人在采取立场或论证时的自然反应。特别是中方舆论多是借故攻击德福兰而迁怒于基督教，显示出国人对受条约特权保护的基督教传教士仍带有严重的敌视，但南京政府时期的反教形式已经相对理性中和，未再出现诸如义和团运动那样的暴力反教案件。然此案件背后所折射出的中国民族主义情绪与义和团时代的盲目排外在部分方面仍有心理上的同构，这种不自信的弱者与受害者心态看似义正词严、慷慨激昂，实则是一味追求政治正确的偏激与愚昧，这也是近代以来妨碍中国人反思自省的一大障碍。当然南京国民政府与当时社会舆论不同，尽管反对德福兰杀人，却不公开反对基督教在华传播，这也是受条约规定所影响所致。

与一般的中美交涉不同，除了牵涉其中的领事裁判权问题外，德福兰的传教士身份又为此案增添了基督教背景，更使问题扩大复杂化，反映出基督教在近代政治外交中产生的特殊影响。德福兰作为治病救人的医学传教士，虽屡屡参与救济，救死扶伤，却因枪杀王国庆导致身份与行为上的直接冲突，并为此遭到国人及其他传教士的抨击谴责。从教会内部的争论来看，宗教信仰与民族感情之间的冲突，是基督教中国化面临的一大难题，在近代中国未得到切实融合。来华基督教因不平等条约的规定而在中国享有各种特权，往往会受到民族主义者的抨击，但部分传教士坚持政教分离、呼吁放弃领事裁判权等特权，以免引起国人对传教士与西方国家关系的误解与反感，但他们的建议却不被美国政府所接受，也彰显了外人在华特权与传教士态度之间的冲突及政教关系之尴尬，这也在此案件中有所体现。

在此时期，基督教在经历非基督教运动冲击后，在内部也进行反身改变，试图使得教会更加适应民众需要，拉近两者距离，一定程度上改善了民教关系。而且随着教会学校在政府的立案，也获得了民众的认可，导致非基督徒入学学生激增，如天津中西书院 1926 年时有初中学生 68 人，高中学生 124 人，到 1934 年时该院学生已增长到初中生 124 人，高中生 261 人[235]。而基督教通过教会医院等慈善事业，也以其精湛的医疗技术及优质的服务，使得入院看病的人数逐渐增多，如北京同仁医院的门诊病人从 1929 年的 36660 人，到 1931 年即增长到 42245 人[236]，这也说明民众逐渐改变了对基督教尤其对教会事业的看法。如 1930 年德县博济医院的医生德福兰和其他人被一些强盗抓获，而强盗头目是医院以前的一名病人，他随即立即释放了他们，理由则是为了公众的利益而这么做[237]，从此也可以反应教会医院在民众中的印象。特别是此时期因基督教引发的中外交涉已属少数，已经远低于晚清时期的教案

235 Tientsin Anglo-Chinese College Annual Meeting of Court of Governors,1937, *Council for World Mission Archives*,North China,1866-1939, Box,No.11-12,1936-37,No.805., Switzerland: Inter Documentation Co., 1978.

236 Hopins Memorial Hospital Attendance Report,1931, *Missionary Files:Methodist Church, 1912-1949*, Wilmington, Del :Scholarly Resources Inc, 1999, Reel.70.

237 *The Annual Report of the American Board of Commissioners for Foreign Missions*, Boston: Congregational House, 1930, p.72.

频发，基督教虽然仍被民众当作外来宗教，但民众已经逐渐对其存在表示了认同，民教关系得以缓和。

三、基督教女青年会与华北女子生活

基督教女青年会 1855 年成立于伦敦，为专门为女性服务的基督教组织，自 1890 年传入中国后，不断在中国扩展建立分会。当时在华女青年会设定的目标为："本基督教之精神，促进妇女德、智、体、群四育之发展，俾有高尚健全之人格，团契之精神，服务社会，造福人群"[238]，并以此开展各种与女子生活密切相关的活动，成为影响近代中国女性生活的重要组织之一。具体到华北地区而言，自 1913 年基督教女青年会在天津成立后，又相继在北京、济南、烟台、福山等华北各地建立。目前学界多关注基督教男青年会在华活动，而对华北地区女青年会的研究则相对薄弱，本节将选取南京国民政府 1928 年在华北地区确立统治后，直至 1937 年抗战全面爆发前这一时期内，基督教女青年会在华北的教育活动为考察对象，关注女青年会在促进华北妇女解放，改造女子生活中的重要作用。

（一）女青年会的识字教育

民国时期，中国妇女百分之八十居于乡间，乡村妇女更为缺少平民教育，妇女中文盲极多。"但是社会上对于乡村妇女们的注意，一向不及对于城市妇女为甚。"[239]而乡村妇女知识的贫乏，更需要识字教育，故女青年会在华北各地设立各种平民学校或日校，教授妇女千字课。

南京国民政府前期，女青年会开设的平民学校又分日校、夜校两种，根据妇女需求设立。1928 年，"天津女青年会日校共有学生一百余人，所聘教员共 8 位，除 2 位义务教员外，其余均付半薪。"[240]翌年，另该会职工部附设在小刘庄，大工庄，西沽的平民学校 3 处，教授千字课，尺牍及珠算等课程。1931 年夏，天津女青年会职工部附设的三校，"共有千字课毕业班 11 人，补习班卒业者 5 人，计三校共有学生百余人。"[241]天津女青年会夜校的课堂教育，

---

238 中华基督教女青年会：《中华基督教女青年会全国会务研究会报告书》，上海：华文印书局，1930 年，第 13 页。

239 中华基督教女青年会：《中华基督教女青年会全国会务研究会报告书》，第 29 页。

240 《市会消息》，《女青年月刊》1929 年第 8 卷第 1 期，第 57 页。

241 《天津：职工部》，《会务鸟瞰》1931 年 7 月，第 13 页。

分初级，高级两种，初级授以千字课，以能识字为目标，期限 4-6 月。高级班则授以常识、地理、历史、算术、尺牍、公民等课程，以灌输普通常识。期限一年，"1932 年 9 月-1933 年 9 月，夜校初级班学生 190 人，高级班学生 10 人，总 200 人"。[242]因当时民众女校之前课程，实用价值不大，故女青年会当时开设学校力求与教育生活发生密切关系。如 1930 年冬，天津女青年对于失学子女，设有义务工读学校，工读女校卒业生无力升学者，助之学费，升入女师、仰山等女校，希望能学有所成。1930 年时，"学生有 60 余人，年龄自 10-18 岁不等，每天半日手工，半日读书"[243]。文字课程则以国语、算术、常识、三民等为主要科目，手工课程为做床单、台布、手绢、十字布及各种绣花等项，还有各种零用物件。天津工读女校不收学费，每年共收杂费两元，极贫者则免收，1931 年时，学生共有 80 余人。[244]北平女青年会也开办类似识字班，1930 年，北平女青年会针对妇女多有不识字者，于 4 月 21-22 日在东、西城分别举行平民教育运动，分发布告 2 千余张，均由该市自治团会代为散放，东，西城各成立 1 班。[245]后该会每年都组织平教运动，开办平校教导妇女识字，受到妇女欢迎。

在山东地区，女青年会的平民教育活动多集中于福山、烟台及济南，以开设平民学校为主。1928 年，女青年会在烟台福山创办乡村事业，成立民众教育委员会，以教授平民千字课为基础，创办民众学校。这种平民学校的设备都由本地的委员会所筹划，女青年会只供给里面的教员。"至于学生的年龄仅限于 12 岁到 40 岁。1928 年，在 6 个村庄开办了 8 班，学生 120 名。"[246]平民学校分初、高级班，初级四个月，每日两小时，学习千字课、体育、习字等课程；高级班为 3 个半月，每日两小时，学习算学、历史、地理、书信、习字等。[247]福山民众学校到 1931 年，已举办 4 期，共计十三校，分属十三村，学生总数上有初级班计 340 人，高级班计 65 人，训练班计 25 人，研究班计 33 人。[248] 1930 年，为辅助一般乡村妇女，获得普通智识，增进服务能力，

242 邓裕志：《女青年会的劳工教育》，《教育与民众》1934 年第 5 卷第 6 期，第 1107 页。
243 《附设工读学校》，《天津基督教女青年会会务季刊》1930 年第 11 期，第 12 页。
244 《工读女校》，《天津基督教女青年会会务季刊》1931 年第 12 期，第 23 页。
245 《平民识字运动》，《会务鸟瞰》1930 年 6 月，第 7 页。
246 Paul R. Abbott, "Popular Education for Woman", *Educational Review,* Vol.21,No.3, July,1929,p.312.
247 何耀坤：《一年工作的回顾》，《女青年月刊》1929 年第 8 卷第 6 期，第 32 页
248 女青年协会编辑部：《两年来之基督教女青年会事业》，《中华基督教会年鉴》第 11 期，第 81 页。

福山女青年会还开设暑期训练班，入班者 16 人，后又设立高小班，学生 19 人。[249] 烟台女青年会成立的平民学校，到 1930 年秋，肄业者 250 余名，经考试及格发给毕业证书者已达百余名。[250]学校课程采用江苏省立教育学院出版之初级妇女读本，与高级民众读本。1933 年春，烟台女青年会有平民学校 3 班，高级 1 班，初级 2 班，学生百余人，并设劳工特别研究班，研究工人教育及公民常识。[251]而在济南地区，1929 年，济南女青年会举办民众识字班，又开办妇女半日学校，分高、初两级，女生百余名。1932 年，济南女青年会附设的民众识字班于晚上开课，学习千字课、算术、唱歌及游戏等，"学生 15 人，多系女工人，另有半日妇女补习学校有学生共 28 人。"[252]当时济南女青年会还组织人员调查济南商埠与该会附近之魏庄，"调查该地方情形及人民教育程度，应施以何种教育方为亲切，以为办平民教育及成人教育之基础。"[253]故在 1933 年 3 月，济南女青年会鉴于乡村民众未受教育者众多，在魏家庄开设义务教育班，先后前来报名上课者四千余人，分成人与少女两级。[254]而各类平民学校的设立，一定程度上提高了当地妇女的识字水平，且当时平民学校毕业女生中有力深造，升入正式学校者，颇不乏人。但因家境困难，不能升学者，亦为数不少。

民国时期的职业妇女在中国，无论心理上，经济上，道德上，都处于弱势地位。"此外，还有些似乎是注定的命运须要承受，那就是言词上的刻薄的奚落，同所谓的那些善意的侮辱。"[255]故女青年会还切实调查女工实况，在工业区中开办专为女工设立的职工平民学校，尤以天津女青年会最为出色。1929 年，天津女青年会河东大王庄设立职工女子平民学校，在烟厂女工人设立平民千字课，在天津北区设立女工人夜校。在北城与公理会学校合办千字课一班，每天工人三十余上课。[256]后每两星期开学生同乐会一次，秩序有故事，

---

249 《福山》,《会务鸟瞰》1931 年 1 月，第 18 页。

250 《平民学校筹备开学》,《会务鸟瞰》1931 年 3 月，第 9 页。

251 《烟台市会事工大纲》,《女青年月刊》1933 年第 12 卷第 5 期，第 98 页。

252 《济南：教育消息》,《会务鸟瞰》1932 年 2-3 月合刊，第 47 页。

253 《市会消息》,《女青年月刊》1933 年第 12 卷第 3 期，第 79 页。

254 《济南市会消息》,《女青年月刊》1933 年第 12 卷第 5 期，第 100 页。

255 天津女青年会：《天津女青年会职业妇女联合会周年纪念册》，天津，1939 年，第 13 页。

256 《女青年会职工事业》,《工业改造》1929 年第 18 期，第 22 页。

唱歌，手工，游艺等，每当学生放工的时节，又为她们讲解工业状况，经济学说等。[257]1930 年，天津女青年会设 3 处工人夜校，专服务在工厂及在家作工的女工，共收女工 80 余人，每星期上六次课，每晚 7 点半到 9 点半学习。初级生读千字课及算学，千字课毕业后读国语及尺牍等，不收学费。[258]其中西沽职工学校每周四下午由女青年会职工领导聚会一次，活动有唱歌、演讲、故事、游戏等。天津女青年会还帮助妇女职工，设立职工补习学校，每日于工作的余暇，得以学习 2 小时。此外，1932 年，烟台女青年会鉴于工厂女工生活呆板机械，还设立平民学校，进而有华光团组织藉以调剂生活，并与以公民卫生治家之常识。

为了满足平民学校的教师需求，女青年会还注重培养师资，开办各种教师训练班。如北平女青年会与燕京大学合办暑期学校，或特设乡村妇女教育师范班，讨论班。课本方面千字课及注重有益乡村生活的通俗材料，如卫生挂图、农业的科学常识，管理儿童和家政的常识等类[259]，并组织俱乐部以及其他集会，以灌输她们以基本的公民知识。为培训平校教师，1928 年，福山女青年会主办教师训练班，每周 36 小时，为期两月，授课内容有教学法、实习心理学、算学、国语等；1931 年 3 月，福山乡村区女青年会又在东关设教员训练班，每天除读书 4 小时外，复实习教学法 3 小时，所学的课程为算学、自然、国音、体育、图画、手工、作文、习字等。实习项目除初高两级民众班所应读之书籍外，并练习教授初级小学一年级的课程。[260]烟台女青年会的"师资训练班"，则是专为训练一般师资人才而设，受训练者多系平校高级毕业生，训练时间为四个月，半为授课，半为实习。而华北各地女青年会平民学校学生在高级班毕业后，又成为初级班的教师，教授初学者，保证了学校的持续运转。[261]

华北各地女青年会开设的平民学校，除教授识字外，还经常举行各种活动，以丰富学员的业余生活，并成立学员组织。当时平校毕业同学多组

257 女青年协会编辑部：《两年来之基督教女青年会事业》，《中华基督教会年鉴》第 11 期，第 80 页。

258 《工女的几句话》，《天津基督教女青年会会务季刊》1930 年第 10 期，第 11 页。

259 丁淑静：《一年来全国女青年会概况》，《中华基督教会年鉴》第 10 期，第 29 页。

260 《福山乡村区》，《会务鸟瞰》1931 年 6 月，第 22 页。

261 Lulu K.Haass, Young Woman's Christian Association, *China Christian Year Book*, Shanghai: Christian Literature Society,1935, p.174.

织平民校友会，以发展自治能力，合作的精神为目的，帮助平校毕业同学谋生。北平女青年会附设的平民学校，则于每届五月开游艺大会，有唱歌、相声、话剧、讲演等活动，另每季开一次女生团体茶话会，有北平妇女领袖参加。[262]烟台女青年会则组织有"自修班"，为平校高级卒业生中的欲深究某种学识者而设立，除逐日自修外，每星期共同讨论一次。团契组织方面，烟台女青年会先设立"交谊会"，联络各村同学互相交往，以破除乡间女子的闭门不出的陋俗，继则组织正式集会——同学会。该会每月开一次全体会，一切会务均由会员自己主理，乡村干事仅处顾问地位，会旨对内则专心自修，对外则尽力从事服务。后由同学会会员将会旨推广到其他乡村妇女中，凡妇女有志于服务，皆有入会资格，后同学会改组为乡村妇女服务团，该团的组织方法与团务和同学会类似。1932年，烟台女青年会还发起平民同学会，联络友谊，增广智识，介绍职业，养成团结精神。烟台女青年会另举办平民学生交谊会，除请教育家演讲外，均由学生自行担任。一切游艺项目，均能充分表现自动之精神与作事能力。天津女青年会则组织平校成绩展览，如1937年5月劳动节之际，天津女青年会在大王庄，小刘庄举办的平校成绩展览，参会200余人，分成绩展览，唱歌游戏，全体唱"五一歌"等。[263]济南女青年会民众学校则于每礼拜三下午组织友谊同乐会，内容多为游戏，旅行讨论各问题，每礼拜日下午则有师生同乐会，研究卫生游戏德育各种问题。

（二）女青年会的技能教育

南京政府前期的中国社会妇女，缺少社交生活或团体工作的经验，也缺乏谋生的基本技能。"因为大半的家庭妇女们，都赋闲在家，倘不予以有益的消遣方法，那她们定必把那些宝贵的光阴，不是荒废在赌博方面，就是要荒废在他种有害的娱乐里去。"[264]故女青年会也注重对女子技能的培养，并丰富其日常生活，增强女子的经济自立能力。当时基督教女青年会全国协会也曾强调职业教育重要性："经济独立是妇女解放原因，但是妇女们如没有适当的职业训练用以作谋生的工具，那么她们欲求经济独立，在事实上实不可能"。[265]

---

262 《市会消息》，《女青年月刊》1936年第15卷第6期，第81页。

263 《市会消息》，《女青年月刊》1937年第16卷第7期，第74页。

264 中华基督教女青年会：《中华基督教女青年会全国会务研究会报告书》，上海：华文印书局，1930年，第28-29页。

265 中华基督教女青年会：《中华基督教女青年会全国会务研究会报告书》，第28页。

在此时期，基督教女青年会在华北各地，针对妇女需要及兴趣，设置各种培训班，增长妇女谋生技能。1930 年时，女青年会全国协会的干事曾说："我们的教育事业，等于新式的商业广告画，不但能延人注目，且能增加兴趣与交接"[266]根据当时华北妇女的兴趣需要，华北各地女青年会当时设有调剂生活作用的女仆训练班、绘画班、英语班、手工班、烹饪班等。如天津女青年会为增长妇女之常识，设立各班补习功课，如英文、汉文、弹琴、打字、手工及中西烹饪等，"各班延聘热心教育，经验宏富者，特有专门学识者，为之教授，皆为交换智识联络感情。"[267]天津女青年会教育部开设有教育班，1931 年 2 月，"教育班开课，共收学生 43 人，传授各种实用技术。除本国学生外，尚有美，日，俄等国女士"[268]。各种学习班，也适当收取学费，作为会务费及聘请师资之用。1935 年，天津女青年会因裕元纱厂停工后多感失业痛苦，还开办贫民手工班，该会向东亚毛织公司捐得毛线 5 磅，由教员分期教授习织毛线。[269]烟台女青年会则成立有特修班，授以尺牍、常识、经济及劳工知识，并为平校高级毕业生不能升学者设中西烹饪班，缝纫班。1935 年，烟台女青年会还设立女仆训练班，每星期办两次，训练照护小儿之方法，讲做人之道理，指导她们的保持家庭卫生方法。北平方面，女青年会于 1931 年创办女佣训练所，并开设中、英、日、德等语言及中西烹饪、救护、手工各班。1934 年底，"北平女青年会开设有英文 4 班，法文 2 班，中西烹饪 3 班，国术 1 班，学生百余人。"[270]此外，该会还与北平妇女社会服务促进会合办学术讲演班，于 1936 年 11 月开始，讲授法律政治、文学、家庭科学、家庭医学、青年心理、儿童心理及现代中国妇女等诸多问题。[271]女青年会组织的各种技能培训教育，让当地妇女掌握了一技之长，可以自谋出路，也改善了家庭经济水平，受到了女性的欢迎。

女青年会除了各种职业的教育学习班外，还组织各种研究班，满足会员兴趣。1930 年，北平女青年会组织会员交际会及研究班，每周三下午举行交际谈话会 演讲，游戏。此外，尚有儿童人格之建设、家庭布置、儿童卫生及

266 中华基督教女青年会：《中华基督教女青年会全国会务研究会报告书》，第 36 页。

267 《教育部之工作》，《天津基督教女青年会会务季刊》1930 年第 10 期，第 6 页。

268 《天津：教育部》，《会务鸟瞰》1931 年 4 月，第 16 页。

269 《天津：贫民手工班》，《女青年月刊》1935 年第 14 卷第 6 期，第 81 页。

270 《北平基督教女青年会报告》，《女青年月刊》1934 年第 13 卷第 10 期，第 98 页。

271 《北平成人教育》，《女青年月刊》1937 年第 16 卷第 3 期，第 63 页。

儿童心理、缝纫等四种研究班。同年，因烟台爱道学校学生多系年长失学的妇女，于校内课程之外，极愿研究家庭问题及娱乐艺术等事，故女青年会特组织家事研究团，研究家庭诸问题。同时，"烟台各医院医师护士们整日忙于服务病人，缺乏娱乐的精神，不明社会的情形，为此该会特组织一团体，除教授娱乐事项外，并研究妇女问题，国际友谊问题及服务社会等项。"[272]另女青年会还成立音乐学习团体。如1930年，济南女青年会设音乐研究班共2处，每礼拜练习一次。是年，天津女青年会在河东及西沽两处所设学校特开同乐团数日，每日下午有歌唱、经济学、演讲及手工等活动。而烟台女青年会举办新年同乐会，北平华光团亦有同乐会。

华北各地女青年会内部还组织各种华光团，职工团等团体，开展各种集体活动，传授实用技能，丰富会员生活。如北平女青年会1930年组织的华光团，团员共5团136人，每团每星期开会一次，员工分工厂，高小及中学三种。[273]1931年，北平女青年会为成人妇女识字班学校学生组织华光团，每周六聚会一次，内容有讲演，游戏，参观电影等；烟台则成立了职工华光团与学生华光团。1930年，烟台女青年会组织职工华光团，系烟台市各工厂之女工组成，每周日午后举行。每次到会之人数平均约有60余人，开会秩序有游戏、唱歌、手工等，并侧重个人卫生，历史地理讲演等活动。[274]1932年时，烟台女青年会学生华光团共计三团，团友80余人，曾举行春季健康卫生比赛，青年学生礼拜等活动。[275]华光团还注重发展工友谋生技能，培养公民基本智识。如1934年，烟台职工华光团有团员60余名，多为工厂中女子在平校高级班毕业者，每晚集会一次，有常识、卫生、劳作、美术、演讲、参观等活动。[276]

（三）女青年会的家庭健康教育

南京国民政府时期，旧式家庭面临淘汰，一夫一妇的新式家庭制度逐渐流行。但这种新式的家庭对于要求主妇的各种智识，例如家政科学，儿童幸福，以及普通卫生等常识，需要的程度至少与旧式家庭不相上下。"从旧式家

272 《烟台：组织研究团体》，《会务鸟瞰》1930年6月，第17页。
273 《北平：领袖训练班及少女团》，《会务鸟瞰》1930年11月，第15页。
274 《烟台：职工团》，《会务鸟瞰》1930年11月，第18页。
275 《烟台：少女部》，《会务鸟瞰》1932年5月号，第13页。
276 烟台中华基督教女青年会：《烟台中华基督教女青年会特刊》烟台，1934年9月，第25页。

庭所出来的女子既不能适应这种改变，从学校中所陶冶出来的新式女子，又因他们未曾读过多少家政科学，不能十分应用。"[277]在此形势下，华北各地女青年会也异常重视女子的家庭教育。而在家庭教育的具体内容上，女青年会初期讲授的内容侧重科学、经济问题，后转向婚姻与性问题[278]，更贴近妇女实际。

在此时期，华北各地女青年会的家庭教育工作，有定期聚会，主题研究会，"涉及个人谈话、家庭拜访、家庭难题的检讨、职业介绍，调剂一般职业及家庭妇女单调疲劳的生活。"[279] 1932 年 4 月，平津各校在北平西山卧佛寺举行儿童家庭教育教育研究会，各教会学校领袖 80 余人参加，课程有基督化的父母的训练、教会对于儿童家庭教育的责任、儿童的家庭宗教教育等。[280] 1936 年 3 月 20-4 月 17 日，北平女青年会曾举行五次家庭周演讲会，涉及妇女与法律，婚姻等问题问题。[281] 北平女青年会为提倡平民妇女娱乐，每周五下午还到仁立地毯工厂工人，举行同乐会一次，讲演劳工卫生，家庭管理诸问题。烟台方面，1933 年 5 月，烟台女青年会设立良母训练班，"自动来报名加入者 15 人，当月已开班 3 次，共有 8 次讲演。"[282]烟台女青年会还成立伉俪社，以联络感情，交换智识，养成基督化家庭为宗旨，每月有全体大会一次，请名人讲演家庭问题。济南女青年会也于 1933 年在平民学校设良母训练班，每周一次，邀请专家讲授儿童心理及家庭知识等问题。

因当时妇女家庭知识不合时代需要，华北各地女青年会多次组织母亲会，宣讲家庭育儿知识，探讨教养儿童之方法，并研究父母教育问题，还请儿童教育专家演说儿童心理，介绍关于儿童幸福之新刊物。如 1930 年，烟台女青年会在毓璜顶幼稚师范学校内为 12 岁以上之少女及母亲，特开母女联欢会，会中有母女关系演讲及中外音乐。烟台女青年会平民学校还常举行母亲讨论会，讨论基督化家庭教育问题。烟台妇女劳工团举行母亲会，每两月开会一次，有团员演剧、歌舞、唱歌等，并请名人演讲，联络感情，交换经验。同年，济南女青年会也于 5 月 30 日午后举行母亲会，致力改善儿童饮食。因当

---

277 中华基督教女青年会：《中华基督教女青年会全国会务研究会报告书》，第 27 页。

278 Lulu K.Haass, Young Woman's Christian Association, *China Christian Year Book,* Shanghai: Christian Literature Society, 1935, p.174.

279 北平基督教女青年会：《北平基督教女青年会三十周年纪念刊》，北平，1946 年，第 20 页。

280 《天津：少女部》，《会务鸟瞰》1932 年 5 月，第 15 页。

281 《北平：家庭周》，《女青年月刊》1936 年第 15 卷第 4 期，第 109 页。

282 《烟台：组设良母训练班》，《女青年月刊》1933 年第 12 卷第 6 期，第 81 页。

时家庭对卫生向不注意，即间有注意，亦极简单，故该会请齐鲁大学大夫演讲"十二岁以内儿童常用之饮食"。[283]1935 年，天津女青年会也组织母亲会，每月聚会一次，邀请医士演讲儿童之疾病及儿童保育法，研究改良家庭，研究儿童心理，讨论子女求学交际及婚姻等问题。天津还组织妇女改进社，以联络感情，交换智识，启发爱国思想。除了母亲会外，女青年会还举办齐家运动，宣传家庭知识。如 1931 年 6 月，烟台女青年会举行齐家运动，分家庭经济，家庭布置演讲，唱歌及演剧等。"前两日任意参观，两日以来，参观者不下数千人，足见社会民众对于家庭之特别注意"。[284]

女青年会的健康教育，包括家庭卫生指导、育婴观摩会、卫生讲演及健康检验等活动。如济南女青年会 1930 年请齐鲁大学大夫担任检验妇女体格，除礼拜日外，每日定时举行。儿童体格工作，乃由齐大医科施大夫与刘护士担任，检验之外，演讲卫生方法。因事关家庭幸福，济南女青年会还组织家庭幸福促进会，每 2 星期举行一次集会，均请齐大医学博士及专门小儿科的大夫演讲家庭卫生知识。[285]烟台女青年会则于 1930 年 6 月 10-14 日开卫生大会 3 次，特请医学专家检验儿童体格，演讲保护儿童之方法及少女青春之卫生，"其中第一日为婴儿之检验，受检查共 40 名，男女各半。翌日，亦有 40 余名。"[286]1932 年 6 月，烟台女青年会又连续四天举行卫生大会，检验儿童体格，演讲卫生常识，参加者每日约百人。[287]天津女青年会则于 1930 年起于刘庄学校内设立诊疗所，每星期二上午有大夫前往诊治各种疾症，每次受诊者约五六人之多。在烟台福山地区，1931 年 5 月，女青年会在义井开第一次卫生讲演会，"听众除学生外，有村妇五六十人，均极兴奋。"[288]1936 年，烟台福山女青年会卫生工作又与烟台毓璜顶医院合作，为当地人检验体格，以促其对健康之注意。但由于当时乡村民风落伍，女青年会部分新式卫生活动，也遭到当地守旧势力的反对。如烟台女青年会前所办之产妇卫生班，"因为守旧之老妪反对，不能继续，今后当改变教授方法，以贯输产科智识。"[289]

---

283 《济南：母亲会》，《会务鸟瞰》1930 年 7 月，第 21 页。

284 《烟台：齐家运动纪实》，《会务鸟瞰》1931 年 7 月，第 17 页。

285 《济南：检验妇孺身体》，《会务鸟瞰》1930 年 6 月，第 14 页。

286 《烟台：卫生会》，《会务鸟瞰》1930 年 7 月，第 18 页。

287 《市会消息》，《会务鸟瞰》1932 年 12 月，第 13 页。

288 《福山乡村区》，《会务鸟瞰》1931 年 6 月，第 24 页。

289 《会务鸟瞰》，《女青年月刊》1936 年第 15 卷第 5 期，第 101 页。

（四）女青年会的宗教教育

女青年会作为基督教的重要团体，传教也是其本质工作，而妇女在家庭信教中又有特殊影响，故该会也重视妇女的宗教教育。1930 年时，即有教会人士呼吁女青年会重视宗教教育，称："女青年会倘能训练出一种人才，抱着基督的精神，从事解决各种社会问题，同时本着基督教的真理去作人格建设的工作，那么女青年会的基督教色彩，仍会自然地保留不失"。[290]而女青年会在此时期也将宗教教育贯穿始终，华北各女青年会皆设有宗教部，注重宗教教育，设有查经班、主日学，并主持学生团契，退修会等，以增进妇女对基督教真谛的认识。

南京政府前期，女青年会还在华北各地举办各种主日学校及查经班，对成员实施宗教教育。北平女青年会平民学校开办有主日学，另每星期日为半日学校开主日学，责任，人才及教材等，均由妇女圣道学院负责。烟台女青年会则每星期联络各教会之领袖及主日学教员，在女青年会开会一次，演讲主日学之重要及如何分配课程。[291]烟台女青年会每周还有周会及主日学会。周会为每周一聚会，由成人妇女会员领讲，主日学则是附近儿童均可参加，学生对于唱诗、祷告及游戏均感兴趣。1932 年春，"烟台女青年会的主日学有学生 84 人，教员9 位，于周日上午，按年龄分两部进行。课程有故事、唱歌、查经、祈祷、手工游戏等，注重儿童读经祈祷"[292]。烟台女青年会每周日上午，还为附近邻童开办主日学，有唱歌、图画、手工、故事等课程，并教以各种公民道德，实习服务等。1934 年，烟台女青年会的主日学校，"全年男女学生 150 人，年龄在4-14 岁，分高，初，中班三级。上课前有祈祷、读经、说教、唱诗等活动，约需 10 分钟。"[293]而查经班则主要研究基督教义，各地女青年会多组织会员开办。在天津地区，1930 年，天津女青年会查经班每星期举办一次，"该班讨论各类题目，都根据耶稣与社会改造一书，每次参加的有 8-12 人。"[294]1932 年，天津女青年会也开设查经班，每次为时 8 周，每届参加者 10 余人，另设宗教教育训练班。[295]天津女青年会还在师范学院设查经班，在南大，女师，法高等学校发

---

290 中华基督教女青年会：《中华基督教女青年会全国会务研究会报告书》，第 30 页。

291 《烟台：主日学研究会》，《会务鸟瞰》1930 年 11 月，第 19 页。

292 《烟台：主日学》，《会务鸟瞰》1932 年 5 月，第 9 页。

293 烟台中华基督教女青年会：《烟台中华基督教女青年会特刊》，第 18 页。

294 《市会消息》，《会务鸟瞰》1930 年 7 月，第 8 页。

295 《天津：宗教教育》，《会务鸟瞰》1932 年 12 月号，第 15 页。

展学生信徒，训练查经班领袖。此外，1933 年，天津女青年会还设有儿童主日学，每次到儿童 10 余人。[296]在北平地区，1932 年初，"北平女青年会锡拉合同宿舍，现有 19 人，每晚组英文圣经讨论班，研究圣经，增进英语。客人间三分之二为非基督徒，现各人对研究圣经极感兴趣"。[297]

女青年会除了周日上午的礼拜外，还组织了团契、宗教会、退修会等宗教组织，开展宗教教育。如 1930 年，福山女青年会制定宗教研究计划，选定宗教材料演试，分研究式与讲故事式进行，试用后编写成章。"试用之材料多取于圣经，先由人与人的关系起，再至自然界的研究，后至人与神的关系。"[298]烟台女青年会当时还开办圣经研讨班，此班为那些信仰基督教的或想认识基督教的妇女开设，自愿参加。而烟台女青年会平民学校组织的同学会，也设有乡村干事一职，其职责也带有宗教宣传色彩，为"力辟迷信，导引至于'上帝是爱'之道，'爱人如己'之行为，并未趋于任何礼拜仪式的实施"。[299]烟台女青年会为促进德性修养，增加工作之效率起见，还于每星期三举行宗教研究会一次，专讨论中外宗教专家出版之新刊物。另烟台女青年会还有世界学生公祷会、世界周祷会、新年团契会、复活节礼拜及同工宗教研究会等宗教活动；北平女青年会宗教部则注重宗教教育，设有查经班，星期灵修会及主日学，并主持学生团契活动，以增进妇女对基督教真谛的认识。其中，主日学每周日下午举行，分游戏、唱歌、颂诗等，按年龄大小分班教授。北平女青年会在新年则举办连日祈祷会，每月还为开办的宿舍客人开宗教会一次，"以各种不同之秩序，介绍基督教之精华，每两星期开干事宗教讨论，聚会 3 次。"[300]天津则有女青年基督徒学生团契，每星期开会一次，研究各种宗教社会问题，随时聘请名家讲演，每年有春令会及夏令会，各校学生欢聚一堂，"除讨论学术交换知识外，更得有灵性的生活，真理的寻求"。[301]1932 年 3 月，天津女青年会还开中国宗教班，学生报名达 50 多人。[302]另女青年会还

296 《天津：会员部》，《女青年月刊》1933 年第 12 卷第 10 期，第 89 页。

297 《宿舍部之英文圣经讨论班》，《会务鸟瞰》1932 年 2、3 月合刊，第 10 页。

298 《1930 年计划》，《会务鸟瞰》1931 年 1 月，第 21 页。

299 《你们为什么不早到乡间来》，第 18-23 页，上海档案馆藏，档案号：U12-0-16；
《五年简述（1928-1933）》，第 30-31 页，上海档案馆藏，档案号：U121-0-9，。

300 《北平：宗教事业》，《女青年月刊》1929 年第 8 卷第 9 期，第 65 页。

301 《学生部的工作》，《天津基督教女青年会会务季刊》1930 年第 10 期，第 10 页。

302 《天津：教育部》，《会务鸟瞰》1932 年 2-3 月合刊，第 44 页。

常举办退修会，讨论研习基督教义。1930 年 10 月 25-26 日，烟台男女青年会联合两会董事、领袖举行退修会，每次到会人数约有 70 人左右。[303]1936 年 4 月，北平女青年会还在北平西山卧佛寺举行退修会，参加者 20 余人，议题为交换个人宗教经验，发表自己对于基督教的信仰和观点。[304]至于宗教教育的效果，也的确吸引部分妇女入教，改变了她们对宗教看法，正如天津女青年会干事张淑昆曾说："我们每个人是须有和需要宗教的，对于世界观，人生观，是要从事于真挚的研究，能给人们心灵的真正安慰，及有助于处世的各方面，所以我得承认宗教是我们涉世行路的指南针，并且能解决一切人生的根本问题。"[305]

（五）女青年会与社会救济

在抗战全面爆发前的 1930 年代，华北各地女青年会面对民众饱受的贫困及灾荒，战乱之苦，还从基督教的博爱慈善精神出发，对处于困境边缘的民众实施了积极地社会救济工作,并支援前线抗战。

每逢寒冬时节，华北贫民饱受饥饿寒冷之苦，女青年会也常组织冬季赈济。天津女青年会每年冬季联络全体会员，组织冬日施赈团。该团分为 4 队，分工合作，或向各大慈善机关，征求义款，或捐助衣物，并亲至西广开，南市等处，调查一般贫民状况，更假江苏会馆，分别赈济。[306]1930 年冬，天津女青年会征集新旧的衣服 300 余件，玉米面五百余斤，银洋等项 140 余元，作为买卖玉米面，买布买棉花之用，调查极贫家庭，分别施给。[307] 是年圣诞节后，天津女青年会派员出去调查极贫家庭，予以领赈凭证，又假江苏会馆施赈玉米面 2 千余斤，新旧衣服 2 百余套。[308]1933 年，北平女青年会还专办慈善冬赈游艺会，女青年会服务部专办施放豆浆，并发送圣诞棉衣，帮助贫民度过寒冬。女青年会的赈济，多采取现代西方救济模式，先组织调查，再行施放款物，做到有的放矢。

---

303 《烟台：退修会》，《会务鸟瞰》1930 年 11 月，第 20 页。

304 《北平：财商团契退修会》，《女青年月刊》1936 年第 15 卷 5 期，第 91 页。

305 天津女青年会：《天津女青年会职业妇女联合会周年纪念册》，天津，1939 年，第 38 页。

306 《冬日济贫》，《天津基督教女青年会会务季刊》1930 年第 10 期，第 5 页。

307 《服务部》，《天津基督教女青年会会务季刊》1930 年第 11 期，第 11 页。

308 《冬赈》，《会务鸟瞰》1931 年 1 月，第 35 页。

　　鉴于当时华北贫苦儿童物质、精神生活匮乏，女青年会还针对儿童组织了各自救济活动。1930年，天津女青年会调查贫儿团，调查6-14岁儿童家庭状况，并举办了圣诞贫儿宴。同年10月，北平女青年会举行贫民儿童游戏场落成典礼，注重儿童游戏，唱歌，故事，常识，识字等，为儿童日常活动提供了场所。北平女青年会还于1931年2月28日举行儿童幸福运动，活动安排多样，上午有儿童体格检验、智力测验，并展览儿童衣服，书籍，玩具，食物等。晚7时有讲演，音乐，清唱及卫生表演等。1934年，济南女青年会则请贫儿吃饭两次，并散放捐得知旧衣物，每次达百余人，邀请12岁以下参加，在圣诞节举行时，举行圣餐，唱歌及讲述圣诞节之意义。各地女青年会还在当时南京国民政府规定的4月4日"儿童节"时，经常举行庆祝儿童节大会。如1937年4月4日，北平女青年会在儿童游戏场举行庆祝儿童节大会，参加者除附设平民学校全体学生外，并有该区附近之贫苦儿童约四百余人，有讲演，游艺，跳舞，国术游戏等活动，极大丰富了当地儿童的业余生活。

　　因当时民众缺医少药，特别是华北民众中流行天花，但却无钱看病，缺乏有效治疗，女青年会则多组织牛痘施种预防。1930年，天津女青年会附设工读女校请卫生局施种牛痘，计种一百余人，后该会又为会员儿童及街邻施种牛痘40余人。[309]济南女青年会自1930年3月26日开始，请齐鲁大学医院的医生负责种痘，110余人施种。[310]烟台女青年会于每年春与男青年及乡村部合办施种牛痘，1930年4月27日起曾施种一星期。1931年4月26-28日三天，烟台福山女青年会乡村区还在四个村中施种牛痘百余人。1932年，烟台女青年会4月底施种牛痘3日，种痘者255名。[311]同年，天津女青年会小刘庄诊疗室半年内治有260余人，种牛痘者70余人。[312]天津女青年会还与当地卫生部门联合为民众免费施种牛痘，预防天花，本季特请卫生局人员为街邻及会员的儿童，和工读女校学生，施种牛痘，共被种者2百余人。[313]女青年会的施种牛痘，虽然人数有限，但一定程度上阻止了天花的扩散，后期也逐渐与政府部门合作，共同开展预防天花。此外，鉴于华北民众吸毒者众多，北平市政府卫生局鉴于吸毒与社会因素之互相关系，研究因果的统计，还请女青年会会员作个案服务

309 《天津：服务部》，《会务鸟瞰》1931年5月，第15页。

310 《济南：施种牛痘》，《会务鸟瞰》1930年6月，第14页。

311 《烟台：职工部》，《会务鸟瞰》1932年5月，第12页。

312 《天津：职工部》，《会务鸟瞰》1932年7月，第20页。

313 《服务部》，《天津基督教女青年会会务季刊》1931年第12期，第23页。

工作。1933 年，加入该项服务者共 18 人，请协和医院 5 位服务员为导师，每人每星期至少服务 3 小时，为防治民众吸毒作出一定贡献。

民国时期的中国社会，水旱灾频发，但政府却无力悉心救济，故民间组织在赈济过程中发挥重要作用，女青年会也积极参与捐助赈济。1931 年夏，江淮地区发生特大水灾，北平女青年会发起募捐，筹助赈款赈衣，收到捐款 490 余元，捐助赈衣两千余件，分三批寄往武昌，交至当地机关用于赈灾[314]。北平女青年会开办的半日学校学生圣诞节会时卖票赈灾，女青年会的华光团还庆祝圣诞，征求礼物给武昌女青年会转交灾区，共得毛巾铅笔纸画 429 件。[315] 天津女青年会则代市政府水灾救济会代募赈衣 360 余件，社会局各界慈善事业联合会代募赈衣 365 件，转运至汉口女青年会，用于赈济灾民。[316]

1933 年夏，鲁西发生黄灾，洪水泛滥，沿岸民众流离失所。烟台女青年会联合男青年会，发起募赈衣运动，月余之间，募集 2631 件，连同由各方捐款定做的棉衣 2 百件，共 2831 件送往山东省赈务会转交。[317]时鲁西灾民逃难至济南甚多，1933 年 10 月，济南女青年会为鲁西灾民开游艺赈灾会一次，到会三百余人，募得赈款 130 余元，棉衣百余件，并筹备难民收容所，进行平民识字。[318]1934 年 1 月，北平女青年会联合北平妇女会，北平中华妇女救国十人团为黄灾冬赈，到会千余人，举行时装歌舞表演，收到门票及彩券 5800 余元，后提出 2 千元，交华洋义赈会为黄灾赈济。[319]1937 年春，四川发生旱灾，北平女青年会还组织川灾救济，与北平妇女社会服务促进会联合扩大募捐，将捐款汇交重庆女青年会，由其负责散发。当然，女青年会对灾荒所组织的赈济，多是捐助钱财与衣物，受条件限制，并未深入灾区一线救济，也影响了赈济的实际效果。

在当时民国动荡的社会环境下，因灾荒及战乱频发，政府无力悉心救济，而基督教女青年会组织的社会救济则成为民间救济的重要组成部分。虽然女青年会在华北地区的救济区域、人数有限，但其本着固有的基督博爱精神，

---

314 《社会服务部》，《会务鸟瞰》1931 年 12 月，第 19 页。

315 《华光团庆祝圣诞之花样翻新》，《会务鸟瞰》1932 年 2-3 月合刊，第 7 页。

316 《会员部》，《会务鸟瞰》1932 年 2-3 月合刊，第 15 页。

317 烟台中华基督教女青年会：《烟台中华基督教女青年会特刊》，第 7 页。

318 《10 周年纪念会》，《女青年月刊》1933 年第 12 卷第 9 期，第 91 页。

319 《北平妇女三团体主办之盛大慈善游艺会》，《女青年》1934 年第 13 卷第 3 期，第 181 页。

不顾种种危险，运用西方的救济模式对灾民及贫民的热心救济，一定程度上缓解了她们的生活困境。尤其是女青年会组织的抗战救济，更是激发了华北妇女抗日救国的积极性。当然女青年会的救济也带有传播福音的功利目的，其社会救济活动也赢得了部分民众的好感，为传教打开了方便之门。但女青年会也认识到在国势日蹙，民生日困的现状下，特别是随着日本的步步侵略，仅靠单纯的社会救济无力改变社会，非群策群力改革旧制度，建造新社会不可，开始将工作转向以适合于实际的人生和改造现社会为目标。

四、结语

非基督教运动后的南京国民政府前期，全国反对基督教声潮有所减弱，加之国家获得形式上的统一，基督教获得相对稳定的发展环境，但作为异质的基督教文化仍然未同佛教那般的中国化，也不被当时的多数知识分子与普通民众所认可，信教人数不多。而此时期的政教关系却有所缓和，南京国民政府坚持宗教信仰自由政策，也继续坚持对传教士在华活动实行保护，对此时期的基督教复兴有一定促进作用。但受中国民众民族主义情绪高涨，维护政局稳定等因素影响，国民政府从国家利益出发，仍从政策法规上限制基督教在华运动，试图用官方的意识形态——三民主义来影响基督教，尤以教会学校立案为甚，但碍于治外法权的存在，且传教士与西方国家有千丝万缕的关系，其约束和管理政策大都缺乏执行力度。从民教关系上看，此时因为日本侵华日渐加剧，民众的注意力更多关注于此，原先较为宽泛的反帝斗争转为当下比较集中的反日，又加上为了争取英美列强对中国抗日斗争的支持，所以，先前的反教情绪有所淡化；中国国民对宗教信仰又带有较强的功利性，虽然不认可基督教，尤其知识分子对基督教仍是多有批评，但国人却逐渐接受了基督教开办的学校、医院，这也在于它们的教学与医疗水平足够高，并具示范作用。

而且基督教会在此时期，也针对政教、民教关系的变化，进行不断调适，力图融入中国社会，着力培养本土教会领袖，推动教会得以在中国延续扩展，这也是基督教本色化的重要体现。而且从本质上来看，无论反教分子还是教会人士对基督教的立场，都属于本土化运动的现象表现，反对基督教人士，力主回归中国，关心中国政治现况，从民族主义立场反对基督教；而教内人士面对反教运动，开始产生自觉，进行反身，则采取了一系列教会本色化的尝试，这两种态度都影响了基督教在中国的发展。

民国时期，在华基督教女青年会虽然是一个宗教团体，但却不是一个完全脱离民众的纯宗教机关，它顺应潮流配合社会与会员的需要，帮助解决女性生活上的种种问题，用最经济的人力、物力，举办了各种解放妇女的实际工作，而尤以女子教育工作最为出色。在当时女子教育仍然贫乏的现状下，女青年会在华北的教育活动，使得该地妇女得以享受平民教育，卫生教育，并获得改进家庭运动及宗教教育之机会，增强了女子的识字水平，尤其是获得了谋生与自立的能力，也促进了广大妇女的解放。南京国民政府前期，中国女性正面临从旧女性向新女性转变的时期，女子道德和伦理的标准及她们的人生观，都是大为改变，女性也为社会日渐所重视。"国民力量之能否充实，充实力量之方法能否实现，全视产生国民之母亲的力量能否日就强健为转移。"[320]而在此过度时期，真正实现男女平等及至民族振兴，无疑首先借重于教育。所以女青年会一切的教育活动，"凡能襄助妇女们增长她们的智识及其生活上所需要的经验，都在欢迎之列。"[321]但是在此时期，随着国难一日一日地加紧，民众爱国情绪日渐高涨，所以一套枝节的社会改良不再符合女青年会的要求。"她们觉得这个社会是需要根本改造的。因此，无论是在宗教上或工作上，女青年会今后不再主张空谈，而要以适合于实际的人生和改造现社会为目标"[322]。故女青年会的教育工作向深度发展，充分满足民众需要，从识字教育向实用教育转变。如福山民众学校在初期识字教育后，转向符合民众家庭与农村生活的课程，健康运动，妇女座谈等[323]。当然，女青年会所注重的宗教教育也受到时人诟病，女青年会内部人士曾言："只要女青年会专办社会服务事业，那他在社会上是极有用处。并且也会被视作一种社会团体。如女青年会一重宗教，那就会失去它的效用。"[324]但作为基督教的组织，其传播福音的功用也不可能消失，只能选择在各项教育事业重心上有所偏重，这也是基督教在华事业所面临的两难。

---

320 烟台女青年会：《烟台中华基督教女青年会特刊》，第 1 页。

321 中华基督教女青年会：《中华基督教女青年会全国会务研究会报告书》，第 27 页。

322 夏秀兰：《1935 年的女青年会》，《中华基督教会年鉴》第 13 期，第 137 页。

323 Cora Deng, "Y.W.C.A Work in China", *China Christian Year Book*, Shanghai: Christian Literature Society,1937 p.146.

324 中华基督教女青年会：《中华基督教女青年会全国会务研究会报告书》，第 8 页。

第六章　基督教与华北抗日救国

　　1930 年代之前，在华教会常对中国的政治运动采取回避态度，"对于比较激烈的运动便以逃避的方法躲开，对于先进激烈的青年抱怀疑态度"[1]，主张维持现状。教会采行这种姿态，原因在于，一是秉持政教分离的主张，不愿介入政治层面以及意识形态的争执，免得自惹麻烦；二是教会来自外域，而又试图在中国发展，故不能开罪中国各阶层的民众，尤其是中国当局。但是，在华教会这种"不介入"态度在中国国难当头的关口却尤不适宜，招致教内外人士的不满，"有好些青年基督徒，因为激于爱国家，爱社会的热忱，不满意于基督教的沈寂，就舍弃了固有的信仰，不顾一切，走入他途。"[2]

　　1927-1937 年间，也是日本侵华加剧，民族面临危亡之际，华北地区更成为中日交涉的前沿地区，故五年运动中华北各教会及教会学校也与抗日救亡密切结合，他们认为五年运动就是救国运动，"五运的种种工作，恰是今日中国所最需要的，所以我们当这国难方殷的时候，我们做爱国的种种运动，切不要忘记了五运这种根本救国的运动。"[3]当时日本是中国最大威胁，教会不予迎合抗日的民族心理，亦将被中国民众所抛弃。而迎合抗日情绪，既是中国国内主流民意使然，也与英美等国与德意日的矛盾日渐加深有关，不迎合抗日情绪，在那样的语境下，教会绝难振兴。本章将对此时期华北基督教会及学校的抗日救国运动进行专门论述，对其中的复杂局面进行探讨。

1　吴耀宗：《基督徒学生与国难》，《角声》1936 年第 12 期，第 6 页。
2　吴雷川：《唯爱与学运》，《唯爱》1935 年第 17 期，第 36 页。
3　曹新铭：《五年运动就是救国运动》，《中华归主》1932 年第 124 期，第 14 页。

一、华北教会的救国工作

基督教倡导爱人如己，不漠视和侵犯他人的尊严和自由，同时，要人热爱其祖国，所以对于爱国运动和实际工作也是积极倡导。而随着日本对中国的步步侵略，处于日本侵略最前线的华北教会与基督徒，或满怀悲愤，投入医疗救护工作，或请缨投效，奋臂攘敌，或向国际社会大声疾呼，指控日寇的暴行，体现出了作为中国人应有的责任感与爱国心。

九·一八事变发生后，在华基督教会纷纷发表声明，采取应对策略。中华全国基督教协进会于 1931 年 9 月 28 日召开紧急常委会议，通过致电国际联盟、世界基督教协进会、日本基督教协进会、全国教会书。在致电中呼吁各团体一致主张公道，反对以武力解决国际纠纷，一面请日本协进会，敦促日本政府从速通令撤兵，并告全国教会，一致为全国努力，同心为国祈祷。时协进会态度比较中和，在《敬告全国教会书》中主张用非暴力方法应对，以符合博爱精神，对外则向国际社会和基督教界力陈日本行为之不义，与中国所受之苦难，呼吁国际和平力量主持公道；对内则主张"对于政府以此次日本称兵东省事付之国联公决之办法，表示同情。但同时深维救国之道，端在自强。仅持自身以外之援助，终非根本之图。更觉自强之道，不仅在军备之充实，尤在国事全部之发展"[4]；中华基督教会全国总会主办的《总会公报》则特别发布《紧急的重大事件》通知，"希望我基督徒断难坐视，当人人急起直追共赴国难，尽心尽力参加各项救国事件；切实与日本人断绝经济关系，并贯彻不合作主义；拥护国家团结；谋求国际同情；纪念我关东各地在患难中的同道和百姓"[5]；后全国总会还致世界基督教协进会转各教会电请求贵会将真相传布国际联盟及各教会，促起基督教舆论，维持正义与和平；[6]同时该会还致国内诸从政基督徒书，反对妥协，"希望从政基督徒为国牺牲，拥护正义，雪我国耻。本会全体会众追随领导，誓作后盾，并通行各大区堂会 11 月 15 日一致举行国难公祈"；[7]女青年会全国协会 9 月 25 日则发表告全国书，提出

4 《为日军侵占东省事敬告全国教会书》，《圣公会报》1932 年第 25 卷第 1 期，第 10-12 页。

5 《紧急的重大事件》，《总会公报》1931 年第 3 卷第 6-7 合期，第 759 页。

6 《致世界基督教协进会转各教会电》，《总会公报》1931 年第 3 卷第 8-9 期合刊，第 803 页。

7 《致国内诸从政基督徒书》，《总会公报》1931 年第 3 卷第 8-9 期合刊，第 803-804页。

三点主张："拥护国府将沈案诉诸国联，请求世界公断之政策；主张非武力抵抗，以促日本觉悟；组织小团体，以研究中日问题。"[8]

在华北教会方面，各教会也纷纷致电协进会，要求其主持正义，维护和平。山东临清基督教公理会 9 月 30 日致电全国基督教协进会，提出："日本恃强，占领中土，公理灭弃，战端在即，万望电请国际联盟会，从速制止日本轨外行动。"[9]济南的数个基督徒和平团体也给日本和平组织发报，希望他们呼吁日本政府通过和平而非军事的手段解决中日争端[10]；北平各教会 1931 年 10 月 1 日选派代表开祈祷会，致电协进会主张和平，同时讨论在此局面下应对方策，并以北平基督教联合会致电日本基督教同盟，请求日本基督徒起来反对他们本国政府暴行："万希贵国信众与同人等戮力同心，一致进行，促使满洲局面早复原状。"[11]保定长老会、青年会、救世军等各团体联合会致电协进会，函请世界各国基督教团体主持公道，共维国际信义。山西汾阳基督教救国会也发布宣言称："如日本一再执迷不悟，得寸进尺，国际联盟不能保持和平，主张公理，为求生死计，只有全国武装起来，对日宣战。"[12]华北浸会神学院也通电全国各教会，希望基督徒一面警醒，作卫国保家之计，一面虔心祈祷，主耶稣基督教祝福中日两国民众，使怀野心者及早变计，不致流血惨剧再演于东亚[13]。但纵观当时各教会的宣言，仍然还是主张和平方法解决中日争端，主张武力解决者还在少数，这也是教会博爱精神所决定。

除了发表宣言外，华北各教会也采取实际行动救国。如北平女青年会 9 月 29 日开全体会员大会，讨论对日方法，提倡反日救国，唤起全市妇女团体起来，共同抗日[14]；北平基督教男女青年会还组织抗日救国会，在具体行动上提倡不购日货，不存款于日本银行，不向日本保险行保险；同时要求会员积极参加本市之抗日救国有效工作，并编辑日本横暴史，各会员每日定时

8　《女青年会全国协会告全国同工及会员书》，《野声》反日特刊，1931 年 10 月，第 26 页。

9　《临清基督教公理会致协进会电》，《野声》反日特刊，1931 年 10 月，第 29 页。

10　S.Lautenschlager,*Chinese Church and Militarism*, The Chinese Recorder, January 1932,pp.35-36.

11　《北平基督教合会致日本基督教同盟电》，《中华归主》1931 年第 120 期，第 12 页。

12　《汾阳基督徒抗日救国会宣言》，《兴华周报》1931 年第 28 卷第 44 期，第 30 页。

13　《山东黄县华北浸会神学院的快邮代电》，《真光杂志》1930 年第 30 卷第 11 期，第 78 页。

14　《各校反日工作仍积极紧张》，《世界日报》1931 年 9 月 29 日，第 7 版。

间锻炼身体以共御外侮等[15]；太谷基督徒则成立基督徒救国会，勉励基督徒爱国之心，分布道、宣传及募捐三股，进行宣传演讲及募捐事项。[16]而教会通过抗日救亡工作，也深感发动民众的重要性，如有北平信徒感叹："国难当前的今日，对日问题是一时未可轻忽的，而在工作之余，我们感受最痛苦的，就是没有民众的同情，那末对于博得民众抗日的同情，尤其是不可忽视的。因此，我们基督徒的救国运动，是以上述方法为手段，对日急切更急切的手段。"[17]

1932 年，上海一·二八事变发生后，基督教会又掀起救国热潮，且多以发表宣言为主。如全国基督教协进会总干事诚静怡发表《为上海事变敬告全国教会书》，仍是呼吁和平，"希望教友组织联合祈祷会，务求上帝灵能，对侵略之凶暴，予以制止，尤其中日基督徒团结一致，高举基督，维护利平"；[18]中华基督教会全国总会在上海事变后发布《为当前国难告同胞书》，主张反对人与人之间的仇恨，恶意和抱负的精神，认为基督徒面对国难，应拥有坚持根据事实拥护真理的勇气，应该尊重人类的权益和人格；[19]全国基督教男、女青年会则于 1932 年 2 月 19 日发布《为上海事件告全国基督徒同学书》，反对学生的暴力抵抗，主张救国之道，在于各尽其守、各专其事；救济难民；联络工商各界，不合作运动；应在民众中宣传国难；勿以仇恨武力态度[20]；北平基督教联合会则致电基督教协进会，转上海基督教各团体，表示慰问，深表关切。女青年会为组织妇女救国，哈鱼 1932 年推动妇女建国同盟运动，倡导各地组织建国十人团，研究国家国际问题，实行社会教育，建立各地同盟。[21]当时北平公理会也组织妇女救国十人团，该团在《世界日报》上定期出版妇

---

15 《北平基督教男女青年会抗日救国会简章》，《华北公理会月刊》1931 年第 5 卷第 8 期，第 29-30 页。

16 《山西太谷县基督徒救国联合会宣言》，《谷声》1931 年第 32 期，第 34-35 页

17 《北平区联农村服务委员会宣言》，《华北公理会月刊》1931 年第 5 卷第 10 期，第 45 页。

18 《为上海事变敬告全国教会书》，《自理月刊》1932 年第 22 卷第 3-4 合期，第 22-23 页。

19 《中华基督教会全国总会为当前国难告同胞书》，《总会公报》1932 年第 4 卷第 2 期，第 995 页。

20 《为上海事件告全国基督徒同学书》，《华北公理会月刊》1932 年第 6 卷第 3 期，第 37-38 页。

21 《女青年会推进妇女建国同盟运动缘起》，《女青年月刊》1931 年第 11 卷第 5 期，第 67 页。

女救国专号以扩大宣传，并且组织家庭合作社以制作各种毛线制品出售，作为支持国货的具体行动。时教会还利用自身特殊环境，为救亡运动提供帮助。如华北公理会太谷众议会曾两次为当时的太谷学生抗日救国会提供教堂作集会会场用，而教会虽不赞成救亡人士的过激行动，但也在他们遭到搜捕时，也对他们进行适时的保护。

在1933年山海关战事兴起后，华北各教会还派人参与战地救护。如在张家口的挪威传道会即利用自身医院接收救助伤兵，有华洋医师服务，并向中国红十字会请求经费及人员援助[22]；1933年，北平救世军还在北平国民伤兵医院进行伤兵救护工作，前后接收伤兵百余人，而在看护他们身体同时，还乘机传道，多作个人布道工作，向伤兵传播福音，每日清晨举行祈祷会，鼓励他们参加。每次中央堂公开聚会，亦多有自动参加者，且有立志求道及认罪归主者。[23]同年4月10日，华北公理会也在潞河中学成立伤兵医院，召集热心同道组织伤兵慰劳委员会，服务伤兵救济[24]。1933年6月，基督教全国协进会还公开为饱受战乱的同胞公开募捐。基督徒张之江则组织信行救国十人团，以推广基督教义改造人心为救国之根本方法，注重个人祈祷、查经及锻炼体魄，在华北各地也多有成立。如1934年6月，济南中华基督徒信行救国十人团召开成立大会，当时有12团组织[25]，同年北平也成立十人团组织。1935年1月，张氏在滕县证道，讲述信行救国方策，结果组织18团。[26]而信行救国将布道与救国相结合，要求"每礼拜至少须与人谈道一次，每一年内最低限度，引一人信主。"[27]此团活动也受到蒋介石肯定，蒋氏1934年致电张之江时曾称："为国贤劳无任嘉勉，仍希努力进行为荷。"[28]而随着中日在绥远的交战，1936年11月，北平基督教联合会还发布为国祈祷宣言，希望基督徒"须主张公道，力持爱义，阐发圣教之底蕴，指陈强权之罪恶……以参加救

22　《张家口那威传道联合会主席有关救济伤兵一事的函》，北京市档案馆藏，档案号：J023-001-00117。

23　《国民伤兵医院》，《救世报》1933年第182期，第1版。

24　《华北公理会成立伤兵医院》，《信义报》1933年第21卷22期，第1262页。

25　《济南中华基督徒信行救国十人团消息》，《真光杂志》1935年第34卷第1号，第71页。

26　《张之江在鲁证道》，《通问报》1935年第5号，第12页。

27　《北平信行救国十人团纪念会演讲补志》，《通问报》1935年第12号，第6页。

28　《蒋委员长勉十人团努力》，《信义报》1934年第22卷第39期，第669页。

国，实行工作为事。"[29]

此时期，青年会也组织青年学生参加了抗战服务工作，华北各青年会也是积极支持谋划。因日军进犯热河，长城抗战掀起，1933 年 2 月 28 日，青年会全国协会在上海成立中华基督教青年会战区服务会，简称为战委会，专为前线军人作慰劳、娱乐、教育、救济等各项工作[30]。战委会之服务工作涉及募捐、收送慰劳品或直接送至华北、备置及输送绷带寄医药等品、组织急救训练班、举行战况报告及智育演讲，使一般民众得悉战事实情。该会最初在北平设立战区服务部，聘全绍文为前方主任，主持前方实际工作，在喜峰口、古北口、冷口一带先行设立招待处。战委会聘请蒋介石为名誉会长，并请其通告全军给予承认及保护，对该会涉及的慰劳品、仪器等运费给予优惠及实行免税免验等照顾[31]。该会总干事梁小初 1933 年 3 月 24 日曾在保定向蒋介石面陈了战委会计划，受到蒋介石肯定，并令军需处拨付 2 万 5 千元给予支持，其余经费由各地青年会分任募捐 7.5 万元[32]。

后华北各青年会也加入战委会服务工作，又分北平、天津、张家口、保定、大同等十二个分区，相继成立了服务部。在各服务部为战区服务的具体活动上，主要围绕前线伤兵与军人的需要展开，各部多设立普通招待处、伤兵招待处、伤兵医院俱乐部、军官俱乐部及军人俱乐部，在前线及后方医院开展慰问与救济伤兵与难民工作，还通过放映或表演向民众宣传战事[33]。为保证服务质量，北平天津青年会干事联合会 1933 年初，曾分组到前方考察战地实况和兵士的需要，前方将领对青年会的服务计划表示赞同，并称："彼等之兵士生活，殊感枯燥，大有增添其趣味之必要"[34]。同年 3 月 25 日，中华基

29 《北平基督教联合会为国祈祷宣言》，《真理与生命》1936 年第 10 卷第 6 期，第 381 页。

30 中华基督教青年会全国协会编刊：《中华基督教青年会五十周年纪念册》，上海，1935 年，第 74 页。

31 《梁小初电蒋中正，1933 年 4 月 8 日》，台北国史馆藏：蒋中正总统文物，档案号：002-080200-00075-028。

32 《梁小初电蒋中正，1933 年 4 月 13 日》，台北国史馆藏：蒋中正总统文物，档案号：002-080200-00076-057。

33 中华基督教青年会全国协会编刊：《中华基督教青年会五十周年纪念册》，上海，1935 年，第 74-75 页。

34 《战区服务工作报告》，《中华基督教青年会年鉴（1933 年）》，上海：中华全国基督教协进会，1934 年，第 37 页。

督教青年会战区服务全国委员会派员从北平青年会出发，携带大宗伤兵用品到战事沿线的蓟县、遵化等地，设立伤兵招待处，除医药外，将为伤兵组织教育班、代写家信处以及娱乐等事工，为受伤将士特设厨房，预备粥汤热食等；天津青年会也设立伤兵医院一处，院中设娱乐设施供伤兵消遣，并组织服务团与伤兵谈话及代写家信[35]；1933年，北平区还主办军人俱乐部，平均每日有200余受伤军人来此消遣或写信，有各种棋类游戏，颇为军人所爱好，并服务伤兵，代为写信[36]；保定战区服务部1933年自成立军人俱乐部以来，每日来会者都在二三百人左右，在室内则有休息室、留声机、阅书报，代写书信，棋类等，并设席棚，以备休息喝茶，还派员到伤兵医院服务[37]；该会在唐山兵站医院也设有服务部，该部医院内设立的青年会室提供了各类娱乐与教育活动，里面有棋类、留声机及报纸、挂图等供伤兵试用，队员还轮流到病室慰问，并为伤兵写信、放映电影，受到了伤兵的欢迎[38]。天津青年会则组织伤兵服务团，在四个多月时间内为运至天津的伤兵服务，进行施医赠药及文艺演出慰问等服务。后该会还在天津搭设200多间窝棚收容难民2300余人，并为难民提供食宿与诊疗服务。[39]后随着长城抗战结束，战委会的工作也在同年八月底停止活动。战委会的工作所至各处，无不备受军事当局及士兵之欢迎，并蒙商震与宋哲元诸军长馈赠锦旗，以志纪念[40]。青年会的此次战区服务基本实现了其工作计划，这也得益于全国各基督教团体打破教会派别限制，在人才与经费等方面的大力协助。特别是"此种开创工作之价值所在，则早已证明，尤其在中国军队中，更能适应实际的需要"[41]。

华北各地青年会还通过座谈会、印制抗日宣传品、组织演讲等多种形式参加抗日活动。如1934年5月，烟台青年会曾邀请冯玉祥演讲抗日救国，冯氏也表达了对国事的不满，但被朱家骅向蒋介石做了汇报[42]。青年会的抗日活

---

35 《全国青年会战地工作》，《兴华周刊》1933年第30卷第13期，第30页。

36 《青年会战区服务》，《北平青年》1933年第24卷第19期，第4页。

37 《战区服务部每日在重伤医院服务》，《保定青年》1933年第19卷第6期，第2页。

38 《前线寄来的信》，《申报》1933年4月20日，第8版；江文汉：《唐山兵站医院服务之经过》，《同工》1933年第122期，第20-21页。

39 《天津基督教青年会报告》，天津，1933年，第10-11页。

40 梁小初：《国难中之青年会》，《中华基督教会年鉴》第12期，第175-176页。

41 《战区服务工作报告》，《中华基督教青年会年鉴（1933年）》，第42页。

42 《朱家骅电蒋中正，1934年5月29日》，台北国史馆藏：蒋中正总统文物，档案号：002-080200-00166-092。

动也引起了日方的抗议，如 1935 年，日方就曾向中方抗议北平青年会知行社恃基督教之势力有排日行动[43]。

1936 年底，绥远抗战掀起后，青年会全国协会又根据 1933 年在华北战区服务的经验，于 1937 年初组织"全国青年会军人服务委员会"。该会在绥远设立总部，在集宁、大同等地设立支部，成立军人俱乐部、军官俱乐部及伤兵俱乐部[44]，除到前线调查慰问后，还为士兵举行游艺活动，并在医院慰劳伤兵，满足前线将士精神生活需要。该委员会成员由华北青年会干事中抽调，共计廿一人，及技师六人，在武川、百灵庙、集宁、陶林、兴和、大同等处工作，极为各士兵所欢迎，傅作义主席尤为优待。"[45]2 月 28 日，服务部还在绥远举行了赠送抗敌受伤将士纪念奖章典礼，并于 3 月底结束了在绥远服务，傅作义也特致电青年会全国协会表示感谢。当时傅作义仅允许青年会来前线服务，因他认为："青年会是以服务为目的，我们知道你们没有背景，所以很欢迎你们来。"[46]服务部除了在绥远的活动外，又以大同服务部活动最为显著，并持续到抗战全面爆发。1937 年 2 月，大同区服务部曾举行举行慰军游艺会与举行防空防毒展览会。时云冈伤兵医院俱乐部有伤兵及病兵 170 余人，服务部为他们成立识字班，研经班，讲故事及歌咏班，特别是还有 9 位伤兵记名学道，立志归主。[47]青年会的军人服务，最大程度的救助了伤兵，特别是满足了他们的精神生活需要，更有少数伤兵因之入教，也为 1937 年后更大规模的青年会军人服务部的成立积累了经验[48]。

华北各地女青年会也在抗日情绪激发下，积极支援捐助前线，开展战地护士培训。自 1931 年日军发动"九·一八事变"后，北平女青年会联合北平全市妇女及会员开会，讨论反日救国。会众皆甚激昂，并通电日内瓦宣布日本暴行。北平女青年会印文郁干事还组织妇女救国十人团，提倡国货。自 1 人到 10 人，10 人至百人，以期普遍宣传到全国，并积极进行调查国货工作。

43 《管翼贤、陈方电杨永泰，1935 年 4 月 5 日》，台北国史馆藏：蒋中正总统文物，档案号：002-080200-00218-121.

44 China Young Men's Christian Association Year Book,1936, Shanghai: Association Press,1937,p.18.

45 《军人服务会决继续绥远服务》，《申报》1937 年 2 月 3 日，第 15 版。

46 《萧泗千君报告前方工作情形》，《消息》1937 年第 10 卷第 2 期，第 32 页。

47 《战区服务部最近工作报告》，《同工》1937 年第 162 期，第 18 页。

48 可参见赵晓阳：《抗战时期中国基督教青年会军人服务部研究》（《抗日战争研究》2011 年第 2 期）

后又组织后防救护队，专为妇女预备，每星期联系救护讲演一次，并与男青年会合组抗日救国会。[49] 1932 年一·二八事变发生后，北平青年会会与平市妇女会，妇女救国十人团，自觉救国会 3 团体，联合会为 19 路军开募捐大会。时募捐共出发 20 队，每队 10 人，共得洋 15000 余元，所得捐款一半捐助 19 路军，其余一半捐助东北义勇军，一半为救护事业之用。[50] 天津女青年会也积极为上海战事募款，慰劳 19 路军外，并做有绷带 35 打，白布裤褂 400 套运至上海，并演讲各国公约及国难事实，每礼拜举行两次。另开设救护班，每次请医生、护士演讲救护知识，共开班 10 次，每次平均 40 余人。[51]

1933 年初，东北义勇军在东北坚持抗战，北平女青年会慰劳东北义勇军，先后发出两批慰劳品，第一批慰劳品，缝六千袋物品，每袋中装以绒袜，手套，手巾，肥皂等，寄往热河；第二批慰劳品为两千卫生包，棉皮背心 1040 件，耳帽三百个，交东北后援会转前方将士。[52] 北平女青年会和协和医院则组织救护工作，每日有热心妇女在锡拉胡同所做纱布绷带敷料等，以备义勇军之用。同年，烟台女青年会也发起援助义勇军募捐运动，全体会员出发募捐筹款及衣服，运往上海。该会幼稚园学生也发起援助义勇军募捐会，券资成人 5 毛，儿童 4 毛，演剧唱歌跳舞电影等，观众四百五十余人，券资 210 余元。[53] 1936 年绥远抗战掀起后，战事激烈，1936 年 12 月 12 日，北平女青年会开游艺会募款，当时 600 余人参加，有戏剧，口琴，舞蹈表演，计得票款 1480 元，并用此款购置蹄袖式皮手套 2000 余副。此种手套即可御寒，且装子弹时，亦无障碍，所制物品交送绥省军民联合会转运前线。天津女青年会还发起援绥救护会：联合津市各界妇女，发起组织援绥救护会，募得千余元，购置布料棉花，制成被褥一百余件，交绥军驻津办公处转送前方伤兵医院应用。同时会员提倡节俭捐，每人每日由消费内省出一角，集有成数，做援绥之用。[54] 女青年会所开展的力所能及的支援前线工作，虽然并不能改变战场局势，但却体现出基督教团体的博爱与爱国之心。及至 1937 年全面抗战爆发后，华北各地相继沦陷，女青年会仍组织战地及灾民救济，但规模已大不如前。

---

49 《妇女救国十人团与后防救护队》，《会务鸟瞰》1932 年 2-3 月合刊，第 9 页。

50 《募捐会》，《会务鸟瞰》1932 年 4 月，第 24 页。

51 《会员部募款慰劳与组织救护班》，《会务鸟瞰》1932 年 2-3 月合刊，第 42 页。

52 《慰劳东北义勇军》，《女青年月刊》1933 年第 12 卷第 4 期，第 88 页。

53 《烟台市会事工大纲》，《女青年》1933 年第 12 卷第 4 期，第 98 页。

54 《援绥救护会》，《女青年》1937 年第 16 卷第 3 期，第 64 页。

值得一提的是，燕大基督徒徐宝谦对于中日问题，则主张国际间的谅解与合作，在国际间联合教内外开明分子，平时用国际通讯，友谊代表，圆桌会议，种种方法，使两国人民，得以信使往返，成立真正谅解。[55]特别是徐宝谦主张在中日两国人士间协商，解决中日问题，故经过多次协商联系，在1934年8月14-18日，由基督徒顾子仁、徐宝谦等筹划，还在北平举行了中日基督徒会议，日本方面为来自东京的松原岩、管圆吉等五位基督徒，中国方面则有顾子仁、徐宝谦、郑和甫、王梓仲、李少玲、邱运熹等8人参加会议，讨论东方基督教徒对于个人经济及国际关系等的主张，研讨并熟悉中日两国青年的生活与思想，激烈的社会思想与运动，农村的改造，民众的教育，公民对国际政治的态度，基督教的运动及其他宗教的状况等。[56]会议最后成立了一永久团契，称西山团会，推松原岩、徐宝谦为该团负责人，在于担任通讯，宣传交换学额及交换教授等事。

综上所述，中国教会在此国难之机，强调教会和信徒的社会责任，积极投入到各种抗日救亡活动中，表现了强烈的民族和国家意识。广大基督徒也基于对自己国民身份的认同，发出了中国人的呐喊，这也是中华基督教不断改变自身原有形象，塑造中国本色教会，以期融入社会的一种努力。除了实际行动，教徒还以自己特有的形式，为处在危难中的国家和民族祈祷，成为基督徒与普通民众共赴国难的一种标记，也是对于教会和信徒肩负使命的一种警醒和激励。而从实际效果看，中国基督徒同普通中国民众共同投入到抗日热潮中，为挽救民族危亡做出了应有的贡献。基督徒参与救亡运动，这也是基督教"社会福音"理论在中国的实践，也说明了中国基督教发展与民族主义思潮暗合的倾向。

二、基督徒与国难救亡的争论

自1931年东北事变后，随着民族危机的加剧，基督徒作为中国人的一部分，自不能置身事外，他们从基督教内寻找救国思想资源，展开了热烈的讨论，体现了基督徒的强烈使命感。教会人士认为："我们并不是提倡狭义的爱国主义，也并没有受任何党派所利用，我们要救亡，乃是因为我们要维护正义！"[57]当时华北各大教会报刊，纷纷刊登中日问题讨论，提供解决国难问题

---

55 徐宝谦：《基督徒与国难》，《真理与生命》1933年第7卷第4期，第5页。

56 徐宝谦：《中日基督徒会议概述》，《唯爱》1934年第15-16合期，第69-70页。

57 黄培永：《基督徒学生与救亡运动》，《消息》1937年第10卷第7-8合期，第44页。

方案，讨论基督教与国难的关系。如《华北公理会月刊》1931 年 10 月刊登了《中国基督徒对于日本出兵东三省的认识及准备》、《国难时期基督徒信仰问题》、《我对于现今时局的感想》；北平的《真理与生命》杂志则刊登了《基督教对于日本侵占中国国土应当持什么态度》、《基督徒今日为国难的奋斗》、《信徒对于国事第一步的工作》；燕大教授刘廷芳主办的《紫晶》杂志则刊登《国难中基督徒的团契》、《日本占领东三省后宣教师应有的态度》及数篇国难祷文。而纵观华北基督徒各派的救国意见，又大体分为武力抵抗，非武力抵抗，稳健三派，现分别叙述：

武力抵抗派认为基督徒固应主张和平，然抑制强暴，正是达到和平必由之路径，而主张武力抵抗是出于自卫，而不是侵害他人，为维护世界和平，不得不武力抵抗。如有基督徒提出："我们要想和平，只有与野蛮主义，军国主义者相抗，同时用我们的武力来用以自卫，那正是我们去求和平。"[58]还有基督徒认为："如日兵无故占我土地，杀我同胞，则自卫的武力抵抗是应当的。中国如欲做和平运动的一分子，第一须先有武力的准备，有了足以自卫的武力，方能谋中华民族的出路，方能扶助弱小民族求解放。"[59]亦有基督徒针对日本的暴行，提出凡属基督徒不论国界，都应反对其暴行："我们主张武力铲除世界的暴力暴行，当如不是基于狭隘的爱国心，甚至可以说并不是有甚么国界的成见。"[60]《野声》杂志发表的《告全国基督徒书》中也提出："如果非武力不足保障世界和平，为什么基督徒不可以借用武力呢？如果非战争不能够实现人类的正义，为什么基督徒不应该参加战争呢？"[61]当然受基督博爱精神影响，此派主张在基督徒中属于少数派，更多人主张和平方式解决中日问题。

非武力抵抗派则主张中日纠纷听候上帝的裁判，不必直接与日本为难，不妨尽力将日本在中国的暴行对外宣传，或诉之国联，或诉之非战公约的国家，当在上帝面前恳切的祈祷忏悔[62]；此派以中国唯爱社的成员为代表，他们受唯爱主义影响，主张用爱解决问题，不相信战争等类方法能彻底解决问题；

---

58 鸦翘：《自卫是爱护和平》，《华北公理会月刊》1932 年第 6 卷第 3 期，第 12 页。

59 檀仁梅：《基督与武力》，《唯爱》1933 年第 10-11 合期，第 63 页

60 谦：《基督教与非战主义》，《兴华杂志》1931 年第 28 卷 40 期，第 6 页。

61 《告全国基督徒书》，《野声》1931 年第 2 卷第 2 期，第 3 页。

62 陈晋贤：《基督徒对于国难态度的分析》，《金陵神学志》1932 年第 14 卷第 5 期，第 14 页。

非战者则认为基督教首重精神感化，一切教义，可以唯爱两字包括之。"无力者暴力也，以武力抑制强暴，何啻以暴易暴。"[63]部分基督徒提倡博爱，反对战争，仍站在耶稣唯爱主义的立场，反抗战争之爆发，不赞成抗敌的行为。他们根据唯爱的原则，不肯用战争的方法去抵抗敌人，同时要用精神的方法，非武力的方法——如不合作，去促敌人的觉悟，战争不是解决问题得办法，采取不合作办法。如燕大学生邱运熹指出："唯爱是决不能用武力流血的，决不能用不良的手段去达到好的目的，战争的事，是唯爱主义所极端反对的。"[64]赵紫宸则在 1931 年 10 月的《真理与生命》的社论中提出基督徒应对国难五点："对全世界宣传事实真相，为政府及世界一切主持公论者祈祷；加紧信众人格的训练；提倡对日经济绝交；本耶稣精神及信徒自己的理解参加救国运动。"[65]还有基督徒在英文《教务杂志》刊文称基督徒对于中日危机态度应是：坚定对耶稣的信仰，坚信正义与权利必胜，需要有坚定真理与邪恶作战的勇气，开展促进维持和平的工作，但不能参与战争，可抵制错误的观念并给予必要的谴责，并促进中日民众的沟通。[66]纵观唯爱派主张多是和平方式解决中日问题，也对时局影响甚微，甚至对抗战产生消极影响。

然而此派观点也遭到了部分基督徒的批评，如济南广智院工作的基督徒王梓仲虽然认可耶稣"爱"的精神，但"若一味的不抵抗与罪恶妥协，而反说是爱仇敌，未免污辱了耶稣的精神与教义"；[67]基督徒刘子静也认为唯爱主义不能适用中日战争，"正是因为国际间未有具备采行唯爱主义的条件。今日中国与日本，不能采用唯爱主义的原则，以解决一触即发的大战，更是因为我们与日本亦未具备采行耶稣唯爱主义的条件。"[68]青年会干事刘良模也指出："我们不要空言和平，更不要以妥协式的和平，来期望永久的和平。"[69]因有基督徒批评此派主张为不爱国，基督徒林启武则认为："一般中国人的心理，因受日本欺凌过甚的缘故，而主张战争。这是方法的问题，不是爱国不爱国的问题。我们不能说和平就是不爱国，反过来说，战争也不一定是爱国的表

---

63 徐宝谦：《基督徒与国难》，《真理与生命》1933 年第 7 卷第 4 期，第 2-3 页。

64 邱运熹：《唯爱新解》，《唯爱》1933 年第 15-16 合期，第 50 页。

65 《卷首语》，《真理与生命》1931 年第 6 卷第 1 期，第 1 页。

66 W.H.Ma, Christian Attitudes in China's Crisis, *The Chinesese Recorder*, Vol. LXVII, No.9, September 1936,p.538.

67 王梓仲：《基督徒与国难》，《真理与生命》1932 年第 7 卷第 1 期，第 36 页。

68 刘子静：《基督徒与国难》，《真理与生命》1933 年第 7 卷第 5 期，第 35 页。

69 刘良模：《大学青年会的救亡工作》，《消息》1937 年第 10 卷第 3-4 期，第 17 页。

示。"[70]另还有基督徒对于耶稣的无抵抗主义进行解释，认为现在的国家还没有实行耶稣教训的程度，"这次东北的不抵抗，是由于怯弱无能，并不是实行耶稣主义。"[71]燕大学生邱运熹针对部分民众反对唯爱，则主张"基督徒持着超无抵抗的唯爱主义，积极做基督教无抵抗的救国工作"[72]，仍是带有中和色彩。

稳健派则受基督教强调的忍耐及长期受苦精神影响，既不赞成武力抵抗的方法，而对于非武力抵抗的方法虽表示同情，终以为此非救国根本办法，更不赞成绝对消极的不抵抗主义，而是主张发动民众，做长期抵抗。他们一方面努力参加不合作运动以期促醒日本，同时更在上帝面前为日本、中国及全世界的基督徒，"痛切忏悔我们的罪恶，更应从此加紧我们基督徒的救人工作。"[73]如华北公理会基督徒许光迪认为揭露日本侵略计划野心，但不必勉强政府立刻和她宣战，但我们个个人民自今日起应该大家同德同心，联合起来同做自卫的准备，采取经济绝交，军事训练，加紧自身技能等方式抗日[74]；燕大神学院刘廷芳则持中间调和态度，他认为信徒一方面要与凶暴的军阀，侵略的敌人，竭力反抗，竭力决斗的，一方面是渴望和平，求主爱的国早日实现。[75]而中国教会面对国难的对策，他认为要图存必须奋兴，应将坚固国人的信仰，痛责中国的罪恶作为教会的使命。对于传道者的使命，吴雷川认为在国难时期，"传道者对于改革制度，加以提倡或赞助，比较宣言改革人心，自然是更切实际，因为这项工作，更是促促使公义与仁爱早日实现。"[76]

基督徒还看到了应唤醒广大民众参与救国，信徒应与民众打成一片，要激发民众自救自强，在民众中创造救国的心理，这也是救国的根本之道。如燕大教师谢景升认为中国本土宣教师应对东省事变，应首先明确自己身份乃是中国人，"故本耶稣的精神，作解除民族痛苦的工作，使压迫的得自由，故

70　林启武：《基督徒的爱国与仇敌》，《唯爱》1932 年第 6 期，第 39 页。

71　王俊武：《耶稣的无抵抗主义》，《谷声》1932 年第 33 期，第 6 页。

72　邱运熹：《写在战争与和平之后》，《真理与生命》1933 年 7 卷 5 期，第 53 页。

73　陈晋贤：《基督徒对于国难态度的分析》，《金陵神学志》1932 年第 14 卷第 5 期，第 14 页。

74　许光迪：《中国基督徒对于日本出兵东三省的认识及准备》，《华北公理会月刊》1931 年第 5 卷第 8 期，第 13 页。

75　刘廷芳：《国难中的基督徒的团契》，《紫晶》1932 年第 3 卷第 1 期，第 4 页。

76　吴雷川：《经过"国难"的基督教》，《真理与生命》1931 年第 6 卷第 3 期，第 11 页。

应在各人所在的地方唤起民众，组织民众，在力所能及的场合上，作抵抗日本的运动，诸如抵制日货，举行识字运动，组织地方自卫等。"[77]再如1933年，青年会干事江文汉赴济南时曾感叹："此间民众与学生，对于国难极消沉。时局实太混沌了，政府对日的，外间无从知其底蕴，无怪大家消极呢？"[78]。而邱运熹也认为中国民气消沉，民众自私且不合作，当前要务在于唤醒同胞，使有深刻的国家民族思想。"此种计划于基督教固无冲突，并主张宗教与政治相分离，当以宗教解决宗教之事，而以政治解决政治之事。"[79]基督徒蔡詠春也认为抗日的关键在于民众，后方的民众教育十分紧要，应派学生到各村推广民众教育，"我们若不主张鼓励他们去杀敌，也应当教他们不要受敌人利用。"[80]对于一直被教会提倡的抵制日货，也被部分基督徒质疑其效果，如邱运熹则认为应当积极提倡生产，而非消极抵制日货，"其实抵制日货，对于日本并无妨碍，我们拿什么东西去抵？然而所以行，也不过为了于主观方面觉得平安一点而已！其实日本人正在笑我们是傻瓜，便宜日货不买，反买贵的西洋货！"[81]也有基督徒认为抵制日货被日本用作向国联控告中国人挑战的依据，"并以此为实施侵略的借口，特别是向日本国民提供了宣传的有力资料，而直接影响并不及于造祸的罪魁：资本家和傀儡的军阀，吃苦的倒是无辜的小工商与一般的日本民众"。[82]

当时在华的外国传教士，也本着基督博爱的精神，大多支持中国的抗日救亡运动，并在国际上宣传日本的侵略。以燕京大学校内的教育传教士为例来看，1931年12月10日，燕大美籍教职员为中日问题召集会议，推司徒雷登、高厚德、施美士（E. K. Smith）等5人为起草委员，"因鉴于日军长期侵扰中国国土，而国联及美国政府，迄今尚无有效调解办法，当即一致决议通电美国华盛顿调解中日争端。[83]当1932年初，国联派李顿调查团调查日本在东北行动时，燕京的外籍教师趁机与之建立了联系，谴责日本侵略，建议国

---

77 谢景升：《日本占领东三省后宣教师应有的态度》，《紫晶》1932年第3卷第1期，第17-18页。

78 江文汉：《在济南》，《消息》1933年第6卷第4期，第57-58页。

79 邱运熹：《唯爱新解》，《唯爱》1934年第14期，第45页。

80 《蔡詠春致徐宝谦》，《唯爱》1933年第7-8合期，第41-42页。

81 《邱运熹覆张雪岩》，《唯爱》1933年第9期，第37页。

82 张雪岩：《对日的态度与办法》，《唯爱》1932年第6期，第33页。

83 《燕大美籍教职员通电美政府调解中日问题》，《全民报》1931年12月8日，第2版。

联调查实事求是，伸张正义。"一些西方教师同意由政治学系的访问教授邓肯（Robert M. Duncan）博士起草的声明和由代理校务长高厚德起草的补充声明，这些文件都被移交给了李顿。"[84]而对于国联的调查，美国公理会某教士曾形象讽刺到："这样的举动，以我看仿佛一处房子着了火，我们不应当先去调查是为什么着的，是谁点的，是怎样点的，我们乃是先去救火，等到火灭了以后，我们再调查这一切详细情形。"[85]同时，传教士还利用自己优势在国外报刊上宣传日本暴行，支持中国的正义斗争，并有传教士在回国休假时发表演讲。如美国公理会传教士博晨光（Lucius C. Porter）自九一八事变后，在美国各大城市做了四十余次演讲，介绍中日此次冲突，并提出解决中国的东北问题，"须世界上各国人士联合起来共同打败霸道，即抵制使用武力"。[86]还有传教士在英文《教务杂志》刊文支持中国基督徒的民族主义行动，认为并不违背基督教义，还呼吁西方传教士参与到此类行动中，营造共同和解的善意舆论[87]。而传教士之所以支持中国的抗日救亡运动，一方面是受基督教博爱精神影响，另一方面也有防止日本入侵影响在华传教乃至本国在华利益的考虑。当然也有少数传教士不主张武力抗日，他们认为："中国人现在应该做的事情，是痛悔前非，而不是反抗日人。不要说与日本宣战是不应该的，就是经济绝交，抵制日货，也是有违博爱之道德。"[88]

三、华北教会学校师生的救国运动

自晚清以来，教会学校因为由西方基督教会所创办，与外域外人有特别密切的关系，故在中国民族主义的大潮中长期持局外旁观的态度，"或由于确实虔信国际主义，不同情于国家主义，或由于确实承奉帝国主义，不直于新民族主义之运动"[89]。自民国成立以来，中国的学生运动蓬勃发展，但教会学

---

84 Dwight W. Edwards, *Yenching University*, New York: United Board for Christian Higher Education in Asia, 1959,p.339.

85 M 教士:《我对于现今时局的感想》,《华北公理会月刊》 1932 年第 6 卷第 2 期，第 2 页。

86 博晨光:《美国人眼中之中日事件》,《华北公理会月刊》1932 年第 6 卷第 8 期，第 48 页。

87 Andrew Thomson, Christianity and Nationalism, *The Chinese Recorder*, Vol.LXIII, No.3, March 1932, p.140.

88 希明:《要人学者教士的国难妙论》,《微音月刊》1931 年第 1 卷第 8 期，第 19 页。

89 徐宝和:《政治运动与基督教学生》,《真理与生命》1927 年第 2 卷第 1 期，第 6 页。

校学生的行动却不甚积极，也甚少与他校学生运动联合行动，当然这也与教会学校的特殊性质有关。如当时教会学校内部"认为救亡运动是有浓厚的国家和种族的色彩，基督是超国家的，超种族的，所以不能参加；认为这种运动是武力的和流血的，基督教是主张和平的，所以原则上根本冲突；认为这是属乎世俗的，与属灵的无关，所以不赞成它"[90]，以上误解也导致了教会学校在救国运动中的消极态度。但通过20世纪20年代的"非基督教运动"、"教会自立运动"、"收回教育权运动"等的冲击，情势有了很大的改观，尤以九一八事变为转机，教会学校的师生在中国的民族主义运动中反倒成了先锋前进，这是一个具有界标意义的变化。1930年代的华北地区，随着日本的步步紧逼，民族危机日益加深，当时基督徒学生运动也与抗日救亡相结合。如当时河北联主席张淑义曾说："在这个国际风云日行紧张，国家危难日行深化的今日，社会改造的声浪已经普遍全国，一向被认为只是闭着眼睛祈祷，关起门来灵修，片面地做些慈善事业的基督教团体，至此却被那无情的暴风雨所警醒，不能不睁开眼睛，走出门来，环顾四周，看看现在是个什么世界。"[91]

九一八事变发生后，教会学校迅速行动，采取对策。燕大、崇实中学、崇慈女中，保定同仁、遵化汇文、天津仰山等华北30余所教会学校组成抗日救国协会，电请中央对日严重交涉，速做军事准备，定9月18日为国耻纪念日；电张学良竭力防御日军；电粤请即取消对立形式，共赴国难；电全国扩大反日救国运动，作救国后盾；一致对日实行经济绝交；各校严加军事训练，效死疆场。[92] 9月21日，河北联基督徒学生团体联合会发表为东省事之宣言称："表明真相，昭告中外友人及本联关系团体，誓竭全力，作最后沉痛之觉悟，拥护人道，执公理正义以力争。"[93]华北基督教教育会还在9月29日的《华北日报》刊布教会学校联合抗日新闻，向社会及政府以及日本表示态度。10月2日，该会又在北平青年会举行华北基督教教育会大中小学校联席会议，讨论抗日事宜。华北基督教教育会还发表抗日宣言，希望本会同人对日一致经济绝交，并努力宣传，唤起民众，为政府后盾。[94] 同年，河北联还在下属

---

90 漱渝：《读〈基督教青年的新觉悟和新出路〉有感》，《消息》1936年第9卷第10期，第20页。

91 《学运言论》，《消息》1935年第8卷第3期，第15页。

92 《各校工作更加积极》，《华北日报》1931年9月29日，第6版。

93 《河北联为东省事之宣言》，《华北公理会月刊》1931年第5卷第8期，第23页。

94 《华北基督教教育会抗日宣言》，《教育期刊》1931年第37期，第1页。

学校发起救国储蓄运动，从事于为救国而义务储金的工作，以求为国家做一点实际的建设工作。[95]时华北地区教会大学及教会中学也出于爱国之心，纷纷投入到救国运动中，现分别介绍：

（一）教会大学的救国运动

1. 燕大师生的救国行动

（1）发轫：组织抗日团体与宣传

九一八事变发生后，从燕京大学情况看，燕大师生积极参与抗日救亡运动，走在了北平高校的前列。"燕京大学师生由于接近战区，感受到直接的威胁，加之东北流亡学生不断地涌入北平，则更是增加了他们的关切"[96]。9月20日晚，燕大学生自治会召集紧急会议，讨论对于日本此次占据沈阳，应取之态度，"并决议自今日起，完全停止娱乐，学生于课外时间赴各农村讲演，作普遍之宣传。"[97]北平地区学校众多，为防止学生爱国运动发生过激行为，9月21日，北平召开军、警、宪及各校的负责人联席会议，会议决定：禁止学生罢课；不许学生结队游行。[98]同日，燕京大学召开全体学生大会，800多名学生响应出席，一改往日对公共事务开会不感兴趣的态度。此次大会通过决定：全体同学一律臂缠黑纱，上书"耻"字；组织燕大学生抗日委员会；组织对日经济绝交委员会。[99]

燕大学生对日本在东三省野蛮举动，异常愤慨，皆以为应尽力之所能，对国内有所表示，对国外有所宣传。9月22日，燕大组织学生演讲队，分乘汽车往燕大周围各街市散发抗日传单，参加者异常踊跃。同日，燕大学生发出《燕京大学全体学生对日本侵占东北宣言》，致电南京国民政府，表示要赴汤蹈火誓死共救国难。"伏望吾政府依顺民情，积极备战，吾燕大全体学生，誓以一死，为政府作后盾，为民族争存亡。"[100]9月23日，燕大学生抗日委员

95　《河北联救国储蓄运动》，《华北公理会月刊》1931年第5卷第10期，第41-43页。

96　[美]卢茨着，曾钜生译：《中国教会大学史（1850-1950年）》，浙江教育出版社，1987年，第315-316页。

97　《平市学生扩大救国运动》，《全民报》1931年9月21日，第2版。

98　《北平市政府召集本市军警宪机关及各大学当局联席谈活会纪录》，《国立清华大学校刊》1931年第315号，第1版。

99　《全市学界齐起救亡》，《华北日报》1931年9月22日，第6版。

100　《全市学生参加今日之市民大会》，《华北日报》1931年9月28日，第6版。

会宣传队又分九组，全队出发至北平各街市轮流讲演。"当日散发传单 2 万张，其中有文白宣言二种及标语数十种，听者拥挤异常，激昂万分，讲者虽已力疲，听者犹不忍退走。"[101]对外宣传上，燕大因其教会学校的特殊优势，"对欧美方面，作深切之宣传，俾各国皆知日人之危害世界和平，及残杀中国民族之事实。"[102]为约束学生爱国运动，教育部于 9 月 23 日颁布《学生救国运动之要点》，决定学生可于课余出外演讲，加紧军事训练，不得罢课等规定。[103]同日晚，燕大抗日委员会召集全体学生会议，拟定工作大纲，直到 24 日晨才结束。开会时，首出清华历史学系主任蒋廷黻，讲演日本侵略东北之背景与经过，次在会上讨论抗日事宜，通过三项决议："组织经济绝交委员会，并请各校一致组织；全体同学一律制备军服一套，每套以 3 元为限，并用国货，以作军事训练；请学校添军事训练班。"[104]会后该委员会电聘英美德法各地该校之校友教员为宣传委员，负责对外宣传。

10 月 2 日，针对各学校要求暂时停课以参与救国，教育部又电令各校不得停课，但燕大在执行上却比较通融。10 月 5 日，燕大校务会议同意学生为爱国运动，可以请假；并且不算在规定的准许 3 周假期内，给予额外的一周[105]。燕大宣传队则每星期日分批赴附近村镇演讲，民众颇为动听。"学生抗日委员会将反日宣言等刊物分与该校教职员，每人 10 份，请其分寄亲友。"[106]10 月 10 日起，又举行大规模乡村讲演，讲演员一律乘大汽车赴西山，香山一带演讲，散发告民众书，反日宣传品多种。[107] 10 月 14 日，燕大学生抗日会以 14 日为国联限定日本撤兵之日，特决议停课一日。是日上午 9 时，燕大学生全体在大礼堂集会，由教师洪煨莲、蒋廷黻演讲。下午 1 时，同学出发演讲宣传，"城内及西北郊外，海淀成府一带演讲，民众听者无不动容。"[108]为扩大宣传工作，学生还请燕大教授熊佛西多编一些通俗爱国剧本，以便向民众宣

---

101 《燕大抗日讲演队二次赴平演讲》，《平西报》1931 年 9 月 24 日，第 1 版。

102 《如火如荼之各校反日运动》，《世界日报》1931 年 9 月 24 日，第 7 版

103 《教部指导学生救国运动》，《申报》1931 年 9 月 25 日，第 3 张第 10 版。

104 《全市各校学生热烈抗日救国》，《京报》1931 年 9 月 25 日，第 6 版。

105 Minutes of the University Council ,October 5,1931（燕京大学校务会议记录），北京大学档案馆藏：燕京大学档案，档案号：YJ1930003。

106 《燕大抗日工作仍在进行中》，《平西报》1931 年 10 月 4 日，第 1 版。

107 《各院校抗日运动愈趋激昂》，《民国日报》（北平）1931 年 10 月 8 日，第 5 版。

108 《燕大抗日会昨全体出发讲演》，《京报》1931 年 10 月 15 日，第 7 版。

传。后又公开请求燕大教授郑振铎转恳丰子恺，多画些抗日漫画，均得到热烈回应。

燕京大学所处的北平是学生集中之地，学生特别重视"五四"传统，而北平又处于日本的威胁之中，因而各校学生都发起形式多样的救国运动，许多学校发表通电、宣言，反对日本帝国主义侵略，要求国民党抗日。燕大在抗日运动中，还注重与北平各界及其他学校的合作，参加各集体活动。9月24日下午，北平学生抗日救国联合会成立，燕京、北大、清华等68学校参加，燕大被推为主席团及执委之一，次日执行委员会成立，燕大被任为宣传部委员[109]，筹划对民众宣传抗日工作。9月25日，北平各界抗日救国会正式成立，燕大亦派代表出席。9月28日，当北平各界抗日救国大会举行时，燕大特地停课一日，全体学生均往参加。会毕示威游行，期间曾意图向张学良请愿，却未受到接见，开当时北平大学生示威游行之先河。9月28日，华北基督教教育协会暨燕京大学、汇文中学、崇实小学等20余教育团体，合作抗日救国协会，"电请中央对日严重交涉，速作军事准备；一致对日，实行经济绝交；各校严加军事训练，效死疆场。"[110]11月初，北平学生抗日救国联合会决定选出5代表晋京请愿，燕大学生张郁棠为五代表之一，提倡两项请求：正式组织全国学生抗日联合会；请政府明令抵制日货。[111]然学联内部因抗日主张不同而发生纠纷，宗派主义严重，清华大学等校退出，燕大则继续与学联合作努力抗日工作，"惟不能接受学联全体罢课之决议，并否决向张副司令请愿"[112]。

（2）发展：军事训练与抵制日货

教育部颁布学生救国运动方法后，学生一致要求学校批准军事训练，学校则多次开会讨论相关事宜。10月5日，"学校校务会议决定军事训练为男生二、三年级必修课，为期两年，一周3小时，1小时讲座，2小时实战练习。"[113]。10月6日，燕大公布《实施军事教育办法》10条，除规定男生必修军事

109　张郁棠：《北平学联简述》，《燕大周刊》1931年第6期，第2页。

110　《各校工作更加积极》，《华北日报》，1931年9月29日，第6版。

111　《燕大抗日纪念周报告抗日工作》，《平西报》1931年11月10日，第2版。

112　《燕大学生昨决议不罢课不请愿》，《平西报》1931年11月12日，第2版。

113　Minutes of the University Council, October 5,1931（燕京大学校务会议记录），北京大学档案馆藏：燕京大学档案，档案号：YJ1930003。

训练外，女生愿修习救急伤科及看护等科者，可与女部当局，接洽办理。[114]10月13日，燕大行政执行委员会通过决议，"请校医宁德明（Clara A. Nutting）培训女护班，每周2小时；特别拨款1200美元给予军事训练。"[115] 10月19日下午起，正式实施军事训练，教官由陆军大学陆秉衡担任，进行军事操练，并赴西苑兵营练习骑马。"加入该项训练者，计271人，分两大队，每大队分2小队，每小队又分四班"[116]。同日晚，"女护班第一次开课，到班者有120余人，分中英文两组，每星期上课2小时"[117]，其中一小时为实地练习，一小时为军护常识讲授，"本校医学预科的同学及已升入协和医学院的老同学，都乐意抽暇回来母校，教授医护常识及救伤方法"[118]。然随着时间推移，女生学习热情也递减，"而到班者逐渐减少，经四五星期之后，仅有3人，欲积极联系。可知同学中对此门学科，并无热心参加。"[119]

10月20日，燕大抗日委员会决议致函学校请求特准女生与男生同样军事训练；由宣传股，搜罗此次沈变照片，翻印明信片，以广宣传。[120]同日，燕大决定女生可自愿参加，但不能取代体育课程。[121]燕大女生受爱国热情激励，也自愿加入军事训练，"只想学习一些军事常识与技能，锻炼体魄，有备无患，倘一旦有必要时可资应变，未尝无益。"[122] 燕大女生训练由学生赵玉英指挥，"加入军事训练者约50人，亦于10月23日开始组织，25日起开始训练。"[123]由于学生要求，从1931年11月1日起，学校同意参加军训可以取代体育课程[124]，女生训练积极性大增。燕大女生军事训练于每星期五下午四时半到6时半，

114 《实施军事教育办法》，《燕京大学校刊》1931年第4卷第5期，第1版。

115 Minutes of the Faculty Executive Committee Meeting, 13 October,1931（燕京大学行政执行委员会记录），北京大学档案馆藏：燕京大学档案，档案号：YJ1930001。

116 《燕大学生军明日开始训练》，《平西报》1931年10月18日，第2版。

117 《燕京大学女生欲参加军事训练而不能加入军事救护科者甚众》，《平西报》1931年10月22日，第2版。

118 陈明章：《学府纪闻：私立燕京大学》，台北：南京出版有限公司，1982年，第205页。

119 《看护班成绩》，《火把》第30期，1932年2月19日，第3页。

120 《燕大抗日会，昨开全体委会》，《京报》1931年10月21日，第7版。

121 Minutes of the Faculty Executive Committee Meeting, 20 October, 1931（燕京大学行政执行委员会记录），北京大学档案馆藏：燕京大学档案，档案号：YJ1930001。

122 陈明章：《学府纪闻：私立燕京大学》，台湾：南京出版有限公司，1982年，第204页。

123 《各校反日工作日趋紧张》，《民国日报》（北平）1931年10月24日，第5版。

124 Minutes of the University Council, Nov 2nd,1931（燕京大学校务会议记录），北京大学档案馆藏：燕京大学档案，档案号：YJ1930003。

为训练时间，后又于每周三早增加训练。军纪严肃，迟到五分钟者，即以不到论。[125] 受教育部电令，燕大抗日委员会也鉴于学生训练钟点过少，故特组织学生义勇军，以资学生充分练习而作最后之准备。义勇军宣告成立后，燕大颁布暂行办法，报名者 40 余人，10 月 30 日开始训练，由东北边防军 18 旅的沙九成出任教官，定于每日早 6 时半开始操练，每逢假日，举行马操，或郊外检阅。后义勇军购买教育枪训练，学校当局出资 180 元，购置 50 枝。[126] 进入 12 月后，随着天气寒冷，考期临近，学生训练精神大减，出操人数甚少，后靠严肃训练军纪勉强维持，故学生义勇军到 12 月 26 日举行结束典礼，暂告结束。"三月来之成绩大有可观，学术二科均曾有研究。进可攻，退可以守。"[127]

东北沦陷后，高校大多停办，许多大学生无学可上，逃亡北平者甚多。故燕大决收东北旁听生。10 月 28 日，燕大举行第一次招生考试，"男生考试来考者 22 人，完全收容，但入校者仅 15 人。"[128] 后女生宿舍客房空出，开始招收女生。11 月 14 日，待男女闲置空床到位后，燕大为东北学生举行第 2 次考试，仅考英文 1 门，凡报名来考者，均可入学，但仅有 8 男 4 女入学[129]。据燕大教务处主任梅贻宝报告，此次燕大为东北及留日返国学生共预备学额 51 人，实在来本校寄读者仅 30 人（内留日学生 4 人）。在此 30 人中，男生占 26 名，女生占 4 名。[130] 时教育部令各高校对辽吉黑三省之学生酌量减免一学期，但燕大因经济条件限制，难以照办。时大学行政执行委员会议决，"凡东北大学学生为交校寄读者，其所缴各项费用，均视本校学生减半。"[131] 考虑到东北学生经济困难，燕大资助会特准资助东北寄读学生，给予免费贷款。燕大接受的东北流亡学生，其中绝大多数是抗日爱国运动的积极分子，如张兆麐和黄华，后来成为著名的一二·九运动的主要领导人。燕大的东北学生还组织燕大东北同乡反日会，参加北平东北留平学生抗日救国会，负责平西一带抗日宣传，并提议组织纠察团以杜绝游艺活动。

---

125 《燕大工友组织义勇军》，《益世报》（北平）1931 年 11 月 22 日，第 6 版。

126 《燕大学生军已购置教育枪 50 枝》，《平西报》1931 年 11 月 8 日，第 2 版。

127 《燕大义勇军定于星期六举行结束典礼》，《平西报》1931 年 12 月 24 日，第 4 版。

128 《燕大昨晨纪念周教务主任报告收录东北学生之经过》，《平西报》1931 年 12 月 8 日，第 2 版。

129 《燕大昨日举行第二次东北学生考试》，《平西报》1931 年 11 月 15 日，第 2 版。

130 《纪念周梅教务主任报告》，《燕京大学校刊》1931 年第 4 卷第 14 期，第 1 版。

131 《改定东北寄读生应缴费用》，《燕京大学校刊》1931 年第 4 卷第 7 期，第 1 版。

当时抵制日货成为学生抗议的重要形式，为杜绝国民使用日货，燕大对日经济绝交委员会议决设立纠察队，纠察平西一带日货。"时成立日货纠察队成立有 6 大队，39 个分队，纠察员 390 余人。"[132]同时，委员会又提倡国货。10 月 17 日，委员会借来三友实业社国货百余种，在燕大校园举行国货展览，参观者接踵。10 月 28 日，燕大对日经济绝交会接受平市抗日会之决议，将海甸成府等处日货一律封存，并实行大检查，杜绝民众买卖日货。燕大学生还组织纠察队维持秩序，查缴日货，在抗日运动期间，不许同学随意上街游荡，纠察队员均佩戴袖章，守卫校门。"学生于旬日间成立抗日十人团 20 余团，故该校日货刻已绝迹。"[133]而当《火把》提议理科师生应作关于战争应用之事物准备后，立即引起不少反响。"该校物理学会已有自动组织，在教师指导下共同研究测量无线电收发。每人每周工作有五小时之多，收效甚速。"[134]11 月 16 日，燕大学生抗日委员会借总理纪念周的时间，举行对日不合作总宣言宣誓典礼，全体学生宣誓不购日货。时黑龙江马占山孤军坚持抗日，得到全国响应，燕京大学全体学生于 11 月 19 日致马占山电称："伏唯努力杀贼，为民族留最后人格，并将此遍传部曲，宣慰吾民感泣爱戴之至。"[135]燕大校方考虑学生参加爱国运动，耽误正常学习，通过决议："全校教员注意国难情形，及最近平津不安形势，关于课室之工作，取同情态度对待学生"[136]，并应学生请求，准免各项月考。

燕大学生除参加集体抗日活动外，也有个别激进者，弃学从军，或绝食请愿。燕京大学四年级学生陈慧光，因愤于日本强占吉辽，决志弃学从戎，则于 10 月 7 日抵达南京，拟入南京总部训练处，受军事训练。"该总部以其志可嘉，已允许入伍。"[137]后也有燕大李云若，因愤日军暴行，特往南京从军。燕大四年级英文系学生吴世昌还与其胞兄清华教师吴其昌全家绝食，决定赴京请愿，"但望能因此激发对国事漠不关心之天良"[138]11 月 20 日，受到张学良接见，翌日赴

132 《燕大对日经济绝交会举行国货展会》，《平西报》1931 年 10 月 18 日，第 1 版。

133 《燕大筹组国货展览会》，《民国日报》（北平）1931 年 11 月 16 日，第 5 版。

134 《战事科学现无专门人才，莫若专心研究工业化学》，《平西报》1931 年 10 月 22 日，第 2 版。

135 《北平师大、燕大、辅大附中电慰马占山》，《世界日报》1931 年 11 月 22 日，第 7 版。

136 《国难方殷，燕大准免月考》，《平西报》1931 年 11 月 19 日，第 1 版。

137 《各院校学生全体出发，国庆讲演抗日》，《京报》1931 年 10 月 9 日，第 7 版。

138 《绝食请愿之吴世昌赴京前一封血泪书》，《益世报》（北平）1931 年 11 月 26 日，第 6 版。

南京。绝食请三事："急调大军由昂热线，尽夜趋进，捣日寇之背，以解龙江之围；急电蒋主席调首都空军飞黑，驱逐暴日；急电巴黎施公使在日军未退出洮昂线以前，拒绝任何掉调解。"[139]11月24日，燕大学生会及全校教职员昨特电国府声援，并电吴氏兄弟进食。"所请三事，实属急务，谨恳国府尽量采纳，以救危亡，敝校全体为吴后盾。"[140]燕大四年级学生田兴智更是以离校来表示抗议，宣称："因政府对暴日态度处处退让，如蒋不对日宣战，则不返校读书矣。"[141]

（3）高潮：赴京请愿与爱国运动周

11月11日，北平教育局根据教育部电令致电燕京大学，严禁学生赴京请愿，"各校学生，均应安心学业，遵守秩序，以作外交之后盾，勿得率而来京，荒废学业。[142]但在爱国高涨形势下，电令几乎成为空文，并无法阻止学生赴京请愿。1931年11月23日，蒋介石任顾维均为外交部长与日折冲。顾维均走马上任即向蒋介石提出了在锦州一带设立中立区的建议，再次遭到举国强烈反对。11月24日，在清华大学请愿团赴京请愿后，燕京大学学生除发电声援外，也于26日召开全体学生大会，会上决定全体赴京请愿，28日下午5时全体出发[143]。后抗日会即向学校当局要求停课请愿，学校行政执行委员会认为："现在大学生南下请愿的时机不成熟，可能会影响政府的日常管理；允许个别学生参加，不能耽误正常的课程。[144]27日上午，校长吴雷川亲自召集学生谈话，希望学生安心读书，请愿无助于事情解决，但劝阻学生无效，遂向学校董事会辞职[145]。后学生又推代表见司徒雷登请求停课请愿，司徒雷登召集大学行政执行委员于28日上午开会，最后决定停课一周，任学生赴京请愿。"凡留校者，须一律参加爱国运动，留校担任抗日工作。"[146] 燕大遂成立爱国周筹备委员会，负责进行一切工作。

---

139 《清华大学教师吴其昌全家绝食》，《北平晨报》1931年11月21日，第7版。

140 《清华请愿团百九十人昨赴京，燕大全校电京声援》，《北平晨报》1931年11月25日，第7版。

141 《燕大学生田兴智何往?》，《平西报》1931年11月26日，第1版。

142 《北平市教育局公函》，《燕京大学校刊》1931年第4卷第10期，第1版。

143 《燕大全体学生，明日赴京》，《导报》1931年11月27日，第6版。

144 Minutes of the Faculty Executive Committee Meeting, 26 and 27, Nov, 1931（燕京大学行政执行委员会记录），北京大学档案馆藏：燕京大学档案，档案号：YJ1930001。

145 Sin-Jan Chu, *Wu Leichuan: A Confucian Scholar and Christian Reformer in Transforming China*, Ph.D Dissertation of Boston University, 1993,p.131.

146 《燕大请愿团昨赴京》，《世界日报》1931年11月29日，第7版。

11 月 30 日，校长吴雷川自动打消辞意，参加爱国运动周。当日上午举行宣誓典礼，下午 2 时，燕大教职员学生及工人约 700 人，齐集南操场，每人手执白纸小旗一面，上书各种爱国字句，出校游行，下午 4 时返校。[147]12 月 1 日至 4 日，燕大师生于每晨九时齐集大礼堂誓志，后"分组讨论，合组报告，与专家指导，注重理智的研究，和头脑的冷静。"[148]上午讨论之题目，依次为对日宣战问题，外交上应采取之步骤，东北问题之基本原因，今后之改造工作。下午 2 时至 4 时有各种工作，任人选择一种，分为 8 种训练班：军事训练、救护班、测量队，无线电队；手工团；军事化学演讲及文字工作，每人必须选择一种，注重实地的练习和手足的敏捷。"闻女生则以加入手工团者为最多，男生则以加入军事训练及演讲者为最多。"[149]晚为各讨论班主席书记之师范班，由专家指示次日讨论大纲。同时，鉴于地方居民对国家大事丝毫不知，燕大学生还组织宣传队于 12 月 2 日起开始在燕大附近村庄及远途演讲，"宣传暴日侵略我国真相，使乡民对于中国近日之情形，与所遭遇之侵略危害，更有深切之认识。"[150]演讲队还到北平小学校演讲，曾就"病夫"问题连讲 3 天，让小学生明白中国失败的原因及改良的方法。[151]另组织长途宣传队男女 10 人于 12 月 3 日上午出发，先乘平绥车至南口，然后再分往各村宣传，"听者闻听之下，皆悲愤交加，咸有为国效劳之慨。"[152]爱国运动周于 12 月 5 日圆满结束，当时作为燕大抗日会的喉舌之一的《火把》曾指出："爱国行动周"是燕大有史以来一种有价值的运动，也是中国教育界对于爱国运动创始的贡献，其意义之重大，自不待言。[153]

11 月 28 日下午，燕大男女团员 190 余人不顾北平当局劝阻，毅然赴京请愿，其请愿人数占全校学生四分之一，远高于之前清华大学 30 余人的请愿团人数，也影响带动了北京大学学生组织请愿。燕京请愿团于 30 日上午抵达南

147 Phillip West, *Yenching University and Sino-Western Relation, 1916-1949*, Cambridge : Harvard University Press, 1976, p.164.

148 刘广志：《燕大爱国运动周拾零》，《真理与生命》1932 年第 6 卷第 4 期，第 33 页。

149 《燕京大学爱国周纪要》，《华北公理会月刊》1931 年第 5 卷第 10 期，第 31 页。

150 《燕大学生宣传队分途出发，沿平绥线前进》，《导报》1931 年 12 月 3 日，第 6 版。

151 刘广志：《燕大爱国运动周拾零》，《真理与生命》1932 年第 6 卷第 4 期，第 34 页。

152 《燕京大学长途宣传队劳苦功高，昨已返校》，《平西报》1931 年 12 月 8 日，第 2 版。

153 编者：《关于爱国运动周》，《火把》1932 年第 26 期，第 3 页。

京，入驻金陵大学。12 月 2 日上午 10 时，徐州学生请愿团及燕大学生请愿团同时前来中央党部请愿，希望蒋介石北上抗日，恢复民众运动。蒋氏亲自接见并训话，希望学生信任政府，"所请愿各点，政府均当接受，择其重要者，政府当尽先切实去做，以达各位请愿之目的。"[154] 是日 12 时，请愿团又赴外交部请愿，署理外交部长顾维钧接见，顾维钧提出，"对日外交方针维持不撤兵不谈判原则；最短期内应自动废除中日间一切不平等条约及收回日租界"[155]，后请愿团即整队而散。12 月 3 日上午，燕大学生全体瞻仰中山陵后，于当晚乘车返回。而请愿团学生北返中，部分学生又忘掉国难，"女同学及生病男同学坐头等客车，竟成燕大之交际室，或则高声谈笑，或则手舞足蹈。[156] 12 月 5 日晚，请愿学生全体返回北平。12 月 7 日，燕大正式复课，持续两月多久的抗日活动暂告一段落。

1932 年 9 月 18 日上午，燕大由教职员抗日会及学生会共同举办九一八周年纪念会，到会 300 余人。台上悬挂一幅血溅之中国地图，由教师、学生代表演讲后，继由东北民众抗日会代表演讲，号召师生勿忘国难抗日。而当国联调查团于 1932 年 10 月初公布调查结果，主张以国际共管取代日本独占后，燕大学生异常愤慨，10 月 14 日召开全体学生大会，"政治学会主席卓还来主持大会，谴责国联调查团偏袒日本帝国主义强占我东北。"[157] 东三省沦陷后，东北各地义勇军纷起血战抗日，声势浩大，亟待援助，燕大学生抗日委员会与教职员抗日会合作举办成立募捐团，于 1932 年 10 月 24-31 日举行募捐周，将募捐钱物转交义勇军。此后每当九一八事变纪念日，燕大师生都会举行纪念活动。值得一提的是，此时燕大校园内也成立了共产党的地下党支部，由杨缤出任党支部书记，有正式党员 9 人[158]，也积极组织参与抗日救亡运动。由于党支部为非公开组织，当时抗日活动都交给燕大的外围组织——燕大的反帝同盟出面去做。反帝同盟在燕大支部领导下，当时做的主要工作由：在

---

154 《蒋主席对徐州及燕大学生训话》，《中央日报》1931 年 12 月 3 日，第 2 张第 1 版。

155 《徐州及燕大学生向中央及外部请愿，蒋主席训话勉慰》，《民国日报》（上海）1931 年 12 月 3 日，第 1 张第 4 版。

156 《南下请愿的零零碎碎》，《燕大周刊》1931 年第 5 期，第 10 页。

157 张玮瑛、王百强等主编：《燕京大学史稿：1919-1952》，北京：人民中国出版社，1999 年，第 511 页。

158 王效挺、黄文一主编：《战斗的历程：燕京大学地下党概况》，北京：北京大学出版社，1993 年，第 35 页。

学校中开展抗日宣传，领导抵制日货运动；组织义勇军军事训练；南下请愿。1932 年春，燕大内的反帝同盟停止了活动。[159]

（4）理性爱国：九一八事变中燕大教师的活动

九一八事变发生后，燕大教师也积极行动，参与救国运动。9 月 21 日，燕大教师举行特别会议，组织特别委员会，讨论进行反日宣传，并商请校长派专人赴沈，调查此次日军暴行之真相。[160]会中教职员会中发言者颇多，"黄子通先生则谓此项事变真相，须调查清楚，方便宣传，高厚德先生当即代表西国教职员声明，谓倘有见用之处，极愿努力。"[161]。同日，燕京大学参与新成立的平津学术团体对日联合会，该联合会的宗旨是对各校学生的抗日活动给予指导。翌日，平津各学术团体致电日本各大学教授，说明日本侵略之隐忧，"贵国军队此等暴行，纵可占一时之利，而精神道德之破产，必贻无穷之隐忧。诸公明达所见，当与军人不同，心所谓危，敢以相告。[162]9 月 23 日，燕大全体教员又致美国托事部一电，请其将电文于美国各报纸上宣布，该电系说明此次事变之真相，要求美国舆论界主持公道云。[163]9 月 24 日，燕大政治系教师徐淑希在燕大教职员特别会议讲演日本强占辽吉事件，呼吁教师积极行动。校务长司徒雷登对师生及中国民众的抗日运动颇为支持："我对中国国民深表同情，我绝对赞成中华国民反抗这次日本的妄用武力，我绝对赞成中华国民这番当坚定主张要把一切关于东省问题根据事实公道作彻底的解决。"[164]

相对于学生的激进，燕大教师则比较理性，也引起了学生的不满。"教职员方面，只有一次学生在大礼堂开会时觉得不好意思，也在丙楼开过一次会，向海外发一通电报之外，仿佛天下已经太平。"[165]受学生运动的影响，中文系教授容庚积极推动燕大教职员抗日，号召组织十人团，个人捐助学生抗日刊

---

159 燕大文史资料编委会编：《燕大文史资料》第 5 辑，北京：北京大学出版社，1991 年，第 79 页。

160 《教职员组织特委会》，《平西报》1931 年 9 月 22 日，第 1 版。

161 《教职员学生抗日运动》，《燕京大学校刊》1931 年第 4 卷第 3 期，第 1 版。

162 《各校教授致电日本教授》，《世界日报》1931 年 9 月 23 日，第 7 版。

163 《教职员学生抗日运动》，《燕京大学校刊》1931 年第 4 卷第 3 期，第 1 版。

164 司徒雷登：《我对于日本侵略东省事件的态度》，《燕大周刊》反日专号第一号，1931 年 9 月 30 日，3-4 页。

165 吴世昌：《火把》，《火把》1931 年第 1 期，第 1 页。

物，努力教职员抗日会的工作，在新创办的《火把》连载文章鼓吹本校抗日救国的精神。10月12日，容庚发起正式成立抗日十人团，召集第一团团员会议，公开宣言：在日本军队未离中国疆土，赔偿其所给与我国一切损失以前，凡我团员绝对不为日人利用，不应日人要求，不买卖日人货物，并各自努力于抗日有效之种种工作。[166]后师生又陆续发展团员，成立数团，到11月6日，成立已有 13 团，并于当日晚，开团长会议，讨论抗日事宜，规定："凡已经加入十人团的人，应在最近时期内，另约九个未经加入十人团的人，组成一个新的十人团。"[167]

学生抗日委员会成立后，当时《火把》批评教职员的抗日不努力，也带动了教师抗日组织的筹划。"但其中也有美国人不愿卷入中日纠纷，坚持不同意用全体教职员的名义，主张改用'燕京大学中国教职员抗日会'的名义。"[168]10月13日，燕大中国教职员抗日会正式成立，推吴雷川为临时主席，选举容庚、黄子通、洪煨莲、胡经甫、陈其田五人为委员。翌日下午，开教职员抗日会第一次大会，商讨检查日货等抗日事宜。10月19日，燕大中国教员抗日会第二次大会举行，会议决定分任编辑中日问题小丛书，编纂9月19日至10月14日，中外报纸消息及舆论汇刊，缠黑纱事定用佩章代替，佩章形圆色白，中书"九一八"三黑字。[169]燕京大学教职员签名宣誓不买日货，到10月28 日，已由 171 名教师签字。[170]委员会经费由中国教职员薪水扣除，"99 元以下捐薪百分之一，一百元以上，捐薪百分之二；二百元以上，捐月薪百分之三；三百元以上捐月薪百分之四。[171]教员抗日会后还发挥学术优势，对中日问题进行专题研究，促进学风向经世致用方向的转变，当时研究问题主要如下：中日悬案问题；中日经济关系；满蒙社会状况；日本军事状况；日本在满蒙投资之调查；日货调查表及可代替日货之国货调查表；东三省地图；

---

166 《抗日十人团消息》，《火把》1931 年第 7 期，第 4 页。

167 《抗日十人团长会议消息》，《火把》1931 年第 20 期，第 4 页。

168 中共北京市委党史研究室编：《北京地区抗日运动史料汇编》第 2 辑，北京：中国文史出版社，1990 年，第 438 页。

169 《燕大中国教员抗日会决议，分任编辑中日问题小丛书》，《导报》1931 年 10 月20 日，第 6 版。

170 《燕京大学中国教职员抗日会第四次大会》，《燕京大学校刊》1931 年第 4 卷第 8期，第 1 版。

171 《燕京大学中国教职员抗日会第二次大会议决案》，《燕京大学校刊》1931 年第 4卷第 6 期，第 2 版。

日本国内教育关于东三省侵略之教材与方法；日本在东三省铁路侵略之历史与计划。[172]10月21日，教职员抗日会决议编印反日丛刊；组织满蒙问题研究班；检举贩卖日货商店[173]。后教师又发起国货展览会，展出布定、货物棉织品，糖类，纸张类，印刷材料类等国货，参观者众多。燕大中国教职员抗日会还制成抗日纪念章250枚，免费分发各中国教职员佩戴。[174]11月12日，燕京大学教职员抗日会电慰马占山："暴日无厌，进窥黑境，先生及诸将士力抗不屈，为国家守疆土，为民众争人格。敝会同人敬谨慰劳，幸坚守原地，万勿退却，全国国民，愿为后盾。"[175]但教师抗日会在经过一段积极抗日行动后，教师参与热情大减，数次抗日会集会因法定人数不足而流会，提议组织的东北问题研究班也未得到多数教师响应参加而停办。

日本侵略也造成燕大师生关系紧张，"学生认为可以通过压迫政府采取行动，通过唤起社会舆论而为国家做出自己的贡献，救国活动比刻苦读书更重要……然而，对教师来说，即使他们完全理解学生的动机，爱国也不能意味着可以轻易得到毕业证书。"[176]故在学生于11月26日决定上京请愿，并请求教师资助路费后，教师则决定不请愿，"惟不会以此举，实无益于救国，不能参加。又因各种困难，经济上不能援助。"[177]他们建议学生就地举行抗议活动，这样可以减少对教学工作的影响，也有教师看到请愿不解决实际问题，"请愿是最消极的救国运动的法子，民众向国府请愿和中国政府向国联哀求一样的无效，大家有什么愿，只要大家自己起来，干。"[178]当学校决定组织12月初爱国运动周后，当时教职员抗日委员会还通过决议：不参加爱国运动周的联席会议，不资助学生宣传队的经费和爱国运动周的印刷费。[179]但是燕大教师积极组织参与了游行讨论，尤其西国教职员在运动中积极响应中国民族主义运动，"在游行中，在讨论时，莫不义形于色，愤慨于中。"[180]12月2日，燕

172 《燕京大学中国教职员抗日会第二次大会议决案》，《华北公理会月刊》1931年第5卷第9期，第23页。

173 《燕大中国教职员进行抗日工作》，《平西报》1931年10月22日，第1版。

174 《抗日纪念章》，《燕京大学校刊》1931年第4卷第11期，第1版。

175 《燕大教职员昨开全体大会》，《世界日报》1931年11月13日，第7版。

176 [美]艾德敷著，刘天路译：《燕京大学》，珠海出版社，2005年，第273页。

177 《燕大请愿团昨毅然南下请愿》，《民国日报》（北平）1931年11月29日，第5版。

178 《有人说》，《燕大周刊》1931年第5期，第10页。

179 忠言：《几句要说的话》，《燕大周刊》1931年第7期，第6页。

180 《燕大精神》，《平西报》1931年12月3日，第1版。

大教职员发表通电，批评政府变更对日政策，"请全国各界监视政府之媚敌行为，不限日本定期撤兵，先与日本直接交涉。若如此，则凡有血气之国民，当决不承认等语云。"[181]12月4日，因国联纵容日本侵略，放弃惩暴之原意，燕京大学教职员学生及全体工友又通电全国，"质问国民政府当局何必掩耳盗铃，卖国固位，声述国联无力抑制强暴，宣告绝命，请一致拒绝国联决议。"[182]

　　12月5日上午9时，爱国运动周举行结束会，中外员生900余人，齐集礼堂，司徒雷登演讲，学生代表孙慧民也发言。司徒氏对学生给予极高评价，特别强调了教师与学生合作，"在六日之中，教职员与学生全体积极从事于爱国之各项工作，自始至终，精神一贯，由此可知教职员与学生永远可合作，更可得到很完备之效果。"[183]校长吴雷川主持唱校歌，并发言说："爱国运动周虽然结果，爱国的工作实在是才起头"[184]故运动周结束后，学生抗日委员会决议于上课后，每星期仍继续讨论中日问题一次，藉以研究对日策略。值得一提的是，九一八事变的发生，也导致燕大首次出现了前文所述的师生大会，以便师生可以在一起互相研究讨论，解决面临的各种问题。但师生在经历短暂合作后，教职员与学生抗日合作却发生了危机，因不赞成过激活动，教职员抗日委员会不参加爱国运动周的联席会议，教职员抗委会不资助学生宣传队的经费和爱国运动周的印刷费。[185]12月10日，燕大美国籍教职员为中日问题召集会议，推司徒雷登、高厚德（H. S. Galt）、施美士（E. K. Smith）、文国鼎（Miss A. Wagner）等5人为起草委员，"因鉴于日军长期侵扰中国国土，而国联及美国政府，迄今尚无有效调解办法，当即一致决议通电美国华盛顿调解中日争端。[186]当1932年初，国联派李顿调查团调查日本在东北行动时，燕京的外籍教师趁机与之建立了联系，谴责日本侵略，建议国联调查实事求

181　《燕大教职员抗日会电告全国报学工界，否认政府变更对日政策》，《全民报》1931年12月3日，第2版。

182　《国联放弃惩暴之原意，燕大教员学生电请各界拒绝》，《导报》1931年12月5日，第6版。

183　《燕大爱国运动周昨日结束，司徒雷登出席演讲》，《导报》1931年12月6日，第6版。

184　刘广志：《燕大爱国运动周拾零》，《真理与生命》1932年第6卷第4期，第36页。

185　忠言：《几句要说的话》，《燕大周刊》1931年第7期，第6页。

186　《燕大美籍教职员通电美政府调解中日问题》，《全民报》1931年12月8日，第2版。

是，伸张正义。"一些西方教师同意由政治学系的访问教授邓肯（Robert M. Duncan）博士起草的声明和由代理校务长高厚德起草的补充声明，这些文件都被移交给了李顿（Lytton）。"[187]

燕京大学工友不下 2 百余人，也组织工友抗日会，集中力量进行救国，立定志愿不买日货。燕大工友抗日会于 10 月 26 日晚成立十人团，从事抗日实际工作，规定每星期二、四两日晚上 8 点到 9 点，在工友俱乐部开抗日讨论会[188]，报告当日国际国内新闻。十人团成立后，报名者颇为踊跃，数日内已报名 140 余人[189]，由海英秀负责。该团宣言为："我们至诚的立誓，永久与日本经济绝交，起来大家努力一切抗日有效之种种工作罢。"[190]11 月 21 日，燕大的普通职工则组织工友义勇军，该校校友郑毓秀、徐荣先为总指挥。"工友已报名者，达四五十人，其中曾入伍充营长或连长及兵士者不下十数人云。"[191]12 月 1 日，又出版《燕大工友旬刊》，宣传抗日。12 月 5 日，燕大工友又召开国难讨论会，请张存信略述东北事变之经过，并告以经济绝交不买日货为消极的抵抗日本之方法[192]，后工友发言者纷纷不绝，讨论救国之方法。

（5）燕大抗日救国的持续

自 1932 年一·二八事变后，燕大师生又积极募款达千元之多，教师更是通过按月扣除部分薪水募捐，一起捐给前线将士。因中日纠纷日渐严重，该校基督徒团契还于 2 月 22 日为国难举行祈祷[193]，后师生又于 3 月 11 日举行了公祭抗日烈士大会。长城战事发生后，1933 年初，燕大学生还组织 6 批慰劳队，前往榆关、唐山、古北口、热河、喜峰口等前线地区，慰劳前方战士。他们编排各种节目，赞扬战士英勇杀敌的行为，于作战将士精神上之鼓励。除此之外，他们还自发的组成救护队，在唐山、北平、通县的各伤兵医院中，都有燕大学生前往服务照料。当时燕大学生曾试图劝说学校全面停课，并决定派出纠察队在教室外阻止学生上课，以全力开展救亡运动，但此举遭到教师们反对，最后双方妥协，学生仍继续上课，但将期

187 [美]艾德敷着，刘天路译：《燕京大学》，珠海出版社，2005 年，第 274 页。

188 《燕大工友抗日会成立十人团与讨论会》，《平西报》1931 年 10 月 27 日，第 2 版。

189 《燕大工人十人团》，《平西报》1931 年 11 月 10 日，第 2 版。

190 志：《燕大工友抗日一般》，《火把》1931 年第 15 期，第 4 页。

191 《燕大工友组织义勇军》，《民国日报》（北平）1931 年 11 月 22 日，第 5 版。

192 《平西燕大工友开国难讨论会》，《平西报》1931 年 12 月 8 日，第 2 版。

193 《团契为国难祈祷》，《燕京大学校刊》1932 年第 4 卷第 22 期，第 1 版。

末考试延期[194]。1933 年 1 月 11 日，燕大提前放假，留校同学在学生抗日会领导下，更能与教职员抗日会通力合作，除组织民众扩大宣传队外，又审查前线将士之急需，募集两万余元，用于发起"万顶钢盔运动"，由慰劳队输送前方。后又应前线将士呼吁，募集寒衣两千余件送往热河义军，另发起万斤咸菜运动、大饼运动，制作防毒面具百余件与钢刀运动，都送往前线。[195]

　　1933 年寒假开学后，为应对北平后方医院急需，应红十字会邀请，三日之内，燕大全体师生工友还完成卫生包 3 万三千件，其后又继续组织近郊及教职员儿童抗日会，加紧军事训练，举办国货展览，扩大国外宣传，帮助国军挖筑近郊战壕等。[196]燕大学生还向民众宣传抗日，燕大学生组织各种宣传队并编著各种抗日平民读物，在民众中间进行宣传，他们深入市井小巷，穷乡僻壤，发动民众，组织抗日团体，到 1933 年底遍布在西郊 40 余村，"其有形组织似甚微小，而文字图书军事情报及宣传之力，深入民众脑海而坚其抗日意识者则甚伟大。"[197]1933 年，燕大中国教职员及学生抗日会还为成立通俗读物编刊社，向教育部申请补助，用以唤醒民众爱国[198]。本年战事平息后，燕大抗日运动步入平静期。燕大学生通过抗日运动，觉悟到抗日救国大家团结组织起来，作长期的共同奋斗不可。所以这一期的工作为重在安静的个人组织工作。[199] 1934 年 4 月 12 日，燕大抗日会还致电蒋介石、汪精卫，反对与伪满洲国通车通邮，认为此举是"变相承认伪国，毁我国际立场，自取灭亡，本会全体誓死反对。"[200]当月，燕大学生还为此事开会发传单，何应钦令社会局长蔡元前往劝告停止，并于 4 月 25 日汇报蒋介石[201]。燕大抗日

194 Dwight W. Edwards, *Yenching University*, New York: United Board for Christian Higher Education in Asia, 1959,p.339-340.

195 张德生：《燕大年来抗日经过》，《燕大周刊》1934 年第 5 卷第 12 期，第 33 页。

196 侯仁之：《班史》，《燕大一九三六》，北平，1936 年，无页码。

197 张德生：《燕大年来抗日经过》，《燕大周刊》1934 年第 5 卷第 12 期，第 34 页。

198 《中国教职员及学生抗日会上教育部文》，《中华基督教教育季刊》1933 年第 9 卷第 4 期，第 101-102 页。

199 叶楚生：《燕大三年抗日运动大事记》，《火把》1934 年第 59 期，第 6 页。

200 《北平燕大抗日会电蒋中正反对通车通邮，1934 年 4 月 12 日》，台北国史馆藏：蒋中正总统文物，档案号：002-080200-00160-028。

201 《何应钦电蒋中正，1934 年 4 月 25 日》，台北国史馆藏：蒋中正总统文物，档案号：002-080200-00162-035。

会的活动频繁，也常引起当局注意。如 1934 年 4 月 29 日，蒋介石就接到北平政务整理委员会委员长黄郛的来电称燕大学生组织抗日会曾在市党部西花厅开会，经尊处电令军分会疏散与取缔后，此风潮似稍平息。[202]

2. 齐鲁大学的救国行动

相比于当时燕大学生的激进，齐鲁大学学生却更加务实，齐大学生的口号是"羞作狂喊"与"追求实际"，并没有进行激进的罢课及赴京请愿，而是着力进行宣传工作，组织抗日救国团，发动爱国运动周，进行军事训练与战地救护培训等力所能及的活动，利用学生优势为抗日服务。1931 年东省事变后，齐大学生组织学生反日救国团，分学生义勇军、宣传队、救护队及交通队四大队。齐大根据 11 月初的《山东学生义勇军实施军事训练办法》，组织学生报名加入义勇军进行军训，除所有女生仍分别在宣传救护两队工作外，其他男生一概加入军事训练，军训聘请教官，每周二、五下午举行操练，周六下午讲授军训学识。为马占山部队捐款 914.77 多元，还有 6 名学生投军，并组织战气防御研究会。[203]宣传队则与每周末，四人一小队去乡间宣传反日。当时齐大学生意图向学生请求停课从事爱国行动，但起初校方并未同意学生请求，然随着各校学生请愿热潮，齐大学生并未选择南下首都请愿，而是 12 月 10 日-16 日停课，举行爱国运动周，进行公开演讲、临街宣传。救国团自 12 月 10 日开始，将全团三百余人分成了五部：公开讲演部、化装讲演部、文字宣传部、远地宣传部、近乡宣传部。其中公开讲演部，每日赴广智院、青年会、民众教育馆等讲演，"统计每日听众，约在两千人左右。化妆表演部城市组，表演卧薪尝胆 3 次，统计听众 3 千人之谱 附近 60 村庄宣传。"[204]10 月 21 日，齐大还成立学术救国社，以发扬民族精神，研究高深学识，造成专门人才，提倡学术救国。该社特组织时局问题讨论会，定期集会讨论，留心时局消息，并筹划在各地成立分社。

在学生反日救国团成立不久，齐大教职工亦召开抗日救国会议，决定全体教职员尽力参加学生之反日救国工作，并组织指导委员会从技术与思想上对学生进行反日指导；齐大教职员擅长学生与医术者，训练救护队与指导研

---

202 《黄郛电蒋中正，1934 年 4 月 29 日》，台北国史馆藏：蒋中正总统文物，档案号：002-080200-00162-123。

203 《爱国运动总报告》，《齐大旬刊》1931 年第 2 卷第 12 期，第 70 页。

204 《爱国运动》，《齐大月刊》1932 年第 2 卷第 4 期，第 454 页。

究日本侵略中国问题[205]。当时齐大学生也重视唤醒民众救国，如齐鲁神学院救国运动即从事下层工作，实行唤起民众，全体学员及中国职员向学校请假赴龙山镇各村，演讲救国问题。团员 27 人分为五组，分驻于较大村，每日分往就近各村演讲，自二至四次不等，后分散传单，并领导全体唱国难歌，还抽暇到各家庭向一般妇女演说救国之道。经过学校，则向儿童演讲爱国故事，并教之共唱爱国之歌。[206]该团自 1931 年 12 月 5-12 日，曾到过 32 个村庄，公开演讲 83 次，个人听众约有 7100 人，各村农民听讲之后，无不大梦初醒，甚是感奋，且有数次，自行组织反日宣传队，或抗日救国团，以继续工作。[207]而且学生的宣讲工作也受到了民众的欢迎，激发了他们的爱国热情，曾有听众在听后表态说："我们一定要起来为国效忠……尽国民之天职，宁作战死鬼，不做亡国奴。"[208]

1932 年上海事变发生后，齐大学生也于同年 2 月开始筹募款项，以慰劳上海将士，后改成此款为齐大救护会的筹款。救护队员包括齐大所有中国教职员与学生，"除有救护知识者加入救护队外，余人均担任筹划经费之责"，3 月末前已募得经费 1150 余元。[209]作为备用队随时准备前往上海。1933 年热河战事发生后，伤兵众多，齐大于 3 月下旬也派出 20 余人的两组的救护队前往北平冯庸大学的伤兵医院工作，治愈受伤官兵达 600 余人，齐大医生江镜如则受邀在北平红十字会华北救护委员会办理救护行政事宜，后两队 4 月中旬返校。[210]1933 年 5 月 20 日，齐大还举行慰劳前方将士游艺大会募捐。此后因国民党当局的压制，爱国运动陷入低潮。相对于燕大等校学生的激烈爱国形式，齐大学生的行动相对理智，他们在未影响正常学业的情况下，通过宣传唤起了民众，并用捐助、训练等实际行动支持了前线，可以说是比较务实的爱国形式。当然齐大学生行动未如燕大那般激进，除了校方的引导外，也

---

205 《反日救国声浪中本校教职员之态度》，《齐大旬刊》1931 年第 2 卷第 6 期，第 33 页。

206 扶风子：《齐鲁神学院救国的实际工作》，《兴华周报》1932 年第 29 卷第 1 期，第 26 页。

207 扶风：《齐鲁神学院救国的实际工作》，《真光杂志》1932 年第 31 卷第 4-5 合期，第 115 页。

208 李彦林：《基督徒与传道士救国的方法》，《兴华周报》1931 年第 28 卷第 50 期，第 13 页。

209 《齐大救护会备案批准》，《齐大旬刊》1932 年第 2 卷第 20 期，第 117 页。

210 《本校救护队已出发两组》，《齐大旬刊》1933 年第 3 卷第 18 期，第 103 页。

在于日本在济南势力庞大及山东省政府对学生运动的压制态度有关，"嗣以济市谣诼繁兴，政府方面恐发生事端，致与日人以藉口"[211]。

（二）教会中学的抗日救亡

当时华北教会中学也积极行动，受爱国精神与民族主义的影响，纷纷成立了抗日会等学生组织，努力宣传，加紧军事训练。教会学校学生之所以参与救国运动，也在于："日本的攻击已经带给中国的基督徒特别是学生一种羞辱感，即中国对同盟国和美国的依赖只会使国家软弱和被瓜分，而并不是新的世界秩序的表现，而他们对自尊的需要趋向采取自卫的措施。"[212]

就华北各教会中学的反应看，也都以不同形式参加抗日运动。如 1931年 9 月 28 日，铭贤学校女部师生同赴城内反日联合大会，分队游行示威，女部学生自治会，复于 29 日组织课余反日宣传演讲队，同学自由加入，当晚报名签名踊跃，几尽全数，在附近村庄演讲。[213]铭贤学校还组织对日外交后援会，由教职员俱乐部研究股成立对日问题研究会，负责研究中日问题，决议星期一纪念周会时间，师生全体宣誓抗日，组织军事训练，并调查日货，筹备国货日货陈列会，还以全体教职员名义向国外宣传日军暴行，并请该校美国托事部主持正义[214]；山西汾阳铭义中学则停课一周，分成小队，分头上街下乡宣传反对日本侵占东北三省，反对不抵抗主义，要求国民政府出兵收复失地，抵制日货等。铭中学生还积极参加汾阳各界的反日救国活动，如宣传反日救国、查禁日货等，并联合汾阳各界向国民党汾阳县党部请愿，要求国民党政府出兵东北，收复失地，反对不抵抗主义。[215]时北平学校因临近东北，学生救亡运动更为活跃。如北平汇文中学学生组织抗日外交后援会，临时通过决议：与北平各学校抗日大会联络；通电全国唤起民众一致对日经济绝交；全校师生佩戴黑纱；组织学生军，29 日学生 30 人分队赴乡村讲演。[216]汇文的抗日会除了组织到通县、大兴、延庆等地的扩大宣传队，普遍宣传

211 《爱国运动总报告》，《齐大旬刊》1931 年第 2 卷第 12 期，第 69 页。

212 *The Annual Report of the American Board of Commissioners for Foreign Missions*, Boston: Congregational House,1932,p.4.

213 《女部参加反日运动》，《铭贤周刊》1931 年第 2 卷第 3 期，第 2 页。

214 《教职员俱乐部消息汇志》，《铭贤周刊》1931 年第 2 卷第 6 期，第 2-3 页。

215 李承文：《铭义中学与余心清》，《山西文史资料》编辑部：《山西文史资料全编》第 6 卷：第 61-72 辑，1999 年，第 468 页。

216 《各校学生抗日救国联合会发表宣言》，《华北日报》1931 年 9 月 30 日，第 6 版。

抵制日货外，还成立军委会，进行学生的军事训练与战地救护训练。事变发生后，贝满学校于9月21日成立救国会，向同学募捐，救济东北逃难之北平同学，并决定每日集会一次，请名人演讲东北各种问题，另对走读同学进行家庭演讲。[217]育英学生组织了抗日委员会，则用演讲、话剧、募捐、戏曲等多种形式在校内外展开了抗日斗争。时育英学校呼吁师生调查东北消息，停止娱乐，劝募钱物以赈济东北同胞，并组织学生分区演讲，调查日货及宣传抗日。同年底，该校又组织中日问题研究会，加强军事训练，寒假则组织乡村宣传队；育英团契契友则感到国难日深，"对宗教工作，感到乏味，故精神颇为散慢，然对抗日工作，多所乐为。"[218]而对于各校在救亡运动出现的罢课行为，不少教会学校教师并不认可，他们认为罢课亦即消极之一端，其积极仍是在读书，所以为救国而读书，即是为救国增一分力量。[219]他们认为学生请愿，示威也是徒劳行动，不解决实际问题，"尤其是学生罢课是盲目的、错误的、感情的、冲动的、无意识的、无理性的，学生中理知的分子，赶紧起来，纠正不要听少数分子的煽动，徒牺牲宝贵求学的光阴。"[220]九一八事变发生后，昌黎汇文中学的学生积极开展抗日爱国活动，组织辟新会，连续召开群众大会，演出《卧薪尝胆》等戏剧，还砸了继续销售日货的一家布庄。同时，开展为抗日义勇军募捐活动（如每月十八日节食一顿，省下饭钱等），派代表到张家口去慰问抗日勇士，要求参加抗战。[221]天津中西女中的同学们也纷纷行动起来，办壁报、演讲、演戏剧、开辩论会，大力宣传抗日救国。有的同学干脆弃学去干革命，如东北籍同学赵纯贞，愤然而起，不顾一切地投身到革命行列中去了。[222]

217　《平市中小学联合抗日会编就仇货目录》，《华北日报》1931年10月1日，第6版。

218　《育英基督徒团契已过之一年》，《育英年刊》1933年，北京市档案馆藏，档号：ZQ017-003-00092。

219　《积极救国》，《兴华》1931年第28卷第38期，第2页。

220　谦：《罢课能救国吗》，《兴华》1931年第28卷第46期，第4页。

221　董宝瑞：《私立昌黎汇文中学》，中国人民政治协商会议河北省昌黎县委员会文史资料研究委员会编：《昌黎文史资料选辑》第1辑，1986年，第36页。

222　萧英华：《我所知道的天津中西女中》，中国人民政治协商会议天津市委员会文史资料研究委员会编：《天津文史资料选辑》第57辑，天津：天津人民出版社，1992年，第63页。

1932 年一·二八事变后，教会学校学生再次掀起救亡运动。如北平育英学校同学又前后组织募捐会三次，为前线将士捐款"[223]1932 年 2 月，北平汇文中学学生还将募集到的大刀，洒鞋、国袜、咸豆等物品，派代表带到二十九军宋哲元部进行慰问，宋亲署感谢信[224]。1933 年，还在学校举办提倡国货运动大会，向市民宣传购买国货抵制日货，激发民众爱国热情。同年，长城抗战掀起后，铭贤学校则成立学生抗日会，并于 1933 年 5 月联合教师举行教职员学生联席抗日会议，决定募集捐款，制作伤兵所需用品及绷带，转寄前线将士；[225]烟台益文商专 1933 年因榆关战事兴起，学生教师代表各 2 人组织募捐委员会，自 2 月 27 日开始募捐，后教职员学生所捐将至近七百元，同时汇寄[226]；北平崇德学校 1933 年则成立救济伤兵委员会，因日军进犯长城各口，受伤运回北平伤兵很多，各伤兵医院设备不甚完善，医药缺乏，故向同学募捐，通过多日的努力，共捐得五十元左右[227]；北平汇文学校学生组织的抗日会活动也非常积极，曾动员同学组成扩大宣传队，还组织军委会，进行学生军事训练工作；并办看护训练班，组织后方医院伤兵服务团，报名参加者数以百计；另组织大规模之募捐，募集钢盔，大刀及防毒面具等，慰劳前方守土将士。[228]当时华北弘道院作为神学院，在政治上比较保守，美国牧师不让作为基督徒的学生参加政治运动。但一遇有国耻等政治事件，敏感的学生爱国热情澎湃，个个摩拳擦掌，一旦受到压抑，总是感到极端郁闷，甚至愤然罢课。据弘道老校友黄伯华回忆，当北方学生南下请愿路过滕县时，他们冲出校门到火车站表示声援；有时，美国牧师不让出门，他们就在校内游行。[229]虽然教会学校学生的抵抗热情甚高，但从实际效果来看，无论抵货还是捐款，并未对中日战局产生实质影响。

---

223 《1932 年抗日会概况》，《育英年刊》1932 年，北京市档案馆藏，档号：ZQ017-003-00091。

224 《汇文中学、北京二十六中校史纪念册（1871-1996）》，北京，1996 年，第 17 页。

225 《铭贤教职员学生联席抗日会议》，《铭贤周刊》1933 年第 3 卷第 34 期，第 234 页。

226 《慰劳前方战士募捐运动积极进行》，《益文月刊》1933 年第 1 卷，第 77 页。

227 《自治会本年的成绩》，北平崇德学校编：《崇德年刊》，北平，1933 年，第 40 页。

228 王振乾：《百十周年庆汇文》，北京市政协文史资料委员会选编：《杏坛忆旧》，北京：北京出版社，2000 年，第 288 页。

229 龙厚昙：《华北弘道院》，《山东文史集粹》下，北京：中国文史出版社，1998 年，第 511 页。

而对于所有中国教会学校的师生来说，因为反日并不与自己学校的主办国英美所矛盾，如"燕大当局底态度是代表美帝国主义的，在帝国主义矛盾的意义上，美国也是反日的。因此，自然没有师生之间的对立。"[230]尤其教会学校国民政府立案后，学校已经相当中国化，以至学生不再会被谴责为丧失民族性的外国人的走狗。然而，教会学校的抗日救亡运动起初的行动意见并不统一，校方及师生对运动的开展始终存在分歧，双方关系一度发生紧张。因政治观及接触环境的差异，教会学校师生对于1931年的爱国运动的反应是各不相同的，他们不满意国民党在外交方面所作的妥协和对国内改革的举棋不定的态度，但对于如何改变现状却争论不一。学校学生相对于教师在救国行动上更加激进，而教师的救国则更加务实，不认可学生的过激行为，造成了师生关系的紧张。学校教师多主张学生该读书救国，学生应"集中全部精力追求自己的兴趣和事业，从而摆脱各种麻烦。在政治上的积极会给自己带来危险，对国家也是有害无益。"[231]在一定意义上而言，九一八事变也改变了教会学校的学风，部分师生转向乡村建设和社会服务工作，教师也开始更加在学术研究上注重经世致用。

（三）一二·九运动中的教会学校

1935年，日本策动"华北五省自治"，对华北侵略日渐加剧，北平爱国学生为此发出"华北之大，已经安放不下一张平静的书桌了"的呼声，掀起了轰轰烈烈一二·九学生运动，而华北基督教学校的学生更是是积极参与其中。而燕京大学更是成为此次运动重要策源地，时著名的记者斯诺曾这样评价道："燕大是一所上等阶级的学校。一般来说其学生政治上往往是保守的，但是由于民族危机的加深，由于阶级之间的战争和日本对东北的征服，激进主义的浪潮在那里传播开来。到1935年燕大竟出人意料的成为学生运动的发源地，这一运动后来席卷全国。"[232]1935年11月1日，在燕大的倡导下，由燕大、北平贝满女中、天津中西女中、北平汇文中学等教会学校及清华，北平师范等共平津十所大中学校发布《平津十校学生自治会为抗日救国争自由宣言》，

---

230 王孝风：《一二·九以来燕大学生在学运中的地位》，《燕大周刊》1936年第7卷第6期，第15页。

231 [美]卢茨着，曾钜生译：《中国教会大学史（1850-1950年）》，浙江教育出版社，1987年，第317-318页。

232 Edgar Snow,*Journey to the Beginning*,New York:Random House,1958,p.134.

指责国民政府借口划一国策，熬煎逼迫，无所不至，具呈吁请政府尊重约法精神，开放言论、集会、结社自由，禁止非法逮捕学生。[233]11 月 18 日，北平大中学校学生抗日救国联合会（即北平学联）成立，燕大学生陈絜起草了成立宣言，作为公开领导学生抗日救国运动的联合组织。1935 年 12 月 6 日，燕大与崇实中学两所教会学校还与清华、华北学院等 15 大中学校联合通电全国，历述国难，"请政府誓死反对"防共自治"；请政府即下令讨伐叛逆殷汝耕；请政府宣布对敌外交政策；请政府动员全国对敌抵抗；请政府切实解放人民言论，结社，集会之自由"[234]。到 12 月 9 日与 16 日，燕大同北平教会其他学校学生参与了两次大规模游行，并举行罢课，赴京请愿，导致学校不得不提前放假。12 月 9 日的游行之前，北平当局曾要求燕大等校长劝阻，并告地方当局妥为筹备应付，但燕大、清华等学生仍冲破警察阻拦进城三方传单标语，有打倒日本帝国主义及欢迎红军北上抗日的标语，北平军政委员会主席何应钦也在当天将此情况报告了蒋介石，称若为日本宪获，不免引为口实，已嘱各校长严加约束制止[235]。下面对燕大参与一二·九运动的详细情况，进行重点叙述：

1. 萌发：参与一二·九大游行

1935 年，日本在侵占东北后，继续向华北扩张，企图实现"华北五省自治"，华北局势空前紧张。燕大学生身处北平，素有爱国主义传统，此时燕大校园内也充满了浓厚的抗日救国气氛。因燕大为教会学校，国民党地方当局轻易不敢干预，故燕大学生会主席张兆麐、执行主席王汝梅等就利用宽松的环境，发起时事座谈会，东北问题研究会，定期开会讨论华北形势和青年的人物等时事政治问题。他们还出版不署名的壁报，提出反独裁，要民主，反卖国投降，要团结抗日的主张。从 1935 年 5 月开始，燕大学生自治会主办的公开发行刊物《燕大周刊》发动了强大的抗日宣传攻势，连续组织发表了"抗日问题专号"、"法西斯问题专号"1935 年 9 月开学后的几期，专门发表了有关学生运动的文章。[236]

233　《联合平津大中学向六全会呼签案，学生会正在积极办理》，《燕京新闻》1935 年 11 月 1 日，第 1 版。

234　《北平各校通电》，《大众生活》1935 年第 1 卷第 6 期，第 159 页。

235　《何应钦电杨永泰，请呈蒋中正，1935 年 12 月 9 日》，台北国史馆藏：蒋中正总统文物，档案号：002-080103-00020-050。

236　张玮瑛等主编：《燕京大学史稿，1919-1952》，北京：人民中国出版社，1999 年，第 513 页。

燕大虽然在政府立案，其开设课程受到政府控制，但政府对行政领导及课外活动却影响甚小。燕大校方把学生组织当作校园生活的一部分和用来培养民主精神而加以扶植，故燕京学生会作为一个强有力的组织，来充任自己的发言人，组织统一的行动。由于强调校园生活，燕京学生有着一种团体感，有些燕京学生领袖公开批评国民党的政策，但由于教会学校独特的地位以及教师的同情与支持，他们并未受到迫害。[237] 燕大学生会主席张兆麐在《学生运动——燕京大学学生会的使命》中指出："学生运动发源地的北京，现在差不多只剩下这硕果仅存的燕大学生会，我们不能不有所爱护，不能不有所期望……我们要利用学生会，作学生运动发动机关，做到大学生在民族自救、民族解放中应尽的责任。"[238]

因国民党实行新闻限制，压迫民众抗日运动，燕大学生会于 1935 年 10 月 22 日通过宣言，向政府要求开放言论自由，由燕大学生哲学系高明凯起草。因燕大感到势单力薄，遂联合平津的清华大学、河北女师等十校学生自治会呈请国民党六中全会，于 11 月 1 日发表了《平津十校学生自治会为抗日救国争自由宣言》，指责国民政府借口划一国策，熬煎逼迫，无所不至，要求解放言论自由，解放结社自由，禁止非法逮捕学生。[239] 11 月 18 日，北平大中学校学生抗日救国联合会（即北平学联）成立，燕大学生陈絜起草了成立宣言，作为公开领导学生抗日救国运动的联合组织。11 月 29 日晚，燕大学生自治会开临时紧急会议，由学生会主席张兆麐报告华北时局严重，认为学生不应保存缄默，提出开全体大会。次日晚，燕大学生代表开会，通过加入学联决议，燕大后又成为 7 执委之一。12 月 2 日上午，燕大学生全体大会召开，通过两项决议：北平各大中学各派代表 2 人，向何部长宋司令表示反对任何特殊政治机构以维持行政之完整；联络平津各大中学通电全国：请政府讨伐殷汝耕，反对任何特殊政治机关；请政府宣布对日外交政策；请政府动员全国对日。[240]

---

237 [美]卢茨着，曾钜生译：《中国教会大学史（1850-1950 年）》，浙江教育出版社，1987 年，第 323 页。

238 张兆麐：《学生运动：燕大学生会的使命》，《燕大周刊》1935 年第 6 卷第 3 期，第 14 页。

239 《联合平津大中学向六全会呼签案，学生会正在积极办理》，《燕京新闻》1935 年 11 月 1 日，第 1 版。

240 《燕大学生自治代表大会昨晨召开临时紧急全体大会》，《燕京新闻》1935 年 12 月 3 日，第 1 版。

翌日晚，燕大学生会开代表大会，推沈昌焕、刘笃宏 2 人为代表，负责联络北平各校，草拟通电全国电文，于 12 月 6 日与清华等 15 大中学校发出全文：请政府抗日救国，切实解放人民言论、结社、集会之自由。

1935 年 11 月下旬至 12 月上旬，因燕大为教会学校，国民党轻易不敢搜查，北平学联等多次在燕大秘密开会，准备组织大的游行示威运动，燕大学生会骨干也积极参与其中。12 月 7 日，得知"冀察政务委员会"将于 9 日成立的消息，北平学联果断决定北平各校于 12 月 9 日举行请愿游行，并确定了具体组织安排和游行路线，震惊中外的一二·九运动开始了。8 日晚，燕京学生会当局召开全体大会，宣布游行消息，即口头通知男女各宿舍，准于 9 日早 6 时半在南操场集合。12 月 9 日，平市当局曾致电各大学校，"特饬军警严密防范，禁止集会游行等举动，倘有违背，即严惩，对各校学生，均勒令专心向学。"[241]当时燕大有男生 610 人，女 274 人，共 884 人[242]，而在 12 月 9 日，燕京大学 550 余人（占学生总数的 70%）的示威游行队伍，绕开军警，冲出校门。队伍分成 6 大队，每大队 90 人，纠察队维持秩序，[243]由学生会执委陈翰伯担任指挥。燕大游行队伍会同清华学生共 1 千余人向西直门进发，沿途虽有警察阻止，皆被大队通过。燕京从西郊大道出发，入城后，向新街口前进，并分别派出小队驻守各巷口，防备破坏。[244]队伍迫至西直门城下，城门已闭，几经交涉，亦卒无效。直至下午 3 时，始由社会局局长雷季尚代表何应钦在门缝中向代表谈话，表示一切均可接受。时正值寒冬时节，游行学生饥寒交迫，学生会当局由校内赶办馒首牛肉等食品，送往各处，大众始得果腹。[245]燕大教师虽未参加，但大队出发时，该校教授文国鼎，毕善功随同前往。午后黄子通，杨开道，雷洁琼等燕大教师，又劝导同学返校，大队以目的已达，且久侯亦属无益，遂各整队返校。

---

241 《平市学生游行请愿，反对自治组织要求团结救亡》，《申报》1935 年 12 月 10 日，第 2 张第 4 版。

242 《统计表》，《燕京大学校刊》1935 年第 8 卷第 5 期，第 2 版。

243 《时局危急奋起图存，燕清两校昨全体请愿》，《燕京新闻》1935 年 12 月 10 日，第 1 版。

244 燕京大学学生自治会出版委员会：《一二·九周年纪念特刊》，北平，1936 年，第 12 页。

245 《时局危急奋起图存，燕清两校昨全体请愿》，《燕京新闻》1935 年 12 月 10 日，第 1 版。

12 月 9 日游行后，燕大校方虽劝令学生安心上课，但学生仍未复课。12 月 10 日，燕大学生全体大会通过决议，自即日起罢课，组织纠察队，同学无故不得自由出校。时《燕大友声》记叙校内情况："南校门因为特殊的原因封锁着了，东西两校门的门口站着臂缠纠察队章的男女同学，凡陌生人来校，均须经过纠察队员的盘诘"。[246]而在上海的《申报》也称："燕京学生团体较他校更为强固，学生派人在各出入处驻守，无论学生或教职员出入，均感困难。学生阻止教授上课，故若干外籍学生今日已遁返北平。"[247]学生自治会为应付停课期间各项工作，组织临时机关，最高为干部会议，下分各校联络、国际国内宣传、工作统计、情报汇总等部门。传达委员负责联络，每晨 8 时赴各楼各院报告消息。此外燕大还注重抗日宣传，"注重农村教育，最近组通俗演讲团，赴各郊外对无知之农民，不时加以国民常识之演讲。"[248]

燕大新闻系教师斯诺（Edgar Snow）支持学生的爱国运动，进步学生常在其家里讨论救国方案。一二·九运动的前一天，燕大学生会执委主席王汝梅已经把示威游行计划事先通报给斯诺，斯诺立即组织驻北平的国外记者一起采访了一二·九运动的全过程，并于当晚向全世界报道，曾向《中国周报》、《亚洲杂志》、伦敦《每日先驱报》和纽约《星期日论坛》等外文报刊寄发许多报道。"他们期待收集新闻材料，但他们也认为外国记者的在场，特别是那些带有照相机的外国记者在场会对警察和宪兵起到约束作用。"[249]12 月 12 日，燕大学生自治会的龚普生和龚澎，又以燕大学生会的名义在燕大主持召开了新闻发布会，参加会议的有合众社、《中国周报》、《芝加哥每日新闻》,《亚细亚》杂志等六个报刊的驻北平记者，进一步向外国记者介绍一二·九运动，解释了此次学生运动之情形与目的，在国际上宣传了此次运动。

但燕大教师并不认同学生的罢课游行行为，他们认为："事物都有其存在的理由，抵制活动是浪费精力，我们不能过于认真。"[250]10 日上午，北大、燕

---

246 《卷头语》,《燕大友声》1935 年第 2 卷第 3 期，第 1 页。

247 《北大平大当局，勒令学生安心上课》,《申报》1935 年 12 月 12 日，第 2 张第 3 版。

248 《何向各校当局告别，六大校长发告同学书》,《导报》1935 年 12 月 14 日，第 6 版。

249 [美]卢茨著，曾钜生译：《中国教会大学史（1850-1950 年）》，浙江教育出版社，1987 年，第 325 页。

250 Phillip West, *Yenching University and Sino-Western Relation,1916-1949*, Cambridge :Harvard University Press, 1976,p.152.

大等校长聚会，商讨对各校学生游行罢课加以劝诫，令学生安心上课，勿有其他举动。[251]12 日下午 3 时，燕大校长办公处召集教职员谈话，解释此次事件详情。燕大校长陆志韦在致电身在美国的教务长司徒雷登（John Leighton Stuart）也说："我无法采取超然的态度来对付学生。我非常同情他们的行动。当一头猪被宰时，它自然会发出尖叫，尽管这样做毫无用处。学生是唯一能够尖叫的人。"[252] 12 月 13 日，燕大、北大等六大校长发布告同学书，望诸位同学，"勿别生枝节，勿虚掷光阴，即日恢复学业"，[253]但仍无济于事。

2. 发展：组织一二·一六大游行

为防止北平学生再次游行示威，12 月 10 日起，北平公安局派警察日夜驻守各校门外，以防有请愿之举动，并于 12 日发出布告，严禁集会游行等事。但 12 月 14 日报纸上又刊登了"冀察政务委员会"将于 16 日成立的消息。北平学联 15 日立即作出了示威游行的决定。15 日午，燕大、北大等学校当局于欧美同学会聚餐，商讨处置办法，教育部也于当日电令学校劝导学校正常上课[254]，但并没有阻止学生行动。鉴于清华、燕大等校学生上次被阻于西直门外的经验，学联要求，各校抽出部分学生组成先遣队，提前进城接应。15 日下午，燕大组织王汝梅等 50 人的敢死队与清华方面共一百余人，携带校旗先行进城。15 日晚，燕大学生全体大会召开，报告全体游行计划，熄灭除前台外灯火，以免引起校方注意。

12 月 16 日当天，教育部曾专门致电北大、燕大、清华等五大学校长劝阻学生罢课，嗣后罢课游行或离校活动之举，必须由诸师长负责阻止。[255]但这并没有阻止学生的行动，校方在当日接到电文时，各校学生早已出校行动。16 日晨，燕大"敢死队"从城内东北大学出发，组成以燕大打头阵，清华居中，东北大学殿后的队形开出了东大校门。这支队伍尽管未能完成预定计划，但他们

251 《教育当局维护治安，劝告学生勿妄动严禁罢课》，《新兴报》1935 年 12 月 11 日，第 1 版。

252 Phillip West, *Yenching University and Sino-Western Relation,1916-1949*, Cambridge : Harvard University Press, 1976,p.165.

253 《蒋梦麟、陆志韦等昨发表告学生书》，《世界日报》1935 年 12 月 14 日，第 7 版。

254 《教部昨电平各大学校长，负责劝导学生行动》，《华北日报》1935 年 12 月 16 日，第 9 版。

255 《教部电五大学校长负责劝止罢课游行，北平各大学生昨再请愿》，《大公报》1935 年 12 月 17 日，第 1 张第 3 版。

不顾军警的堵截、追砍，而勇敢的穿过大半个北平城。队伍到达天桥大会场，参加了大会后，又引领包括市民在内的万人队伍浩浩荡荡的向正阳门进发。而16日晨，从燕大出发的300多名学生，与清华同学他们被阻于西直门外时，转而从设防薄弱的西便门铁道口进入，与城内队伍汇合后，进发到正阳门下广场。学生在西车站前，要求进城无结果，举行临时大会，决定："通电全国全世界，一致反对伪组织；要求市政府释放被捕学生，赔偿受伤学生之医药费，并正式向学生道歉；请政府不得抑止爱国运动。"[256]北平地方当局为此提出把大队分成三队，分别从前门、宣武门进城。当第一队从前门进城、行进到绒线胡同西口时，遭到军警镇压，燕大、清华队伍当时被阻于宣武门外。燕大的外国留学生也参与到反日游行中，据法国路透社报道："队中有一燕京大学美籍学生，与新闻记者谈话时，渠不自认为外人，但以吾辈学生及吾辈主张为言。"[257] 燕大队伍在游行途中与警察发生冲突，大一女生陈兰滋，头部被大刀砍伤，其余轻伤者甚多，王汝梅被捕。燕大学生因进城无果，"乃席地而坐，高呼口号，因自晨至晚，饮食俱废，状颇颓废"[258]，后无奈返校。但普通市民态度比较冷漠，"市民对学生运动，惟多抱看热闹态度，对于学生举动，毫无表示。"[259]

燕大学生返校后，抗日气氛仍十分活跃，时校内举办男女救护班，晚间各种公开演说，壁报宣传，派同学常驻电话室，监视一切，照旧举行朝会，纠察队维持校内工作。12月18日，冀察政务委员会终于成立，传各校第3次示威，故该日燕京清华进城者皆被阻不得入。两校城内电话，竟不得通，城内外交通完全断绝，19日恢复。19日，被捕的王汝梅由校长陆志韦保释返校。同日，燕大成立华北问题研究会，到会80余人 分政治、经济、社会、文化四大组，青年问题讨论会，时事研究会仍照常进行。"时燕大在校同学，有600之数。参加各项工作同学，男同学百分之51，女同学百分之86，平均为百分63。"[260]学生自治会每日皆收到大批由各校寄来情报，以及全国各团体之响应

---

256 《平市学生大游行，与警察发生冲突》，《中央日报》1935年12月17日，第1张第3版。

257 《平市学生昨再度示威游行》，《申报》1935年12月17日，第2张第5版。

258 《平市学生昨再度示威游行》，《申报》1935年12月17日，第2张第5版。

259 《昨日北平各大中学学生，再度举行游行运动》，《燕京新闻》1935年12月17日，第1版。

260 《北平学联决议继续罢课，各校互慰受伤同学》，《燕京新闻》1935年12月20日，第1版。

电文。22 日，燕大又备糖果及精彩信笺等礼品，分赠各校学生受伤者，以为慰劳。[261]自罢课以来，校内各告白牌之引人布告，如团体活动，演剧，遗失等种种招贴，率为极富刺激性质壁报取而代之。[262] 燕大还开始组织一二·九戏剧团，征求团员，从事爱国戏剧之排演。圣诞节假期开始后，同学多半进城，校内情形，稍显冷落。除纠察队及壁报组仍继续工作外，其余稍有休息。"[263]12 月 28 日，燕京救亡运动前锋团发出宣言，鼓励同学再接再厉。校内组织力行社，加入者 70 余人，皆为纠察队员，旨在终身作救国事业。"本社以力行个人训练为基本，深入民间，组织民众为法则，以达救国目的为宗旨。"[264]

时北平学联提出南下请愿，燕大于 12 月 24 日举行全体大会，否决北平学联徒步南下赴京请愿，仍主张继续罢课，以维持团结精神。学生自治会派两代表与清华代表上海、南京、武汉一带从事联络，报告平市救国运动详情。12 月 15 日，两校合作学生启程南下，分赴上海、南京等地，宣传北平爱国学生运动之意义及真况，因之倡起上海各界民众四次运动，京、汉、粤、豫等地学生，遂亦纷起响应助援。赴上海学校演讲北平学生请愿之目的及游行示威之真相，倡组京沪学生联合会，又赴妇女协会，上海青年职业救国联合会等处演讲，莫不奋慨异常，掀起了 12 月 24 日上海大游行示威。在上海曾发传单两次，"第一次用清华燕京南下劝导团名义；第二次用清华大学救国会及燕京大学自治会名义，唤起全国同胞共御外侮。前后共发六七万张，深博当地中外人士之同情。"[265]12 月 31 日两校代表返平，即在学校报告此行工作实况。

燕大校内学生内部出现分裂，还有学生重组另一学生会，造成与原有学生会的相对立，"和北平的新旧学联一样，演双包案，唱对台戏。还有蓝衫党，反对学生会，所以学生会工作也很艰巨"[266]而在燕大学生运动出现的宗派主

261 《李蒸谈各校提前放假事，并未电教部请示》，《世界日报》1935 年 12 月 23 日，第 7 版。

262 《琳琅满目美不胜收，校内壁报巡礼记》，《燕京新闻》1935 年 12 月 27 日，第 2 版。

263 《二十四日燕京全体大会结束，否决徒步赴京请愿》，《燕京新闻》1935 年 12 月 27 日，第 1 版。

264 《学联提出复课条件，各校今后工作将侧重宣传方面》，《燕京新闻》1935 年 12 月 31 日，第 5 版。

265 《清华燕京两校合组南下学生返平》，《北平晨报》1936 年 1 月 1 日，第 9 版。

266 王元美：《一二·九运动的回忆》，《燕大文史资料》第 2 辑，北京：北京大学出版社，1991 年，第 28 页。

义，在很大程度上起源于由于各种示威活动成效甚微引起的目标混乱和学生对于统一战线作为抗日先决条件的拒绝。部分学生认为已经完成了表达公众意见的任务，他们现在应该回到课堂里去，让南京政府去决定政策。学生中一般的参加者同意了这种意见，他们只是在同学们的压力和国民党的报复之下才会参加新的抗议运动。[267]

鉴于学生迟迟不恢复上课，12 月 20 日，燕大、平大、北大、清华、东大、师大等 6 大学发二次告同学书，劝告速为上课。"我们对于青年同学爱国心的表现，当然是很同情的。但此等群众行动有抗议的功用，而不是实际救国的方法"。[268]同日上午，燕大教育学系主任周学章同其他大学教授 7 人，拜见北平军方的宋哲元，转达学生意见。宋氏希望各师长切实劝导学生复课，恢复常态。[269]12 月 24 日，燕京大学教务长司徒雷登由美电平该校某美籍女教授，"对于此次学生罢课举动，颇不谓然，转劝学生务于星期四（26 日）开课，事前并召集学生聚餐，就席间加以劝告云。"[270]学生们认为在这种紧张局势下，停课是正当的，而教师们再次表示反对 "诸生之爱国热忱，既已充分表现，其他救国事业，亦非长此辍课所能见效。"[271]但学生坚持不恢复上课，辍课多日。因学生爱国情绪浓烈，燕大自决定 1 月 6 日复课后，因学生多未能遵行，致未复课。故于 1 月 6 日晚开会，决定 1 月 7 日放假。至于罢课影响的上课等问题，燕大校校务会议决定补课及考试在开学后进行。[272]燕大的美籍教师高厚德（Howard S. Galt）对形势做了这样总结："在所有这些爱国活动中，有两个相互冲突的力量发挥着作用：一个是负面的力量，它使师生关系激烈冲突；一个是正面力量，它起源于共有的同情心和共同的目标，最终达到使相互间更为理解，更为尊重的相互合作。"[273]

---

267 [美]卢茨着，曾钜生译:《中国教会大学史（1850-1950 年）》，浙江教育出版社，1987年，第 331 页。

268 《各校长昨再发告学生书》,《中和报》1935 年 12 月 21 日，第 6 版。

269 《平六大学校长昨再发告同学书》,《益世报》1935 年 12 月 21 日，第 9 版。

270 《蒋召大中校长及学生代表，各地学潮将有转机》,《京报》1935 年 12 月 25 日，第 7 版。

271 《布告及启事》,《燕京大学校刊》1936 年第 8 卷第 19 期，第 1 版。

272 Minutes of the Faculty Executive Committee Meeting, December , 31,1935, 北京大学档案馆藏：燕京大学档案，档案号:YJ19350001。

273 [美]艾德敷着，刘天路译:《燕京大学》，珠海出版社，2005 年，第 276 页。

3. 深入：南下扩大宣传

一二·一六游行以后，北平"学联"面临着国民党的镇压和学运队伍中思想不统一、不稳定的情况，正在这时中共中央通过共青团中央于 12 月 20 日发表了《为抗日救国告全国各校学生和各界青年同胞宣言》，号召："把抗日救国运动扩大起来，到工人中去，到农民中去，到商民中去及军队中去唤起他们救国觉悟，推动他们建立抗日救国斗争。"[274]平、津两地学联响应号召，组织了平津学生南下宣传团。平、津两地共组成四个团，燕大、清华等西郊各校为三团，团长是王汝梅（黄华）。12 月 30 日，燕大学生会通过南下宣传的决议，燕大同学四十九人编为第三团第二大队，下分四个小队。时黄华曾回忆此次宣传目的："我们这次南下宣传，首要目的是把抗日救亡的宣传从大城市扩大到中小城市和乡村，发动广大工农群众，同时也是要在学生群众当中训练一支思想进步，认识清楚，能经得起考验的骨干队伍。"[275]

1936 年 1 月 4 日下午三团在海淀蓝靛厂启程，经宛平、卢沟桥、琉璃河，于 6 日到达涿县的马头镇。宣传团每天平均走 30 里，所到之处，都向群众宣传救亡道理，演唱救亡歌曲，贴标语，发传单，召集群众大会，帮助乡镇学校组织救亡团体，用谈话，演说，唱歌，演戏，游行，口号的各种方式走向民众恳切的宣传。南下宣传团出发后，因当时学校谣传在清华大学一个纸篓中发现一张纸条上写着"共产党将在固安暴动"，学校当局担心学生的安全问题。校长陆志韦召集赵紫宸、刘廷芳、洪煨莲等教授召开会议决定一方面通知学生家长，一方面由学校派人通知学生队伍。当晚学校当局决定派雷洁琼和英籍教授毕文（Beven）以及注册课韩景濂三人前往追踪学生队伍，向他们传达上述消息，但找到学生后，他们均表示不返校，坚持继续宣传。[276]第三团于 1 月 8 日同其他三个团汇合于河北的固安。燕京一二·九剧团在固安宫村镇演讲街头剧"打回老家去"；在窦店开群众大会，长达抗日救国；对长辛店工人进行抗日救国宣传；在马头镇召开街头大会，宣传抗日救亡。当时，

274 共青团中央青运史工作指导委员会：《中国青年运动历史资料》第 13 册，北京：中国青年出版社，1996 年，第 147 页。

275 黄华：《在一二·九学生运动中的学会革命》，赵荣声、周游编：《一二·九在未名湖畔》，北京：北京出版社，1985 年，第 19 页。

276 雷洁琼：《一二·九运动回忆片段》，赵荣声、周游编：《一二·九在未名湖畔》，第 89 页。

河北平原正值隆冬，北风呼号，寒气逼人。当时正值北方寒冬时节，同学为挽救国家民族的危亡，经受寒冷伤痛侵袭，坚持长途行军，过村驻镇，白天访贫问苦、宣传抗日，晚上在冰冷无火的土屋里学习讨论。在艰苦的条件下，他们激发了农民抗日救国的觉悟，反过来农民的悲惨处境又使他们认识了中国的国情和抗日救国任务的艰巨。1月10日，三团在黄华、蒋南翔（清华领队）的率领下，离开固安继续南下。尤其需要提出的是，在此运动中，一向被诟病的燕大女生不再像公主小姐，除了积极参加游行及护士训练外，"在南下扩大宣传团里，燕京队的男女人数又成三比二了。谁能够再用商女不知亡国恨的小姐的眼镜来看全体女同学。"[277]

但南下宣传队伍却也出现了分裂，当时救亡歌曲还很少，学生也不会运用文艺形式进行宣传。在行军或驻扎时，我们只会反复唱两支歌《时事打牙牌歌》《工人歌》。但队伍内部却发生了一场激烈的争论第四小队有同学提出不要再唱两支歌，说那是"赤化"宣传。绝大多数同学坚决批驳了少数人的看法。"这场青年人的争论内容非常丰富，几乎是从整个国际形势谈到了将来的抗日。再从个人的前途谈到形形色色的世界观。一个晚上，我们没有把第四小队的这些同学说服。次晨，第四小队宣布退出宣传团。"[278]1月14日，当队伍到达高碑店时，他们被北平当局派来的官吏和当地保安队、警察、便衣包围，住的房子也被放火烧了。王汝梅与大家商量，决定暂时退却返校，于15日晨返回北平。1月16日，三团在燕大开会，正式成立中国青年救亡先锋团，后于2月1日于一、二团合组为"民族解放先锋队"的决定，继续宣传抗日救亡。自此，燕大的一二·九救亡运动暂告一段落，后燕大于2月1日开学，学校教学秩序恢复正常。南下宣传后，燕大的同学深知要拯救祖国的危难，单靠学生是不行的，还要依靠广大工农群众，要走向民间。有燕大学生在南下扩大宣传回来报告说，"指示出唯有广大的民众才是救国的主力军，惟有以智识分子作领导和农工阶级打成一片，才是最强不过的救亡主力。"[279]燕大学生邹义在参加运动后也感慨联合民众重要性："个人主义破坏团体的纪律，英雄色彩影响团体工作的推行。一切以救亡为目标的青年，都应在抗日

---

277 孟仁：《燕大女生在一二·九以后》，《燕京新闻》1936年12月8日，第3版。

278 陈翰伯：《巨浪，巨浪，不断在增长——燕京大学一二·九运动回忆片段》，《一二·九运动回忆录》第1集，北京：人民出版社，1982年，第121页。

279 《怎样组织民众》，《燕大周刊》1936年第6卷第12期，第13页。

影响下联合起来，以集团的力量，向敌人作战。"[280]燕大教师曾撰文指出，评价了学生运动的转向："两次大示威运动之后才发起了扩大宣传，希望能够把孤立的学生运动转变到更广大的劳苦民众的民族解放战争。这是学生运动应有的转变，也是学生运动必然要走的途径。"[281]

燕大校方对学生行动给予了默许的态度，蒋介石曾于 12 月 23 日电令各校选派代表 3 人由校长带领，于 1 月 15 日赴京聆听取政府之方针及时局说明[282]。当时国立大学大多选派代表出席，但燕京大学却并不配合，学生代表未选，学校亦未指定，陆志韦以繁忙为由，只派刘廷芳为校长代表赴京[283]，应付了事。一位燕京学生在《一二·九特刊》一篇社论中间写道："为什么我们应当去受骗?难道我们受骗得还不够吗?"[284]表达了对政府的不满。燕大校长司徒雷登一向支持学生的爱国运动，运动期间虽在美国筹款，也十分关注，司徒雷登 3 月份返回燕京后，对全体学生讲话："对诸君言行，认为足以自豪，对中国也觉其有远大之希望。在此严重国难时期，学生苟不谋尽其责任，则救国自少希望。据余所知此次华北学生运动，实有实质之效果，其努力并非虚掷。"[285]但实际司徒氏对学生运动仍心存顾忌，其后在回忆录中称："一旦听人演讲，受人煽惑，或者被人加以巧妙利用，那么即使那些最循规蹈矩、最友好的学生也会不顾一切地参加那种群氓运动，而且如果处理不当，就很容易出乱子，致出现不可收拾的局面。幸运的是我们燕京从发生过一起无法控制的"风潮"，这使我产生了一种害怕群众运动的心理，尤其是当风潮影响到那些本人有弱点并对社会有所顾忌的中国学生时，我更害怕。"[286]

---

280 燕京大学学生自治会出版委员会:《一二·九周年纪念特刊》，北平，1936 年，第 32 页。

281 泛平:《学生运动内部的分化》，《燕大周刊》1936 年第 6 卷第 10 号，第 5 页。

282 《蒋决召各校代表赴京面示，教部昨有电到北平》，《世界日报》1935 年 12 月 28 日，第 9 版。

283 《平市最末批聆训代表，昨日启程南下》，《北平晨报》1936 年 1 月 13 日，第 9 版。

284 Jessie Gregory Lutz, *China and the Christian Colleges, 1850-1950*，Ithaca: Cornell University Press，1971，p.343.

285 《司徒雷登博士对学生运动观感》，《燕京新闻》1936 年 4 月 17 日，第 2 版。

286 John Leighton Stuart, *Fifty Years in China: The Memoirs of John Leighton Stuart, Missionary and Ambassador*, New York: The Random House Inc, 1954, p.79.

受北平学潮影响，1935 年 12 月 18 日，南开大学、汇文中学、中西女中、究真中学等天津学校学生五千多人当天举行大游行，并决定成立立天津市学生联合会和总罢课。而汇文中学当选为学联会的执行委员，会后又成立了汇文中学学生救国会，汇文中学便成了市学联秘密开会的地点之一。从 19 日起，汇文中学开始总罢课，一直坚持到 25 日。而平津一二·九运动作为一次成功的学生运动，直接战果是推迟了"冀察政务委员会"成立日期，更重大的意义在于它揭开了全民抗日救亡的序幕。1936 年 1 月，燕大、天津汇文等京津部分教会学校的学生还参加了平津学联组织的南下扩大宣传团，在民众中宣传抗日救亡，后又成立"中华民族解放先锋队"。1936 年上半年，京津各教会学校还派出代表参加了纪念爱国学生郭清追悼会和市学联组织的座谈会，着重讨论了学生运动在民族解放斗争中的使命，发展前途问题。1936 年暑假，各校又组织进步同学深入农村，开展义务教育，宣传抗日救亡。同年下半年，各学联和"民先"组织，还发动进步同学组织各种形式的读书会。而天津汇文中学也与中西女中的一部分进步同学组织了"行进读书会"。他们经常组织阅读，讨论进步书刊，练习写作，还编了一个《行进通讯》的刊物。[287]

一二·九学生运动也很快波及济南，齐鲁大学的学生异常活跃，通过报告会、座谈会、讨论会等形式揭露蒋介石政府的卖国罪行，反对签订的一系列卖国协定。根据齐鲁大学基督学生较多的实际情况，进步学生着重宣传爱国是每一个中国人的天职，信仰基督教与热爱祖国并不矛盾，把有爱国思想的基督教徒也团缔在了自己周围。[288]但齐鲁大学校方为压制学生参加宣传活动，采取提前考试、提前放假的方式结束了这一学期的活动。1936 年 1 月 6 日，清华学生宣传队 19 人还赴齐鲁大学进行宣传，提出救国不能靠政府，反对请愿及赴京听训及深入民众发动抗日等主张[289]。1936 年，受北平"民族解放先锋队"影响，齐大也发展"民先"队员，组织形势研究会、救护训练组、歌咏队、宣传组等组织，活动在学校的各个角落，济南市的街头巷尾以及乡村。

---

287 安岗等：《从一二·九到七七的天津汇文中学》，《一二·九运动在天津》，天津：南开大学出版社，1985 年，第 352 页。

288 韩韬，宋汀等：《血与火熔铸的爱国情感——回忆齐鲁大学学生抗日救亡斗争》，中共济南市委党史资料征集研究委员会编：《泉城风云——济南革命斗争回忆录》（2），山东省出版总社济南分社，1986 年，第 77-78 页。

289 《戴笠呈蒋介石，1936 年 1 月 10 日》，台北国史馆藏：蒋中正总统文物，档案号：002-080200-00467-076。

教会学校校方虽不支持学生的抗日运动，但对学生行动给予了默许的态度，如燕大"学校当局始终以同情态度与学生合作，从未发生对立裂痕……燕大师生合作精神（而不是师生对立），真是别的学校所罕见的。"[290]燕大校方对学生的停课行动虽不支持，但双方再次妥协，校方提前放假，并将期末考试推迟到春季学期，便于学生进行救亡运动。教会学校学生之所以在一二·九运动中能发挥重大作用，与其作为教会学校特殊背景的有利条件有关，即享受治外法权和学生的富裕。从当时教会学校家长职业统计看，出身农民的子弟仅占少数，而从政从商等职业的占多数，为名副其实的贵族学校。而出身上层家庭的学生，感到一旦日本控制华北，日货冲击市场，自己的家庭产业及未来的前途都会受到直接的影响，远比出身贫寒的学生更有压迫感。另一方面是因为不顾南京政府而举行示威，需要有强有力的势力的保护。事实上青年知识分子是中国唯一有威信有显赫关系，可以抗议政府政策而不受惩罚的人。[291]

在一二·九运动中，教会学校学生与其他学校青年密切配合，时人称："基督教青年在救亡运动中的活跃，几乎是不亚于其他倾向的青年"[292]，对运动的发展起到了巨大的推动作用。如据斯诺回忆当时在燕大谋划此次运动时，参加数次相关会议的学生领袖情况："这些青年多数是基督徒，或是在教会学校受过教育，他们代表了当时华北学生的精粹。当时，他们中没有一个共产党员，但在几年后爆发的爱国抗日战争中，他们几乎全部加入了共产党。"[293]燕大学生郑文也提及了基督教青年学生的表现："许多笃信基督教的青年，也参加了我们的活动。过去，他们有些人相信只有"主"才能拯救人们的危难，而现在，他们则认为只有依靠人民的力量，才能打败日本帝国主义。"[294]燕大学生张淑义担任河北省基督教学生团体联合会的主席也积极支持北平学生的游行请愿，亲自参加了两次大游行，并通知"河北联"所属的各教会学校的青年会或团契骨干，组织各该校学生参加。同年十二月底，他还发动"河北

290 学生自治会：《告中国教职员及全体同学书》，《燕大周刊》1936年第6卷第12期，第22-23页。

291 [美]卢茨著，曾钜生译：《中国教会大学史（1850-1950年）》，浙江教育出版社，1987年，第322页。

292 刘群：《基督教青年的新觉悟和新出路》，《现世界》1936年第1卷第3号，第147页。

293 Edgar Snow,*Journey to the Beginning*,New York: Random House,1958,p.142.

294 郑文：《漫话一二·九》，《燕大文史资料》第2辑，北京：北京大学出版社，1991年，第36页。

联”的会员团体和个人参观中国大学举办的血衣展览，会后参加控诉大会。他们看到一二·九、一二·一六两次游行中受伤同学的数百件血衣，对反动当局的蛮横镇压，极为愤慨。[295]

1936 年，绥远抗战掀起后，华北各校学生又通过募捐、慰问等形式给予支持。如山西铭贤学校师生积极募捐，先后募集了 220.71 元与 209.44 元，分两次寄给傅作义部，傅作义则亲自回信致谢；[296]北平育英全校也捐款援绥，为士兵购置皮衣手套及救济药包等，还派代表参加北平学生赴绥慰问团，到百灵庙慰问前线将士；1936 年 11 月 16 日起，为支持傅作义抗战，齐鲁大学还发起“抗敌救亡战士慰劳劝捐团”，募款汇集前方，前后两次汇去 2 千余元，并从 11 月 25 日起，组织战地救护训练班，参加者两百余人[297]。齐大学生还派代表奔赴绥远，他们带着慰问品和慰问信，到部队、医院慰问了抗日将士，并拜访了东北抗日联军的代表[298]；同年冬，燕大的 413 名学生，占当时全校学生人数的半数之多，也参加了抗议日军进攻绥远的示威[299]；1936 年冬，山东省中学以上学校联合会也发起提倡教职员捐献慰劳绥远将士活动，当时山东各教会中学也积极配合，活动要求教师一律捐二日之薪金收入，贡献国民政府，慰劳绥远将士。[300]1937 年初，为支持绥远抗战，北平基督教学生团体联合会还组织短期救护训练班，计划组织两个月，以求短期内训练战地及后方救护人员。其中要求高中以上同学，不分性别自动参加，以讲义及实习为主，邀请中华护士会北平分会担任讲解工作。[301]此外，还有部分教会学校学生参加抗日军队，投入到前线作战中。

值得一提的是，当时教会学校内由于政治管理宽松，也出现了共产党的地下组织，也在组织进步学生运动过程中发挥了重要作用。如 1931 年时，燕

---

295 张淑义：《一二·九运动中的基督教学生》，赵荣声，周游编：《一二·九在未名湖畔》，第 107-108 页。

296 《上归绥傅主席函》，《铭贤周刊》1936 年第 7 卷第 18-21 期合刊，第 62 页。

297 《救护前方抗敌战士》，《慰劳抗敌战士》，《齐大旬刊》1936 年第 7 卷 10 期，第 83 页。

298 市妇联：《齐鲁大学学生抗日救国运动一角》，《济南文史资料选辑》第 6 辑，1985 年，第 29 页。

299 Philip West ,*Yenching University and Sino-Western Relation, 1916-1952*, Cambridge: Harvard University Press, 1976,p.148.

300 《为提倡教职员捐献慰劳绥远将士的通知》，潍坊市档案馆藏，私立胶县瑞华中学档案，档案号：049-001-0016-0003。

301 《北平基督教学生团体联合会工作报告书》(1936 年 7 月 1 日-1937 年 6 月底)，第 41-43 页，上海档案馆藏，档案号，U120-0-92-1。

大校园内也成立了共产党的地下党支部，由杨缤出任党支部书记，有正式党员 9 人[302]，也积极组织参与抗日救亡运动。由于党支部为非公开组织，当时抗日活动都交给燕大的外围组织——燕大的反帝同盟出面去做。反帝同盟在燕大支部领导下，当时做的主要工作有：在学校中开展抗日宣传，领导抵制日货运动，组织义勇军军事训练及南下请愿。1932 年春，燕大内的反帝同盟停止了活动。[303]而随着国民党高压政策，1933-34 年北平的党组织受到大破坏，燕大也受到影响，有人被捕，到 1934 年燕大已经没有党员，党支部也停止活动。1935 年一二·九运动前后，燕大党组织又恢复，陆续发展党员，至 1937年 7 月全面抗战爆发前，燕大已有党员 47 名[304]，他们共同参与领导了燕大学生抗日救亡运动。诸如河北基督徒学生联合会主席张淑义及领导此次运动的张兆麐，王汝梅（后改名黄华）、陈翰伯等都先后于此次运动前后入党。而在教会中学里，也有共产党领导的外围进步组织——"社会科学家联盟"（简称社联）支部。如 1932 年底，铭贤学校建立了社联）支部，刘景初任书记，通过铭贤学生会，开展革命活动。1934 年，"社联"曾为第五次反"围剿"失败的红军秘密募捐，并发动驱逐反动体育教员的风潮。1935 年一二·九运动爆发后，学生的爱国情绪高涨，纷纷响应，学校当局出面弹压，到 1936 年夏"社联"停止了活动。[305]此外，在北平，天津等地教会学校内也有"社联"组织，开展进步活动。

因当时政府对教会学校的管理比较松散，很多进步组织也利于教会学校内的青年会或团契等宗教团体来从事革命运动。如北平"社联"东城区组织也在北平汇文这个教会学校外衣的掩护下，广泛地展开了活动。以后北平其他革命组织也曾到汇文秘密集会。1932 年，北平汇文学校还建立了共青团组织，并开始散发共产党传单，动员其他同学参加革命性行动。如北平汇文学校进步学生王振乾参加共青团后，为了开展工作，就曾以基督"信徒"的面目，参加"查经班"和"祷告会"，进行隐蔽活动。王振乾还曾担任了学校青年会会长，参加了北平市基督教青年会的"团契"活动和"河北联"的活动，

---

302 王效挺、黄文一主编：《战斗的历程：燕京大学地下党概况》，第 35 页。

303 燕大文史资料编委会编：《燕大文史资料》第 5 辑，北京：北京大学出版社，1991年，第 79 页。

304 王效挺，黄文一主编：《战斗的历程：燕京大学地下党概况》，第 50 页。

305 邢锡麟等：《从铭贤学校到山西农业大学》，《山西文史资料全编》第 5 卷第 53 辑，太原，1999 年，第 421 页。

节假日经常以慈善团体名义到郊区进行各种社会服务，从中发展和联系思想进步的学生，进行工作，扩大组织。王振乾回忆说："我们进入基督教所控制的各种阵地，隐蔽自己，争取群众，相继掌握了基督教各种组织的领导权，抵制其反动作用。"[306]而在育英学校团契内，也是有中共地下党员、民联盟员的参加，他们打着研讨宗教的旗号，暗中在传阅进步书刊，成为共产党在教会学校从事活动的有效形式。对于教会学校这种特殊作用，曾有燕大学生回忆说："由于燕大是美国教会创办的，政府不敢妄加干涉，军警也不敢进校骚扰，因此，共产党在校园内几乎能公开活动，从而反日爱国运动也蓬勃发展。学校当局对这些活动也从来不予阻挠。因此，燕大从来未发生过像其他大学那样，因校方干涉学生运动而举行罢课。反之，校方特别是司徒雷登校长，还表示支持学生运动。"[307]

但是教会学校学生在立案后往往积极参加民族主义运动，但常常由于一时的冲动而参加示威游行，等到热情消退，一筹莫展时，就会回到课堂，并不能从根本上解决救国的问题。故当时也有学生批评救国运动只是保持五分钟热度，"只是打电报，发宣言，派传单，贴标语，开演讲，喊口号等，过几天即冷淡厌倦了。"[308]而且九一八事变后的学生运动并未取得广大民众的支持，时人曾指出："九一八后学生运动，因为没有广大的群众做他的后盾，很容易的称不起些微的打击，就会消沉下去。"[309]而教会学校学生在经过一系列运动后，深知要拯救祖国的危难，单靠学生是不行的，还要依靠广大工农群众，要走向民间。特别是一二·九运动让教会学校学生认识到联合民众的重要性，建立包括国民党在内的统一战线："他们深切认清了，要发动全国规模的民族解放战斗，只有联合各界和各阶级的同胞，一同参加救国战线，因此他们除了历次的示威运动中尽量召集吸收民众参加以外，更深入到民间去做宣传组织群众的工作。"[310]燕大教师也曾撰文指出，评价了学生运动的转向：

306　王振乾：《百十周年庆汇文》，北京市政协文史资料委员会选编：《杏坛忆旧》，第290-291页。

307　张放：《死亡线上的搏斗》，《燕大文史资料》第9辑，北京：北京大学出版社，1995年，第25页。

308　曹新铭：《五年运动就是救国运动》，《中华归主》1932年第124期，第15-16页。

309　泛平：《学生运动内部的分化》，《燕大周刊》1936年第6卷第10号，第5页。

310　平心：《一二·九运动的历史背景与特殊意义》，《燕大周刊》1936年第7卷第1期，第8页。

"两次大示威运动之后才发起了扩大宣传，希望能够把孤立的学生运动转变到更广大的劳苦民众的民族解放战争。这是学生运动应有的转变，也是学生运动必然要走的途径。"[311]燕京大学学生自治会于 1936 年出版的纪念册《一二·九周年纪念特刊》，也强调了联合所有党派一致抗日的重要性，说明个人英雄主义以及学生的单独运动事无济于事的，只有全国人民联合起来一致行动才能拯救中国。

从教会学校学生的救国实践个案可以看出，教会学校学生在立案后往往积极参加民族主义运动，但常常由于一时的冲动而参加示威游行，等到热情消退，一筹莫展时，就会回到课堂，并不能从根本上解决救国的问题，反而教师的务实行动更利于挽救国家危亡。但在共同的民族危机面前，学校师生走向了合作救亡，如燕大更是在东省事变后诞生了"师生大会"的联合会议，"为在国势严重之下，师生间要有一相互研究讨论的机会，设法启发解决一般问题"[312]，并最终共同参加了爱国运动周。而随着日本侵略的加深，特别是经历一二·九运动后，教会学校的校园气氛发生了转变："同学中民族意识的高度觉醒和救亡份子的积极增加；救亡团体和课外组织的林立和社交会和游艺会的相对减少；读书的空气的转变；节俭质朴的倾向。"[313]

（四）教会学校师生的抗日言论

当时教会学校内办有大量校刊，而他们又游离于国民政府新闻管辖之外，故当时也刊发大量学校师生关于抗日救亡乃至批评政府的文章，也成为外界了解日本侵略实况的真实窗口。

自九一八事变后，各教会学校的刊物频发有关日本侵略及抗日救亡的文章，呼吁师生参与救国。如 1931 年创刊数日的燕大《平西报》从 9 月 20 日起连发号外，报道日本侵略东北实况，因为当时这方面谣言盛行，而关于日本人和国民党的事实真相的报道又很少，该报一度成为北平市民重要的消息来源。该报并在头版开设《燕大警钟》专栏，提醒师生勿忘救国。燕大学生会主办的《燕大周刊》在征稿中也强调救国问题，希望稿件特别注意以下问题：改变学校贵族式生活的问题，严评最近国内分赃的问题，尽量暴露国联

---

311 泛平：《学生运动内部的分化》，《燕大周刊》1936 年第 6 卷第 10 号，第 5 页。

312 《秀水：师生大会的目的》，《燕大周刊》1935 年第 6 卷第 3 期，第 14 页。

313 燕京大学学生自治会出版委员会：《一二·九周年纪念特刊》，北平，1936 年，第 16-18 页。

的真相，反抗帝国主义者的方法；弱小民族自救的途径。[314]9 月 29 日，《燕京月刊》发布《为东北事件告全国民众》，提出了更激进的主张，其号召："我们要团结民众，组织民众，以与万恶的日本帝国主义作争斗……我们反抗日本，同时要打倒一切帝国主义，要打倒一切帝国主义，须先推翻国内豪绅军阀资产阶级的统治，然后再以我们自己的力量，建立民众自己的国家。"[315] 燕大学生抗日委员会则于 1931 年 10 月 5 日出版《火把》，专门宣传抗日，后不定期出版，刊登师生抗日主张。

除了燕大外，华北其他各教会学校刊物也大量刊发救亡抗日的文章。如 1931 年 11 月至次年 4 月的《铭贤校刊》还连续三期刊发师生所写的《对日本侵略我国的认识与感想》、《日本侵略东三省的策略和手段》、《中日关系与抗日方法》、《我们为什么要抵制日货》等十余篇文章，揭露日本侵略东北真相，倡导师生积极参与抗日救亡。后各教会学校刊物也不时刊发呼吁抗日救国文章，而在一二·九运动爆发之后，七天出版一次的《燕大周刊》已嫌缓慢，不能及时反映运动发展的情况，临时改为三天出版一次的《一二·九特刊》，其中登载了《告全国同学书》、《一二·一六示威游行记》、《北平各校消息一束》等等，迅速发到各大中城市的学校，互通声气，交流经验，影响一些还没有动起来的地方的同学们，使他们积极响应北平的学生运动。总计《燕大周刊》的《一二·九特刊》，由 12 月 14 日至次年 1 月 28 日，一共出了十一期，在运动高潮中起到了推动运动前进的积极作用。[316]此后，燕大清河试验区主办的《清河旬刊》于 1936 年还接连刊登《起来吧！兄弟们！》、《有谁欺负咱，就跟谁去拼》、《某国人就怕咱们联在一起》、《什么是帝国主义》等文章，呼吁民众联合救国，不做亡国奴，阻止他们的经济侵略，不买外货。

现以燕京大学师生的言论为例，来探讨教会学校的抗日主张，分析师生中不同主张的差异性。由于燕京大学较为宽松自由的气氛，燕大师生在文章中多次批评政府的不作为，这也在当时北平报界比较少见。国民政府自中日事件发生后，一切唯国联之命是从，当时师生也看到国联的本质及政府的软弱，"国联无非是国际帝国主义的强盗们保持其殖民地的分配的平衡底工具，

---

314 编者：《本刊此后的使命》，《燕大周刊》1931 年第 2 期，第 2 页。
315 公武：《为东北事件告全国民众》，《燕京月刊》1931 年第 8 卷第 3 期，第 13 页。
316 赵荣声：《一二·九运动中的燕大周刊》，《一二·九运动回忆录》第 1 集，第 228 页。

欺骗被蹂躏的民族的顽意，保障弱肉强食的机关。"[317]更有学生认为政策政策本末倒置，"吾国政府，仍作党论法统之争，不为御侮雪耻之备，普通人民，亦以为大呼疾号，义务已尽。"[318]还有论者批评政府不作为："南京政府摆起全付架子靠在国联身上，任凭日本军队怎样的扫射中国民众，占取中国的领土，她只不敢对日宣战。"[319]司徒雷登则批评英美国家对日本侵略的纵容，"如果英美当时在满洲采取坚决、团结的行动，就不会有以后一系列历史悲剧的发生"[320]校长吴雷川也指出中国的内乱导致日本乘虚而入，"如果不是国内不断的战争，弄成国力空虚，民生凋敝，何至有这次日本的侮辱？所以要杜绝外辱，必得止息内争"。[321]对于政府无视马占山的孤军抗战，师生也多有批评："马占山嫩江之战，并非中国政府之指示，事实上亦未受着中央政府任何供给与帮助。"[322]1931 年 12 月 13 日，燕大讲师许知远因对政府的对日外交不满，还上书正在召开的国民党四届一中全会，建议即行放弃依赖国联之政策，但不退出国联，而采取国别之外交，提出对美、对俄外交策略，学习德国的主动外交，而不是被动的外交；对日本之共产党及与国民党有历史关系的私人可做国民外交联络；对日军迫切的行动，讯即采取切实准备；在锦州、天津、青岛、天津、上海各方面，皆宜作事先自卫之布置。如受侵略，即起抵抗[323]。

　　燕大师生对于如何救国，也纷纷献计献策。而抵制日货，经济绝交也为师生所提倡："经济绝交就是不合作主义的实行，不购买日货；不卖给日本食粮和原料、工人罢工、断绝交易。[324]容庚认为抵制日货为消极方法，还要积极一方面去提倡国货，应用全校抗日会名义，请北平抗日大会早日成立纯粹国货商场，其次成立燕京国货合作社。[325]林卓园则认为："要长期抵制日货，

---

317 丘引，《国联调查团》，《燕大周刊》1932 年第 7 期，第 3 页。

318 次怡：《为党国前途放声一哭》，《燕大周刊》1931 年第 2 期，第 7 页。

319 心病：《在反帝任务中检讨我们的敌人》，《燕大周刊》1932 年第 8 期，第 3 页。

320 John Leighton Stuart, *Fifty Years in China: The Memoirs of John Leighton Stuart, Missionary and Ambassador*, New York: The Random House Inc, 1954, p.112.

321 吴雷川：《经过"国难"的基督教》，《真理与生命》1932 年第 6 卷第 3 期，第 10 页。

322 仁惕：《时局前途之展望》，《燕京月刊》1932 年第 9 卷第 3 期，第 7 页。

323 《北平燕京大学讲师许知远上四届一中全会函》，台北：中国国民党党史馆藏，档案号：会 4.2/9.93。

324 梁桢：《到底怎样对付日本》，《火把》1931 年第 8 期，第 2 页。

325 容庚：《悲愤七：排货》，《火把》1931 年第 17 期，第 2 页。

和免除五分钟热度的耻辱，就应努力提倡工业，除此之外，别无根本方法。"[326]燕大职工郑成坤、吴盛德等 9 人还提出实业救国的计划，"燕大全体成立创办一工厂，由学校添设一专门工业课程，至正式成立，共用 6 年，两年筹备，两年实验，两年扩张。"[327]林卓园则倡议组织燕大实业救国会，努力宣传国货，引起国人注意。后燕大计划创办造纸厂，但因资金等原因未成功。同时，师生还呼吁援助孤军抗日的马占山，容庚更是在 12 月 28 日《火把》提议："教职员捐薪水三十分之一，学生则以每月支出为标准，如每月支出 30 元，则捐助一元；教职员抗日会捐款扣至明年 1 月止。"[328]而此捐款建议，也得到了教师们的支持响应。

燕大校内对于解决东北问题的战和策略，也多为师生所讨论，大致分武力抵抗及和平解决派。9 月 30 日，东北籍学生郭德浩在《燕大周刊》刊文主张政府速起武力抵抗："若谓两国的实力悬殊，宣战绝无胜望，但是我们并不是想要怎样取胜，乃是要在交战期间，使列国知道谁是个挑战者。"[329]还有论者从军事实力、列强态度等分析中国不能开战，当和平解决中日争端，当前则应奋发图强，做长期实地建设，不能空喊口号，"十年生聚，十年教训，亡日者必我。"[330]燕大基督徒团契成员则从基督教博爱精神出发，主张对日不合作，其在《为日本事件致契友书》中主张："一方面努力参加不合作运动以期促醒日本，同时更当在上帝面前为日本为中国为全世界的基督徒，痛切忏悔我们的罪恶，更应从此加紧我们基督徒的救人工作。"[331]燕大宗教学院教授徐宝谦则认为暴力不能消除战争："基督徒绝不应采取战争的途径，对于经济绝交的方法，虽不妨采用；然应用基督教的唯爱主义，使此种方法具感化作用。"[332]燕大宗教学院院长的赵紫宸在 1931 年 10 月的《真理与生命》期刊发表《基督徒对于日本侵占中国国土当持什么态度》中严正指出，应当"本耶稣的精

---

326 林卓园：《没有就应当自己设法制造》，《火把》1931 年第 17 期，第 3 页。

327 郑成坤等，《燕大实业救国三二计划刍议》，《火把》1931 年第 21 期，第 1 页。

328 容庚：《捐助孤军抗日的马占山将军》，《火把》1931 年第 28 期，第 1 页。

329 郭德浩：《国民速起武力抗日》，《燕大周刊》1931 年反日专号第一号，第 19 页。

330 芸：《中国应当开战吗》，《火把》1931 年第 6 期，第 2 页。

331 陈晋贤：《基督徒对于国难态度的分析》，《金陵神学志》1932 年第 14 卷第 5 期，第 14 页。

332 徐宝谦：《基督教对于中国应有的使命》，《金陵神学志》1933 年第 15 卷第 1 期，第 17 页。

神，提倡对日经济绝交及国民绝交；本耶稣的精神及信徒自己的理解参加救国运动"。[333]

燕大师生也看到光恃政府及国联之力，全不能抵抗日本，不能好高骛远，必须依靠自身，脚踏实地，提议发动全民抗日。《燕大周刊》刊文认为要努力于救国的工作，别再单靠政府、国际。"可靠的只有自己，所以凡是经济绝交，军事训练，实用智识，和各种由自己的意识，觉得是救国抗敌有效的工作，都应用 12 分的精神去干。"[334]历史系教授顾颉刚则在《中学生》杂志上刊文呼吁青年朋友不要空言救国，开会请愿喊口号并不能救国，而是要到民间去，把自己的脊梁竖起来，真正去唤醒民众作有效的抵抗。[335]还有学生认为基督教青年必要时可作流血斗争，"基督教青年们，我们要认识我们使命，自己反省，努力忍耐，有一天我们必须流血了，我们是为基督教的公道正义而流血，没有徘徊听顺！没有怀疑！"[336]学生瞿同祖则认为救国不能依靠读书，需要付诸行动："学生时代功课方面自然要紧，但读书救国不是短时间内所可办得到的，凡事总要比较其轻重缓急。反日工作从普遍的宣传与军事训练实行。"[337]更有论者批评部分学生对爱国运动的不合作："燕京学生的个性却很发达，倒是不合作主义的信徒……反抱着顽固的主见，吹毛求疵，做些片面的攻击，使反日工作，无形中发生阻碍。"[338]特别是教会学校学生经过一二·九运动的洗礼，更加看到放弃利益、成见，联合抗日的重要性，燕大学生自治会在 1936 年致信《独立评论》主编胡适的信中就提到："现在我们以为中国唯一的出路，是立即抗敌，要实现这个目的，只有一面发动抗敌的实际行动，一面树立全国一致的联合阵线。我们深信唯有实际的行动，方能产生真正的效能，唯有各界的携手，方能阻止敌人的进攻，驱逐敌人的侵略。"[339]

---

333 宸：《基督徒对于日本侵占中国国土当持什么态度》，《真理与生命》1932 年第 6 卷第 1 期，第 1 页。

334 湘灵：《宁不知倾国与倾城，佳人难再得》，《燕大周刊》1931 年第 2 期，第 5 页。

335 《贡献给今日的青年》，《中学生》1932 年第 21 号，第 52 页。

336 良彦：《中国基督教青年与国难》，《燕大团契声》1936 年第 1 卷第 1 期，第 4 页。

337 瞿同祖：《士气何在》，《燕大周刊》1931 年反日专号第一号，第 20 页。

338 姚曾廙：《呜呼！燕大学生》，《火把》1931 年第 5 期，第 6 页。

339 《燕京大学学生自治会致胡适函》，中国社会科学院近代史研究所档案馆藏：胡适档案，档案号：1951-005。

而华北地区教会中学的师生也在学校刊物上，发表诸多文章，讨论国难对策，研究抗日救亡，多是希望少空谈，多务实。如唐山丰滦中学王振武则提出："因为有了国家，才能有家，有了家，才能有我，所以我们必须要爱国……我们要爱国，就是不买外货，也就是平民对于国家的一点儿效力，才算有点爱国心的表示啊。"[340]青岛文德女子中学饶毓文则指出："国势危急，男子固应同心协力，奋身救国，妇女亦应尽其心力之所能及，以为后盾。"[341]当时对于国联调查，教会学校师生也多有批评，1931 年 9 月 25 日，山西铭义学校余心清校长回校为日本侵占东三省对职教员学生讲演，"指出国际联盟是宰割弱小的民族屠场，是争分赃物的匪窝，软的欺，硬的怕，是他们解决国际纠纷的不二法门。"[342]益文商专学生也专门批评国联调查报告书，称："本来东北是中国的东北，别人干涉不着，报告书的建议，根本错误。我们不想收回东北则已，若想收回的话，方法很简单，举国一致，打出东北去。"[343]益文商专 1932 年九·一八纪念大会举行时，学生更是提出激进主张："让我们下最后的决心，准备荷枪实弹，内而扶助国内被压迫阶级，铲除一切不平等的待遇，外而联合世界劳苦大众和帝国主义者作殊死战，以谋中国的独立和民族的生存。"[344]然少数齐大学生则对日本侵略的紧迫性尚无足够的警觉，并不切实际的提出忍辱负重，长期打算："果能坚持到底，则十年后我中华必人才济济，不独东邻不敢再来问鼎，即全世界之赤白帝国主义者又谁敢再冒犯我中华者哉。"[345]而部分学生更是通过爱国运动，看到了尽管游行有时是有用的，但在教室和实验室努力学习，准备为国家服务，是比游行更高层次的爱国主义。

对于青年面对国难的态度，教会学校师生也多主张积极救国。齐鲁中学学生认为青年："须有吃苦耐劳的精神；须求一技之长，国难期间，既不可从事嚣张，致引无味纠纷；更不应悲观消极，反作社会之蠹，均应积极努力，切实具备上述两条件，以期为国效劳。"[346]山西铭义学校学生则认为："现在

340 王振武：《我们怎样爱国》，《丰滦周刊》1932 年第 2 期第 6 号，第 8 页。

341 饶毓文：《今日妇女应有之觉悟》，《文德》1934 年创刊号，第 18 页。

342 《余校长回校为日本侵占东三省对职教员学生讲演词》，《铭义季刊》1932 年创刊号，第 7-8 页。

343 编者：《关于国联调查报告书》，《益文半月刊》1932 年第 10 号，第 2 页。

344 《1932 年纪念大会发言》，《益文月刊》1933 年第 1 卷第 6 期，第 6 页。

345 《九一八学术救国社近讯》，《齐大旬刊》1931 年第 2 卷第 9 期，第 52 页。

346 心翼：《国难中青年应有的态度》，《齐中月刊》1934 年第 2 卷第 6-7 合期，第 6 页。

国难临头，正是用着我的时候，我就当走到沙场上为国家拼命，流血，勿再坐在暖炕上，空想什么国联，和平，不抵抗，醉生梦死，自私自利，以致于当了亡国奴而后已。"[347]潍县广文中学校长崔德润 1935 年在对师生讲话中则提出："面对国难，仍然上下消沉颓废： 只要我国上下一致，精诚团结为一坚固的团体，那么不但日本不是我国之对手，而世界之任何一国家也不敢与我国决一雌雄。"[348]而基督徒学生在运动过程中也感到了争取民众的重要性，"我们感受最痛苦的，就是没有民众的同情，那末对于博得民众抗日的同情，尤其是不可忽视的。因此，我们基督徒的救国运动，是以上述方法为手段，对日急切更急切的手段。"[349]因学生运动容易虎头蛇尾，也有学生也指出抗日运动重在坚持，"我们看到以往的爱国的运动，多凭着五分钟的热心，一时的激昂，终于为效不大，反呈现出我国人的弱点，而各帝国也因此而更积极，所以坚持到底，始终如一，也是我校抗日运动中，特别注重的一点。"[350]当时教会学校还对政府解散学生组织、焚毁查禁进步书籍，抓捕爱国学生的行动不满，多有抗议，如 1935 年 10 月 31 日，燕大学生自治会、汇文中学、贝满女中及、清华大学等联名向国民党四届六中全会呈请：尊重约法精神，解放言论自由、集会结社自由、禁止非法逮捕学生，训令国民政府转令全国各级军政机关切实执行[351]。然而，我们也应该看到，由于教会学校师生长久在校园生活，脱离社会实际，未能认清社会状况的复杂性，他们所提的部分建议，也很难在实践中落实，故也有人士认为他们坚持做好教学与学习的本职工作，才是救国的正道。

四、结语

1930 年代前期，面对日本的步步侵略，民族危机加深，华北更成为中日直接冲突区，当时的中国基督徒虽然反对武力解决问题，但中国人的民族主

---

347 予羽：《抗日声中的青年责任》，《铭义季刊》1932 年创刊号，第 30 页。

348 《校长对各队队长及各级职员训话》，《广文校刊》1936 年第 2 期，第 5 页。

349 《北平区联农村服务委员会宣言》，《华北公理会月刊》1931 年第 5 卷第 10 期，第 45 页。

350 《生活的演变与进化的经历》，《育英年刊》1932 年，北京市档案馆藏，档案号：ZQ017-003-00091。

351 《燕大学生自治会等呈六中全会文》，台北：中国国民党党史馆藏，档案号：会4.2/51.2.28。

义已坚韧而理性地锲入了曾与中国文化长久冲突的外来宗教。当国难逼来之时，中国基督徒出于作为中国人的本能感情，其民族意识和社会责任感益已觉醒，并通过多种形式投入到救亡运动中。基督徒的爱国事迹向中国社会表明他们并不只是将目光投向超世，游离于社会之外的人群，基督教信仰中的"非以役人，乃役于人"　的精神与其内心深处积蕴的由历史和文化哺育的民族心理，在悲壮的国难中获致了历史的同一，中国基督徒在国难中的种种爱国行为，是与基督教教义中的这些因素密切相关的。而当时基督徒内部虽然对于如何救国存在诸多见解，但随着民族危机加深，主张中间派与和平解决的基督徒，也最终认同于武力抵抗派的主张，这也是基督徒对战争现实认同的反应。同时，基督徒也看到了救国必须深入到广大民众中去，发动民众，提高其觉悟，但这又带有浓厚的宗教色彩，如有教会人士指出："若大多数的民众，得不到高尚的智识和道德，不明白基督教的真理与爱，即不能使中国得救。"[352]因基督教与爱国主义之间的冲突，也有少数教友感到困惑，如燕大少数契友"因鉴于国难严重，感觉着基督教信仰与爱国思想中间的矛盾，内心更觉不安。"[353]

晚清以来，教会学校一直被当做帝国主义文化侵略的工具，也不被政府当局所认同，处于教育文化圈的边缘地位。时人又认为师生政治上比较保守，对于民族主义运动的态度冷淡。然而教会学校师生却用实际行动推翻了此种定论，由于教会学校资金多来源于国外资助，又有大量外国教师，顾较少受到国民党的思想箝制，自由讨论和独立思考的学术氛围比较浓厚，进步思想在校园得以传播。中外教员学生中都有一批同情中国革命的正直人士，所以教会学校师生在北京学界爱国运动中一直扮演着重要角色，用实际行动表现出教会学校的超乎寻常的民族主义情结与强烈的政治责任感。教会学校师生在民族危亡的关头，为抗日救亡而奔走呼号，除了固有的爱国主义与民族主义因素作用外，当然也有基督教普世博爱精神的影响。国民党政府面对国难体现出的不作为，更是激发了青年知识分子的爱国热情，教会学校更利用教会校园的特殊环境，对国民党的不作为给予尖锐批评，加深了知识阶层与政府的隔膜。而日本的步步侵略，也刺激了基督徒民族性与爱国心的萌发，更

---

352 余牧人：《中国教会今后应努力的事工》,《金陵神学志》1932 年第 14 卷第 5 期，第 6 页。

353 徐宝谦：《1933-34 年燕大宗教生活回顾》,《燕大团契声》1934 年刊，第 5 页。

加认识到了务实救国的重要性。正如燕大神学院刘廷芳所认为那样，"今日中国教会当少讲闲话，少宣传抽象之教义，多做实际之研究，多做事实之讨论"[354]，努力研究国事以指导民众救国。

---

354 刘廷芳：《信徒对于国事第一步的工作》，《真理与生命》1932 年第 6 卷第 4 期，第 4 页。

总　论

一、华北基督教的应对成效与特色

　　南京国民政府成立后的在华基督教，面对种种发展的危机，试图改变非基督教运动带来的教会低沉局面，并在世界经济危机的刺激下，反省中国教会的不足，发动了五年运动，注重基督教的自治、自养、自传，努力使在华基督教会真正成为融入中国的教会，成为中国人的教会，使中国教会重新有复苏之象，各地奋兴运动接踵而至，之前教会低潮景象有所改观。

　　纵观 1927-1937 年华北基督教整体应对危机的效果，各教会在协进会的领导下，成立专门的五运委员会，规划切实的进行程序，各地演讲，竭力宣传，唤起同人的注意，使空泛的发展希望能得具体的对象。具体来看，华北基督教不仅通过多样的布道方式，增加了各教会的信徒人数，还使许多信众之灵性生活因培养而丰富，增强了信徒的传播福音与受托主义的意识，更使许多教会益加巩固，转变了以前不振作的心理；而提倡的基督化家庭运动，特别是每年十月间举行的家庭运动周，促进了家庭归主；基督教乡村建设活动的推进，局部改善了当地农民的生产生活及文化水平，也带动了农村教会的兴旺；尤其是，此时期也是中国基督教文字工作空前发展阶段，此时期编印与分发了关于布道工作、宗教教育、基督化家庭、农村改进、卫生教育与受托主义等小册子及海报，不仅种类繁多，印行的各类册数达到百万，总页数更是有 2900 万之多[1]。当时华北的教会在量的方面虽无显著的进步，而质的方面实得有很多有价值的

1　Some Impressions of The Tenth Meeting of the National Christian Council of China, Shanghai, April 25-May 2,1935, p.5, *Church Missionary Society Archive*, Section I, East Asia Missions, Part 18, Adam Matthew Publications, 2001,Reel 387.

成绩，但是教会质之进步，标准难定，"它的具体事工，常是其他运动的一部分，并不直接归于它本身"。[2]而唯一可操作者，乃在调查教会事业有无增加。而从华北地区情况看，若主日学，圣经班及参与主日礼拜人数有增加，基督教刊物读者有增加，识字工作，平信徒领袖训练工作及教会自养工作有增加；全家基督教徒家庭数量与努力参与社会事业基督徒人数亦有增加。

在全国基督教复兴态势下，1927-1937年的华北基督教的乡村建设，救亡运动等事工方面，无论在开展的深度与广度上都成为全国基督教会的典范。当然不可否认的是，华南教会在扩大布道，华东教会在基督化家庭运动及青年事业，华西教会在文字事工等方面的成效，皆优于华北教区，这也是各教区事工重心不同而导致。因来华教会宗派林立，合作甚少，"信徒内部不能实现合而为一的精神，各行其是，毫无联络，势如散沙"[3]。故华北教会更是通过五运事业，各教派逐渐走向联合，相继组成了中华基督教会山东大会、山西大会、河北大会及华北大会，不同教派间开始合作共同推进五运事工，为教会合一事业添加了助力。如1935年底，山东泰安美以美会的博济医院，便改由美国美以美会，中华圣公会及美国南浸信会合办。而且华北基督教各项事工的进行，又因地制宜组织，灵活安排，如布道，基督化家庭运动下放到基层堂会进行，但受托主义、乡村建设因需花费颇多人力，物力，则放在较高层次的全国性计划内进行。

从活动区域看，华北基督教的活动在农村及小城市产生的影响也远高于大城市，前者对五年运动的参与也更积极，这也很好地体现了此时期教会重心下移的趋势。而且华北地区的乡村建设颇有声势，并出现了龙山实验区，清河实验区及樊家庄等闻名全国教会实验区，成为全国各教会的效仿典型。通过教会的努力，"乡村教会的数目和乡村信徒的人数，都有很大的增加。优秀的基督徒献身为乡村教会工作者，也是一年比一年加多。"[4] "到民间去"，"到乡村去"的口号也在教会内部得到了深入的贯彻，进一步拉近了与农民的距离，取得中国最广大群体的认同，也为教会复兴提供了保证，教会也实

---

2 乐灵生：《1934年中国基督教运动的鸟瞰》，《中华基督教青年会年鉴（1934年）》，上海：青年协会书局，1935年，第14页。

3 崔君镐：《合而为一为五运工作之要素》，《真光杂志》1932年第31卷第3-4合期，第67页。

4 余牧人：《中国乡村教会事工的回顾与前瞻》，《金陵神学志》1948年第23卷第4期，第50页。

现了从单纯布道向同时进行各种乡村建设工作的转移。另值得注意的是，在华北地区的英美差会教派众多，而各自差会参与五运的活动也各有特色。如华北公理会的乡村建设，英国浸礼会的识字运动，美国美以美会的基督化家庭运动，美国南浸信会的布道事业，都是当时华北教会的典型代表工作。

另值得注意的是，国人多以基督教为外域所来，"自神学以至于宣教的方式，崇拜的礼仪，教堂的结构，诗歌的著述，举凡形于外观的风尚权威，皆无不取自外洋"[5]，与传统中国社会的民风民俗多有抵触冲突；再加上近代以降，教会伴随着外国资本帝国主义的武力与条约而来，使得中国人的反教斗争有着反抗外敌侵略的蕴涵背景，因此而有延绵不绝的反洋教斗争，有轰轰烈烈的义和团运动，有声势浩大的非基督教运动等。处此社会环境之中，为了淡化外国色彩，寻谋独立自主之途，教会本土化亦成中国信徒的追求目标，其从民族主义立场来反对外国教会的操控。本色化运动的引发还有另外的因素，即针对教会受到的冲击，来自教会内部出现的反身自觉，尝试改变旧有形象来摆脱被动局面，赢取新的机缘来使教会获得复兴。此时期，华北基督教的活动也正是对该目标的实践，各教会在面临教会财政紧张，教士人数减少的形势下，各教会加强平信徒训练，提倡教会自传、自养、自治，改造带有西方背景的教会成为适应中华民族特性的教会，也利于教会本色化趋势的加强。而且当时华北地区三自工作已成为全国的标本，如中华全国基督教协进会一位人士曾称赞山东浸礼会的工作："我不曾在中国见过这样能自治、自养、自传的教会礼制，像浸礼会传教士在山东所创设的一样，该教会为了信教的真实，而固有的团契，特殊的显著。而该传道会在山东引领组织的教会先道们，都是天才卓越而最能洞察当地情形的，所以他们的设施，恐怕没有人曾做到，这是完全适合于中国的情形，别处教会也应当以他们所领导的组织为标本。"[6]当时教会管理组织内，国人的比例增多，教会行政和运作中，本土人员的权限增加，经济方面也在谋求自立，教会更是置身于中国国家与社会的现实问题之内，积极融入中国社会，尽力去除教会的西洋色彩，这都是教会本色化的积极尝试。后随着抗战，内战的爆发，中国教会本色化之路实际中断，而五年运动时期则是建国前教会本色化的最高峰。

5　赵紫宸：《中国民族与基督教》，《真理与生命》1935年第9卷第5-6合期，第283-284页。

6　吴立乐：《浸会在华布道百年略史》，上海：浸会书局，1936年，第173页。

二、华北基督教发展之困境

纵观此时期华北基督教活动，除了乡村建设、识字建设及救国运动等事业在教外产生广泛影响外，其余事工在世俗社会层面上产生的影响有限，这也体现出基督教在华的社会福音事业与传教事业很难达到统一融合。而华北地区的五运推行之时，未有确计统计当时信徒之人数者，信徒人数加倍之目标，在一般人看来，似乎过于肤浅，一部分基督教领袖根本反对此项建议，"彼等声称，即对现有之会友，彼等犹未能尽其所应尽之职责，故多收会友，有何价值？因此五运尤其是增多会友一节，不甚为若辈所注意"；[7]从具体事工看，五运虽然规定数项具体工作，但也有所忽视，如协进会在总结五运的不足时也指出："五运节目中，儿童部分似被忽视，五运未能深入各学校。"[8]而教会的这种以自我为中心的自救活动遭到了普遍的质疑，质疑不仅来自教会外部，而且也激发自教会内部。比如张福良就批评说："五年奋进布道运动，在各教会大中学校学生并无多大兴趣。基督徒青年之优秀分子作将来参加布道工作之准备者，尤属寥寥。"[9]在福音的传播上，当时教会领袖只是盲目的教授传统的福音原则原理，而这些原则原理却是不兑现的空票，并不能引伸应用到人生实际的生活上，徒然空作理论，不合社会的需要。

再从此时期华北基督教各项活动的实际效果看，其振兴教会低沉情绪的作用远高于其发展信徒的成绩，1934 年协进会调查信徒在五年间增长比例仅为 16.5%[10]，远未实现其教徒翻倍愿望。时中华基督教会全国总会也反思："这几年教会事业的大部分是属于会友的训练和奋兴，关于对外有计划的布道工作，却不见得有什么大张旗鼓的光景。"[11]而对于此时期华北教会在社会福音思潮影响下，因过分重视社会服务及乡村建设，而淡化了本质的布道工作，也一直受到当时坚持"纯正福音"的基要派人士的批评。如曾有教会人士攻击青年会赞助社会福音，过问世俗的事，介绍现代的社会，经济，两性等等

7　《中华全国基督教协进会第十届大会报告》，上海：中华全国基督教协进会，1935年，第 46 页。

8　The Tenth Meeting of the National Christian Council of China, Shanghai, April 25-May 2,1935, p.81, *Conference of British Missionary Societies Archives*, Asia Committee, Inter Documentation Co., 1984, N.C.C China, Box.348,1931-35, No.20.

9　张福良：《农村教会》，《中华基督教年鉴》第 12 期，第 63 页。

10　"Fruit of Five Year Movement", *The Chinese Recorder*, January 1935,p.64.

11　中华基督教会全国总会编刊：《中华基督教会全国总会第三届常会议录》，厦门，1933 年，第 2 页。

的伦理思想。[12]而且社会福音派与基要派在华传教都面临的问题即是世俗与宗教的冲突，社会福音派更加关注世俗生活，但在布道上的成绩远不如基要派显著，但基要派却不如社会福音派那样受到社会人士的欢迎，这也是基督教在华传教的两难问题。更为重要的是，社会福音派单纯靠局部的改良与救国，实际并无力改善当时中国的乡村及国难困境，基督教也无法取得国人认同其在中国为有效且对国家社会有所贡献的宗教。

尽管此时期，中国基督教在本土化进程上付出了诸多努力，但鉴于民族主义，教义内容，文化冲突等多种因素，加之"中国的民族性是讲实际，习世故，重伦常，而不讲宗教的"[13]，导致基督教始终未同佛教那般的中国化，更未被中国社会人士所广泛认可，基督教在各地宗教信仰体系中的比例仍为少数。如据1933年山东武定教会报告，在该区420处村庄的18万6千人中，信仰基督教的人数仅有分布在其中72处村庄的418人，占全体人数的0.22%[14]。而且部分华北农村入教的基督徒对宗教信仰并无深刻体会，部分甚至是盲从或出于功利心入教，如当时河北昌黎教会少数信徒："只知不拜假神，请牧师记名领洗，就算做了基督徒。"[15]更为重要的是，在中国官本位社会现实下，五年运动对上层的官绅及知识分子影响甚小，也就无法通过上层人士对基督教看法的整体改变，从而影响民众对基督教的普遍看法。即使作为国家元首的蒋介石加入基督教，但其仍从国家利益出发，限制管理基督教。

从华北基督教的个案可以看出，1927-1937年的在华基督教复兴，糅合了理性和感情的成分，"它使冷漠的理性增加了热情的付出，也使盲目的情绪受到理性的培育，使个人在信仰群体和社会环境中有更全面的成长，同时也使个人勇于与他人分担社会责任。"[16]虽然五年运动初衷是通过中国教会的本色化等途径来实现教会的复兴，以建设真正的中国教会来实现"中华归主"，但在当时的政治环境及基督教的浓厚西方背景影响下，真正的本色化之路仍然任重道远。基督教在中国百余年宣传的福音，多是富于实行的表示，而缺乏

12　《编者附志》，《同工》1935年第147期，第20页。

13　美国平信徒调查团编，徐宝谦等译：《宣教事业平议》，上海：商务印书馆，1934年，第33页。

14　Shantung Sub-District Annual Report, 1933, *Wesleyan Methodist Missionary Society Archive*, Synod Minute, Box,No.507, 1934-35,No.218,Inter Documentation Co.,1981.

15　李少玲：《到昌黎后的观感》，《真理与生命》1935年第9卷第2期，第87页。

16　R. D. Rees, "Evangelism in China", *The Chinese Recorder*, January 1933, pp. 32-33.

精神的说理，其在中国劝人为善，虽有相当的成效，然多半是消极的，局部的实行，缺乏整个有系统的理说。正如刘廷芳所言，"基督教在中国百余年来最大的困难，一方面是反中国社会制度中心的伦理观念，一方面是没有给信徒及社会一种明白了当的新伦理观念；基督教在中国缺乏的工作是研究社会的根本问题，现代人与人的关系，国与国的关系，种族与种族的关系。"[17]作为宗教意识淡薄且高度世俗化的国家，中国的主流社会对基督教始终采取的是排拒态度，所以当基督教遭遇民族主义、文化冲突等挑战时，只要它不放弃"中华归主"的使命，就很难被中国社会所真正认可，而如果它放弃了使中国基督化的终极目的，便又丧失了其来华传教的初衷，这也是基督教在华运动面临的两难境地。同时，基督教的强烈排他性及浓厚的传播宗教功利动机，加之中国人的文化传统、思维模式和世界观不同于基督化文化下的欧美传教士，这些差异结合中国的社会组织和政治传统，必然使来华基督教会在有浓厚传统文化积淀的近代中国社会中阻力重重，宗教的神圣与世俗事业始终没有得到合适的协调。而且西方基督教的宗教至上论与传教士自身的文明优越感，从而产生了对中国社会的偏见，试图按照西方的形象改造中国，这种强烈的民族优越感和企图用西方文化改造中国传统的做法，进而导致在华传教策略种种失误，而中国教会也始终没有摆脱西方的控制，中国基督徒渴望的教会本色化远未实现。最终因政治形势的影响，教会企图中华归主的目的也最终遭到了失败。

---

17 刘廷芳：《基督教在中国到底是传什么》，《真理与生命》1931 年第 6 卷第 1 期，第 12-13 页。

参考文献

一、原始档案

差会档案：

1. 美国公理会档案：华北卷（Papers of the American Board of Commissioners for Foreign Missions，the North China Mission）

2. 世界基督教协会档案：华北卷（Council for World Mission Archives,North China）

3. 英国教会档案（Conference of British Missionary Societies Archives）

4. 英国圣道公会档案（Wesleyan Methodist Missionary Society Archive）

5. 英国圣公会档案（Church Missionary Society Archive ）

6. 卫理宗档案（Missionary Files: Methodist Church, 1912-1949）

7. 《美国明尼苏达大学图书馆藏基督教男青年会档案》，广西师范大学出版社，2012年。

8. 亚洲基督教高等教育联合董事会的档案(United Board for Christian Higher Education in Asia)

美国耶鲁大学神学院图书馆藏：

1. Report of the General Synod of the Chung Hua Sheng Kung Hui,1931-1937.
   《中华圣公会总议会报告》，1931-1937年。

2. Report North China Woman's Conference of the Methodist Episcopal Church, Peiping, 1932-35.
   《华北美以美会女布道会年会报告》，北平，1932-35年。

3. Minutes of the Annual Meeting of the North China Mission of the Presbyterian Church in the U.S.A. : held at Peiping,1931-33 年.

《华北长老会年会记录》，北平，1931-33 年。

4. The Annual Report of the Board of Foreign Missions of the Presbyterian Church, in the United States of America, New York,1929-1937 年

《美国北长老会年度报告》，纽约，1929-1937 年。

5. The Annual Report of the American Board of Commissioners for Foreign Missions, Boston, 1929-1937.

《美国公理会年度报告》，波士顿，1929-1937 年。

6. The Annual Report of the Baptist Missionary Society,London,1929-1937.

《英国浸礼会年度报告》，伦敦，1929-1937 年。

7. Peiping Union Medical College Hospital Annual Report,1930-37.

《北平协和医院年度报告》，北平，1930-37 年。

美国犹他大学马瑞特图书馆藏：

1. Reports from Ellis Christian Training School, Lintsing, January 1930.

《1930 年临清叶氏神学院报告》，1930 年。

2. Annual Report of the Lintsing Memorial Hospital, Lintsing, Shantung, China，1929-37.

《山东临清华美医院年度报告》，1929-37 年。

3. Letters Concerning the Tehchow Robbery and Killing, 1931.

《有关 1931 年德州盗匪被杀的相关信件》，1931 年。

4. Mission Tabloid, Paotingfu, China, July 22, 1936.

《1936 年 7 月 22 日来自中国保定府的差会文摘》，1936 年。

5. Letter Dated 25 May 1936 from Alice M. Huggins to Friends and Potential Volunteers for Missionary Service.

《1936 年 5 月 25 日和爱融关于当前义务传教服务的书信》，1936 年。

6. Mission in Tehchow,1941.

《德州差会》，1941 年。

美国哈佛大学哈佛燕京图书馆藏：

1. 太谷基督教众议会：《山西太谷基督教众议会报告书》，1931 年。

2. 太谷基督教众议会：《太谷基督教众议会第十七次年会记录》，1930 年。

3. 北平育英学校：《北平育英中学校 1934 年度周年概况》，1934 年。

4. 铭贤学校：《铭贤学校农科工作概况报告》，1935 年。

5. 博济医院：《山东德县博济医院报告书》，1935 年。

6. 杨绳武：《河北省私立同仁中学新计划概要》，1934 年。

上海档案馆藏：

1. 《美国长老会对外宣教部致中国总会及差会信件汇编》（1930-37 年）

2. 《1860-1937 年山东差会历年汇存：美国长老会山东差会会议记录》

3. 《美国南浸信会华北差会年会会录》（1936-37 年）

4. 《华北基督教公理会促进董事部年会报告记录》（1930-37 年）

5. 《山东中华圣公会第十六次教区议区记录》（1935 年）

6. 《中华圣公会总议会第七-九届报告书》（1931-37 年）

7. 《华北美以美会第四十二届年议会记录》（1934 年）

8. 《华北基督教农村事业促进会组织会会议记录与简章》（1931 年）

9. 《北平基督教学生团体联合会工作报告书》（1937 年）

10. 《北平基督教联合救济工作报告书》（1937 年）

11. 《北平区联乡村服务团特刊》（1931 年）

12. 《北平联合女子圣道学院年报》（1934-1949 年）

13. 《济南中华基督教青年会民国二十八年度会务年报》（1940 年）

14. 《济南中华基督教青年会成立二十周年纪念特刊》（1933 年）

15. 《烟台中华基督教女青年会特刊》（1934 年）

16. 《华北长老会劝惩条例》（1935 年）

17. 《中华圣公会华北教区宪法规例及附则附录》（1934 年）

18. 《中华全国基督徒布道团报告书》（1935-36 年）

北京市档案馆藏：

1. 同仁医院：《同仁医院成立五十年小史》，1936 年。

2. 私立燕京大学：《燕大年刊》，1930-1936 年。

3. 私立燕京大学：《燕京大学收支报告（1932.7-1933.6）》，1933 年。

4. 汇文中学：《汇文年刊》，1931 年，1935 年。

5. 私立崇实中学：《北京私立崇实中学校七十五周年纪念刊》，1940 年。

6. 育英学校：《育英年刊》，1931-1937 年。

7. 潞河中学：《潞河中学年刊》，1930 年，1935 年。

8. 贝满女中：《贝满年刊》，1934 年，1935 年。

天津档案馆藏：

1. 《教会战后医院报告及公理会文件》案卷级
2. 《保定公理会众议会记录》，1934 年。
3. 《北京联合女子道学院报告》，1934 年。
4. 《河北省私立潞河中学、富育女中报告书》，1935 年。
5. 《潞河医院民国二十三年报告书》，1934 年。
6. 《德县私立博文中学报告书》，1935 年。
7. 《天津私立究真仰山学校报告书》，1934-1937 年。
8. 《山西汾阳崇道神学院报告》，1935 年。
9. 《卫氏博济医院第十九次报告》，1934 年。
10. 《山东临清华美医院 1934 年概况报告》，1934 年。
11. 《德临叶氏学道院报告书》，1934 年。
12. 《德县私立博卫中学报告书》，1935 年。
13. 《昌黎汇文中学三十周年纪念刊》，1940 年。

山东省档案馆藏： 私立齐鲁大学档案

北京大学档案馆藏： 私立燕京大学档案

山东潍坊市档案馆藏： 胶县私立瑞华中学档案

台北国史馆藏：《德州美人德福兰枪杀王国庆》案卷

二、外文史料

（一）英文图书

1. The Bulletin of National Christian Council of China，Shanghai, 1927-1937.
   《中国基督教全国协进会公报》,上海，1927-1937 年。
2. Christian Universities of China Bulletin，London, 1932-1937.
   《中国基督教大学公报》，伦敦，1932-1937 年。
3. China Christian Educational Association Bulletin，Shanghai, 1929-1937.
   《中国基督教教育会公报》，上海，1929-1937 年。
4. China Christian Year Book,Shanghai,1927-1937.
   《中国基督教年鉴》，上海，1927-1937 年。

5. K. S. Latourette, *A History of Christian Missions in China*, New York,1929.

赖德烈：《基督教在华传教史》，纽约，1929 年。

6. John. J. Heeren, *On the Shantung Front ,A History of the Shantung Mission of the Presbyterian Church in the U.S.A, 1861-1940, in its Historical , Economic, and Political Setting*, New York,1940.

奂尔恩：《在山东前线：美国北长老会山东差会史（1861-1940），涉及历史经济及政治背景》，纽约，1940 年。

7. H.R.Williamson, *Brtish Baptists in China,1845-1952*, London,1957.

魏礼模：《英国浸礼会在中国，1845-1952》，伦敦，1957。

8. C.L.Boynton（ed）, The Handbook of Christian Movement in China under Protestant Auspices ,Shanghai,1936.

鲍引登编：《基督教在华传教运动手册》，上海，1936 年。

9. E.W.Burt, *After Sixty Years: The Story of the Church Founded by the Baptist Missionary Society in North China*, London,1937.

白向义：《英国浸礼会在华北六十年的传教故事》，伦敦，1937 年。

10. George.A.Young, *The Living Christ in Modern China*, London,1947.

荣卓志：《活跃的基督在近代中国》，伦敦，1947 年。

11. H.R.Williamson, *The Past Fifty Years in China of BMS*, London,1942.

魏礼谟：《英国浸礼会在华五十年》，伦敦，1942 年。

12. W S.Flowers, B.M.S Medical Work in China, London : Baptist Missionary Society, 1946.

华振中：《英国浸礼会医学在中国》，伦敦，1946 年。

13. Harold S. Matthews, *Seventy-five years of the North China Mission*, Peking, 1942.

麻海如：《华北公理会七十五年史》，北京，1942 年。

14. Anita E.Carter, *Historical Skecth of the Chefoo Station,1862-1937*, Chefoo, 1937.

卡特：《烟台长老会历史回顾，1862-1937》，烟台，1937 年。

15. Directory of Protestant Missions in China, Shanghai, 1930，1937.

《中国基督教差会指南》，上海，1930，1937 年。

16. *Religious Education in the Chinese Church: the Report of a Deputation*, Shanghai, 1931.

《中国教会的宗教教育：一个代表团的报告》，上海，1931 年。

17. Eddy Lucius Ford, *The History of the Educational Work of the Methodist Episcopal Church in China : a Study of its Development and Present Trends*, Foochow,1938.

福德：《美以美会在中国教育工作的历史：关于其发展及现代趋势的研究》，福州，1938 年。

18. Horace E. Dewey, *Seventy Years of Methodist Evangelism in North China, 1869 to 1939*, Changli, 1939

杜维义：《华北美以美会布道 70 年，1869-1939》，昌黎，1939 年。

19. C. Stanley Smith, *The Development of Protestant Theological Education in China*, Shanghai, 1941.

师覃理：《中国神学教育发展史》，上海，1941 年。

20. Modernism and the Board of Foreign Missions of the Presbyterian Church in the U.S.A, New York, 1933

《现代性与美国长老会外国差会》，纽约，1933 年。

21. W. N. Lacy, *A Hundred Years of China Methodism*, 纽约, 1948

力维韬：《美以美会在华百年史》，纽约，1948 年。

22. Mary K. Crawford , *The Shantung Revival*, Shanghai, 1933.

高德福：《山东复兴》，上海，1933 年。

23. *The World Mission of Christianity : Messages and Recommendations of the Enlarged Meeting of the International Missionary council held at Jerusalem, March 24-April 8, 1928*, New York: International Missionary Council, 1928.

《世界基督教差会：耶鲁撒冷大会的信息与建议：1928 年 3 月 24-4 月 8 日》，纽约，1928 年。

24. Alice H. Gregg, *China and Educational Autonomy: The Changing Role of the Protestant Educational Missionary in China, 1807-1937*, New York, 1946

郭爱理：《中国与教育自主（1807-1937）》，纽约，1946 年。

25. Charles H. Corbett, *Shantung Christian University* , New York, 1955.

郭查理：《齐鲁大学》，纽约，1955 年。

26. J. K. Fairbank（ed）, The Missionary Enterprise in China and America, Cambridge, Mass: Harvard Univ. Press, 1974.

费正清：《在华传教事业与美国》，哈佛大学东亚研究中心，1974 年。

27. Kwang-ching Liu（ed）, *American Missionaries in China*, Cambridge, Mass: Harvard Univ. Press, 1966.

刘广京编：《美国教士在华言行论丛》，哈佛大学东亚研究中心，1966 年。

27. Philip West, *Yenching University and Sino-Western Relations, 1916-1952*, Cambridge, 1976.

菲利普：《燕京大学与中西关系，1916-1952》，剑桥市，1952 年。

28. W. C. Merwin, *Adventure in Unity : the Church of Christ in China* , Eerdmans, 1999

　　摩文：《合一之旅：中华基督教会》，埃德曼斯，1999 年。

29. Jun Xing, *Baptized in the Fire of Revolution: The American Social Gospel and the YMCA in China, 1919-1937*, London,1996.

　　邢军：《革命之火的洗礼：1919-1937 年美国的社会福音与在华基督教青年会》，伦敦，1996 年

30. Kimberly A. Risedorph, *Reformers, Athletes and Students, The YMCA in China,1895-1935*, Washington，1994

　　莱斯德夫：《改革者、运动员与学生：基督教青年会在中国（1895-1935）》，华盛顿，1994 年。

31. Roger Keith Ose, *A History of the Evangelical Lutheran Church of Americans Mission Policy in China 1890-1949*, New York ,1970.

　　奥斯：《美国信义会在中国，1890-1949》，纽约，1970 年。

32. G. Thompson Brown, *Earthen Vessels and Transcendent Power : American Presbyterians in China, 1837-1952* , New York, 1997.

　　布朗：《东方之旅与超然力量：美国北长老会在中国，1837-1952》，纽约，1997 年。

33. Xi Lian, *The Conversion of Missionaries: Liberalism in American Protestant Missions in China, 1907-1932*, Philadelphia，1997.

　　连熙：《传教士的转变：美国在华新教传教活动中的自由主义（1907-1932）》，费城，1997 年。

34. Paul A. Varg, *Missionaries, Chinese and Diplomats，American Missionary Movement in China, 1890-1952*, Princeton University Press，1958.

　　瓦格：《传教士、中国人和外交官：美国新教在华传教运动（1890-1952）》，普林斯顿，1958 年。

35. Yao, Kevin Xiyi, *The Fundamentalist Movement among Protestant Missionaries in China, 1920-1937*, Washington, 2000.

　　姚西伊：《基督新教在华基要主义，1920-1937》，华盛顿，2000 年。

36. Norman Goodall, *A History of the London Missionary Society: 1895-1945* , Oxford, 1954

　　高德沃：《英国伦敦会活动史，1895-1945》，牛津，1954 年。

37. Yamamoto Sumiko, *History of Protestantism in China : the Indigenization of Christianity*, Tokyo, 2000.

　　山本澄子：《新教在华本色化史》，东京，2000 年。

38. Dan Cui, *The Cultural Contribution of British Protestant Missionaries and British-American Cooperation to China's National Development during the 1920s*, NewYork : University Press of America,1998.

崔丹：《英国新教传教士与英美合作对 1920 年代中国国家发展的贡献》，纽约，1998 年。

39. Ronald Rees, *China Fces the Sorm : the Christian Churchin China Today*, London: The Carey Press,1937

李劳士：《中国面临风暴：在今日中国的基督教会》，伦敦，1937 年

40. Arthur Judson Brown, *One Hundred Years; a History of the Foreign Missionary Work of the Presbyterian Church in the U.S.A*, New York : Fleming H. Revell Company , 1936.

布朗：《一百年：美国北长老会外国传教工作的历史》，纽约，1936 年。

41. *Re-thinking Missions : A Laymen's Inquiry after one Hundred Years*, New York:Harper & Brothers Publishers, 1932.

《再思教会：百年后平信徒调查团的报告》，纽约，1932 年。

42. Mary Isham, *Valorous Ventures: A Record of Sixty and Six Years of the Woman's Foreign Missionary Society Methodist Episcopal Church,Boston*, 1936.

伊哈姆：《勇敢的冒险：美以美会女布道会 66 年记录》，波士顿，1936 年。

43. James Claude Thomson, While China Faced West: *American Reformers in Nationalist China, 1928-1937*, Cambridge,1969.

托马森：《当中国遇到西方：美国改革家在国民党下的中国，1928-1937 年》，剑桥，1969 年。

44. Daniel H. Bays（ed）, *Christianity in China: From the Eighteenth Century to the Present*, Stanford: Stanford Univ. Press,1996.

裴士丹：《基督教在中国：从十八世纪到现在》，斯坦佛，1996 年。

（二）英文期刊（1927-1937 年）：

1. 《教务杂志》（The Chinese Recorder）

2. 美国公理会主办：《传教士先驱》（The Missionary Herald）；《汾州》（Fenchow）；

3. 英国圣公会主办：《华北与山东差会》（North China and Shantung Mission）

4. 中国内地会主办：《中国亿兆》（China's Millions）

5. 卫理宗主办：《中国基督教振兴》（The China Christian Advocate）

6. 中华博医会主办：《博医会报》（China Medical Journal）

7. 中华基督教教育会主办：《教育评论》（Educational Review）

8. 世界基督教协进会：《国际传教评论》（International Review of Missions）

9. 世界传教评论社：《世界传教评论》（Missionary Review of the World ）

10. 中华基督教宗教教育促进会：《宗教教育团契》（Reglious Education Fellowship）

11. 北美基督教中国学生会：《中国基督教学生》（Chinese Christian Student）

（三）日文史料：

1. 外務省文化事業部：《欧米人の支那に於ける文化事業》，東京，1938 年。

2. 東亜研究所：《諸外国の対支投資》，東京，1942 年。

3. 華北綜合調査研究所：《華北公理會調査報告書 》，北京，1944 年。

三、民国图书

1. 张横秋：《今日乡村教会的观察》，上海：全国基督教协进会，1926 年。

2. 麦沾恩著，李安息亨译，《个人传道论》，上海：广学会，1927 年。

3. 《基督化经济关系全国大会报告书》，上海，1927 年。

4. 全国基督教协进会：《耶路撒冷大会的使命和建议》，上海，1928 年。

5. 《全国基督教识字运动研究会报告书》，上海，1930 年。

6. 缪秋笙，毕范宇编：《基督教中学校宗教教育的研究》，上海：中华基督教教育会，1930 年。

7. 私立燕京大学：《北平私立燕京大学一览》，北平，1931 年。

8. 中华基督教教育会：《中华基督教教育会第十三届年会记录》，上海，1931 年。

9. 燕大社会学系编刊：《清河社会实验》，北平，1933 年。

10. 《山东滕县华北弘道院简章》，滕县，1934 年。

11. 张雪岩：《受托真义与实践》，上海广学会，1935 年。

12. 许莹涟、段继李等编：《全国乡村建设运动概况》，邹平：山东乡村建设研究院出版股，1935 年。

13. 乡村工作讨论会编：《乡村建设实验》第 1 集，上海：上海书店出版社，1934 年。

14. 乡村工作讨论会编：《乡村建设实验》第 3 集，上海：中华书局，1936 年。

15. 孔雪雄编：《中国今日之农村运动》，南京：中山文化教育馆出版物发行处，1934 年

16. 行政院农村复兴委员会秘书处编刊：《一年来复兴农村政策之实施状况》，南京，1934 年。

17. 河北省教育厅编印：《教育部视察员视察河北省教育报告》，保定，1934 年。

18. 《华北农村建设协进会工作大纲：1936-37 年度》，北平，1936 年。

19. 《山东济南私立齐鲁大学文、理学院一览》，济南，1931 年。

20. 连警斋编：《郭显德牧师行传全集》，上海：广学会，1937 年。

21. 吴雷川：《基督教与中国文化》，上海：青年协会书局，1936 年。

22. 吴立乐：《浸会在华布道百年略史》，上海：中华浸会书局，1936 年。

23. 王治心：《中国基督教史纲》，上海：青年协会书局，1940 年。

24. 华北基督教团编：《华北中华基督教团成立周年纪念册》，1942 年。

25. 中华全国基督教总会：《中华全国基督教总会第二届常会纪念册》，上海，1930 年。

26. 中华全国基督教总会：《第三届常会议录及第六届续行委员部年会记录》，厦门，1933 年。

27. 中华全国基督教总会：《中华基督会全国总会第四届总议会议录》，青岛，1937 年。

28. 中华全国基督教协进会：《中华全国基督教协进会第七届大会报告》，杭州，1929 年。

29. 中华全国基督教协进会：《中华全国基督教协进会第八届大会报告》，杭州，1931 年。

30. 中华全国基督教协进会：《中华全国基督教协进会第九届大会报告》，松江，1933 年。

31. 中华全国基督教协进会：《中华全国基督教协进会第十届大会报告》，上海，1935 年。

32. 中华全国基督教协进会：《中华全国基督教协进会第十一届大会报告》，上海，1937 年。

33. 中华全国基督教协进会编：《中华基督教会年鉴》第 9-13 期，上海，1927-1936 年。

34. 谭文纶：《个人布道》，上海：中华全国基督教协进会，1930 年。

35. 《中华基督教主日学推行会十周年纪念册》，上海，1930 年。

36. 王学仁编：《教友须知大纲》，上海：广学会，1933 年。

37. 徐宝谦编：《农村工作经验谈》，青年协会书局，1936 年。

38. 兴亚宗教协会：《华北宗教年鉴》，北京新民印书馆，1941 年。

39. 中华全国基督教协进会编印：《订正中国基督教团体调查录》，上海，1950 年。

40. 冯绍荣等编：《中华浸会百周年纪念报告书》，广州，1936 年。

41. 《中华基督教青年会全国协会委员会民国二十五年常会记录》，上海，1936 年。

42. 北平基督教女青年会：《北平基督教女青年会社会服务工作报告书》，北平，1936 年。

43. 北平基督教女青年會：《北平基督教女青年会三十周年纪念刊》，北平，1946 年。

44. 基督教青年会：《基督教青年会全国大会报告》，上海，1934 年。

45. 基督教女青年会：《基督教女青年会全国会务研究会报告书》，上海，1931 年。

46. 中华基督教青年会：《中华基督教青年会五十周年纪念册》，上海：青年协会书局，1935 年。

47. 天津基督教青年会：《天津基督教青年会四十周年纪念册》，天津，1935 年。

48. 烟台青年会：《烟台中华基督教青年会三十周年纪念册》，烟台，1933 年。

49. 基督教青年会：《中华基督教青年会年鉴》，上海，1930-1937 年。

50. 基督教青年会：《中华基督教青年会第六届全国干事大会报告书》，上海，1931 年。

51. 《中国基督教青年会第十二届大会报告书》，上海，1934 年。

52. 《北平米市中华基督教会报告书》，北平，1930 年。

53. 尚爱物编：《青年会的宗教事业》，上海：青年协会书局，1935 年。

54. 中华基督教卫理公会：《中华基督教卫理公会百周年纪念册》上海，1947 年。

55. 青岛中华基督教青年会：《青岛中华基督教青年会五周纪念报告册》，青岛，1931 年）

56. 山东瑞华浸信会：《山东瑞华浸信会五十周年纪念集》，胶县，1941 年。

57. 临清公理会：《临清基督教公理会五十周纪念小史》，临清，1936年。

58. 鲁东信义会：《鲁东信义会五十周年纪念刊》，青岛，1948年。

59. 济南广智院：《济南广智院志略》，济南，1931年。

60. 济南私立齐鲁中学：《济南私立齐鲁中学概况一览》，济南，1934年。

61. 山东潍县广文中学：《山东潍县广文中学五十周年纪念特刊: 1883-1933》，济南，1933年。

62. 山东齐鲁大学医学院《山东齐鲁大学医学院公共卫生学系工作报告书》，济南，1936年。

63. 华北基督教教育协会编：《华北基督教教育协会理事会议录》，北平，1936年。

64. 华北基督教农村事业促进会：《华北基督教农村事业促进会组织会会议记录》，北平，1931年。

65. 麻海如著，赵鸿翔译：《公理会小史》，天津，1935年。

66. 铭贤中学：《铭贤廿周纪念刊》，太谷，1929年。

67. 山西公理会：《山西省太谷基督教会五十周年纪念刊》，太谷，1935年。

68. 私立燕京大学：《燕京大学一览》，北平，1936年。

69. 美国平信徒调查团编：《宣教事业评议》，上海：商务印书馆，1934年。

70. 余牧人：《基督教与中国乡村建设运动》，南京：金陵神学院，1940年。

71. 费尔顿：《基督教与远东乡村建设》，南京：金陵神学院，1940年。

72. 海珥玛：《基督教会的乡村工作》，上海：广学会，1949年。

73. 海尔玛：《怎样建设基督化家庭》，上海：广学会，1937年。

74. 陈崇桂编：《基督化家庭》，汉口：圣教书会，1936年。

75. 北平崇实中学：《崇实中学校纪念刊》，北平，1931年。

76. 北平私立崇实中学：《北平私立崇实中学校七十周年纪念刊》北平，1935年。

77. 北平市私立崇德中学：《北平市私立崇德中学 25 周年纪念》北平，1936年。

78. 北京崇实中小学校：《北京私立崇实中小学校一年概况报告书》，北平，1937年。

79. 北平汇文第一小学校：《北平汇文第一小学校六十周年纪念刊》，北平，1930年。

80. 北京汇文第一小学：《北京汇文第一小学 70 周年纪念刊》，北京，1940年。

81. 潞河中学：《私立潞河中学简章》，北平，1931年。

82. 燕大宗教学院：《燕京大学宗教学院简章》，北平，1932年。

83. 北平私立崇实中学：《北平私立崇实中学一览》，北平，1932年。

84. 北平市慕贞女子中学校：《北平市私立慕贞女子中学校一览》，北平，1934年。

85. 北平汇文神学校：《北平汇文神学校简章》，北平，1931年。

86. 北京神学院青年会编：《北京神学院纪念刊》，北京，1941年。

87. 齐鲁神学院：《齐鲁神学院章程》，济南，1933年。

88. 铭贤学校：《1933年度铭贤学校校务概况》，太谷，1933年。

89. 铭贤学校：《山西私立铭贤学校概况一览》，太谷，1935年。

90. 华北美以美会第四十二届年会议委员会编：《华北美以美会第四十二届年会议记录》，天津，1934年。

91. 山东省政府教育厅：《山东省政府教育厅视察报告》第1集，济南，1930年。

92. 山东省政府教育厅：《山东省政府教育厅视察报告》第2集，济南，1931年。

93. 梁传琴编：《世界基督教青年大会专集》，上海，1939年。

94. 韦格尔及视察团编：《培养教会工作人员的研究》，上海：广学会，1935年。

95. 《基督教与平民教育运动》，上海，1930年。

96. 刘廷芳：《教会与学运》，北平，1935年。

97. 王吉民编：《医院布道经验谈》，北京：中华医学会教会医事委员会，1950年。

四、民国报刊

1. 中华全国基督教总会：《总会公报》，1927-1937年。

2. 中华全国基督教协进会：《中华归主》，1927-1937年。

3. 中华基督教宗教教育促进会：《宗教教育团契》，1933-1936年。

4. 卫理宗主办：《兴华》，1927-1937年。

5. 浸礼宗主办：《真光》，1927-1937年。

6. 长老会主办《通问报》，1927-1937 年。

7. 圣公会主办的《圣公会报》，1927-1937 年。

8. 信义会主办的《信义报》，1927-1937 年。

9. 中华基督教教育会：《中华基督教教育季刊》，1927-1937 年。

10. 王明道主编：《灵食季刊》，1933-34 年。

11. 真耶稣教会主编：《角声报》、《圣灵报》，1932-1933 年。

12. 华北救世军：《救世报》，1932-1933 年。

13. 中华美以美会全国宗教教育总事务所：《广闻录》，1934-1937 年。

14. 上海广学会：《道声》，1935-1936 年。

15. 华北基督教农促会主办：《田家半月报》，1934-1937 年。

16. 中国基督徒学生运动临时全国总会：《中国学运》，1934-1937 年。

17. 华北基督教农促会：《消息汇刊》，1936 年。

18. 基督教男女青年会主办：《青年进步》、《女青年月刊》、《消息》、《同工》、《北平青年》、《保定青年》、《天津青年》、《太原青年》，1927-1937 年。

19. 华北公理会：《华北公理会月刊》，1927-1937 年。

20. 金陵神学院：《金陵神学志》，1927-1937 年。

21. 上海基督教奋进会：《奋进报》，1931-1932 年。

22. 中国唯爱社：《唯爱》，1931-1937 年。

23. 北平公理会：《团契月刊》，1931 年。

24. 燕大社会学系：《社会学界》，1930-1935 年。

25. 燕大宗教学院：《真理与生命》，1927-1937 年。

26. 华北基督教教育会：《教育期刊》，1930-1931 年。

27. 远东宣教会主办：《暗中之光》，1929-1937 年。

28. 通县潞河乡村服务部：《消息季刊》，1937 年。

29. 新文社：《野声》，1932 年。

30. 河北基督徒学生联合会主办：《葡萄树》，1930-1935 年。

31. 中国基督教学生运动筹备会：《微音》，1928-1930 年。

32. 中国基督徒学生运动临时总会：《中国基督徒学生运动特刊》，1933 年。

33. 燕大清华实验区：《清河旬刊》，1935-1937 年。

34. 北平美以美会：《教友双月刊》，1935 年。

35. 全国基督徒布道团：《全国基督徒布道团团刊》，1936 年。

36. 山西公理会：《谷声》，1927-1937 年。

37. 山西汾阳崇道神学院：《崇道季刊》，1934-1937 年。

38. 山西基督教联合会：《革新月刊》，1934-1937 年。

39. 山西铭义中学：《铭义季刊》，1932 年。

40. 山东省教育厅：《山东教育行政周报》1929-1931 年。

41. 齐鲁大学主办：《齐大旬刊》、《齐大月刊》、《齐大季刊》、《齐大年刊》、《齐大心声》、《鲁铎》、《齐鲁大学校刊》，1929-1937 年。

42. 燕京大学主办：《火把》、《燕大友声》、《燕大农讯》、《燕大团契声》、《燕大周刊》、《燕大月刊》、《平西报》、《燕京大学校刊》、《燕京新闻》，1929-1937 年。

43. 北平慕贞女校：《慕贞半月刊》、《慕贞生活》、《慕贞校闻》；《慕贞季刊》、《慕贞校刊》、《慕贞半月刊》、《慕贞校刊》，1929-1937 年。

44. 北平汇文中学：《汇文年刊》、《汇文周报》、《汇文半月刊》、《汇文月刊、《汇文季刊》，1929-1937 年。

45. 北平崇慈女校：《崇慈月刊》、《崇慈女中季刊》，1929-1937 年。

46. 北平崇实学校：《崇实季刊》、《崇实周刊》，1929-1937 年。

47. 北平育英学校：《育英半月刊》、《育英团契季刊》，1929-1937 年。

48. 北平贝满女中：《贝满年刊》、《贝满校刊》、《贝满季刊》，1929-1937 年。

49. 北平潞河中学：《潞河校刊》、《潞河半月刊》，1929-1937 年。

50. 北平培华女中：《培华校刊》，1935 年。

51. 北平笃志女校：《笃志季刊》，1935 年。

52. 天津汇文中学：《天津汇文中学年刊》，1929-1931 年。。

53. 德州博文中学：《博文季刊》，1931 年。

54. 济南齐鲁中学：《齐中月刊》，1933-1937 年。

55. 华北神学院：《华北神学院年刊》，1930 年。

56. 潍县广文中学：《广文校刊》，1933-1936 年。

57. 青岛崇德中学：《崇德中学校刊》，1933 年。

58. 烟台益文商专：《益文月刊》，1933-1934 年。

59. 保定同仁中学：《仁声》，1930-33 年。

60. 山西铭贤学校：《铭贤周刊》、《铭贤校刊》，1929-1937 年。

61. 《申报》;《大公报》;《民国日报》。

62. 《中央日报》;《华北日报》;《益世报》。

五、地方史志及资料汇编

1. 赵琪修:《胶澳志》,1928 年铅印本。

2. 宋蕴璞编辑:《天津志略》,1931 年铅印本。

3. 何绍增等编:《通县编纂省志材料》,1932 年。

4. 张坪等修:《沧县志》,1933 年铅印本。

5. 张福谦修:《清河县志》,1934 年铅印本。

6. 程延恒等修:《大名县志》,1934 年铅印本。

7. 牛占城等修:《荏平县志》,1935 年铅印本。

8. 丁世恭修:《馆陶县志》,1935 年铅印本。

9. 苗恩波修:《陵县续志》,1936 年铅印本。

10. 河北省地方志编纂委员会编:《河北省志》宗教志,中国书籍出版社,1995 年。

11. 北京市地方志编纂委员会编:《北京志》宗教志,北京出版社,2007 年。

12. 天津市地方志编修委员会:《天津通志》租界志,天津社科院出版社,1996 年。

13. 张玉法主编:《民国山东通志》,山东文献杂志社,2002 年。

14. 山东省地方史志编纂委员会:《山东省志》少数民族宗教志,山东人民出版社,1998 年。

15. 李金华主编:《山西通志》民族宗教志,中华书局,1997 年。

16. 山东省宗教志编撰工作办公室:《山东省宗教志资料选编》第 1 辑,1987 年, 第 2 辑,1989 年。

17. 天津宗教志编辑室编印:《天津宗教资料选辑》第 1 辑,1986 年。

18. 北京政协文史资料委员会:《北京文史资料精华:杏坛忆旧》,北京出版社,2000 年。

19. 刘志毅主编:《育英史鉴（1864-2004）》,北京,内部印行,2004 年。

20. 河北省政协文史资料委员会编:《河北文史集粹》民族宗教卷,河北人民出版社,1992 年。

21. 张先清编:《中国地方志中基督教史料辑要》,东方出版社,2010 年。

22. 李楚材编：《帝国主义侵华教育史资料：教会教育》，教育科学出版社，1987 年。

23. 解成编：《基督教在华传播系年》河北卷，天津古籍出版社，2008 年。

24. 林荣洪编：《近代华人神学文献》，中国神学研究院，1986 年。

25. 陆懋曾主编：《山东文史集粹》教育卷、社会卷、民族宗教卷，山东人民出版社，1993 年。

26. 山西省政协文史资料委员会编：《山西文史资料》第 84 辑，1992 年。

27. 《山东大学齐鲁医院志》编纂委员会编纂：《山东大学齐鲁医院志、山东医科大学附属医院志（1890-2000）》，山东大学出版社，2000 年。

28. 中华续行委办会调查特委会编纂：《中华归主——中国基督教事业统计（1901-1920）》，中国社会科学出版社，1987 年。

29. 中国第二历史档案馆编：《中华民国史档案资料汇编》第五辑第一编文化，南京：江苏古籍出版社，1994 年。

30. 邵玉铭编：《二十世纪中国基督教问题》，正中书局，1980 年。

六、当代中文图书

1. 王毓华编：《北京基督教史简编（1863-1993）》，北京，2009 年。

2. 左芙蓉：《基督教与近现代北京社会》，巴蜀书社，2009 年。

3. 左芙蓉：《社会福音、社会服务与社会改造：北京基督教青年会历史研究》，宗教文化出版社，2005 年。

4. 罗世龙主编：《天津中华基督教青年会与近代天津文明》，天津人民出版社，2005 年。

5. 刘家峰：《中国基督教乡村建设运动研究（1907-1950）》，天津人民出版社，2008 年。

6. 于学蕴等编：《天津老教堂》，天津人民出版社，2005 年。

7. 赵晓阳：《基督教青年会在中国：本土和现代的探索》，社会科学文献出版社，2008 年。

8. 罗义贤：《司徒雷登与燕京大学》，贵州人民出版社，2004 年。

9. 艾德敷著，刘天路译：《燕京大学》，珠海出版社，2004 年。

10. 芳卫廉著，刘家峰译：《基督教高等教育在变革中的中国》，珠海出版社，2005 年。

11. [美]鲁珍晞著，王成勉译：《所传为何？——基督教在华宣教的检讨》，台北国史馆，2000 年。

12. 顾长声：《传教士和近代中国》，上海人民出版社，1991 年。

13. 顾长声：《从马礼逊到司徒雷登》，上海人民出版社，1985 年。

14. 顾卫民：《基督教与近代中国社会》，上海人民出版社，1994 年。

15. 孙崇文：《学生生活图景：世俗内外的教育冲突》，教育科学出版社，2008 年。

16. 陶飞亚、刘天路：《基督教会与近代山东社会》，山东大学出版社，1995 年。

17. 陶飞亚：《中国的基督教乌托邦研究：以民国时期耶稣家庭为例》，人民出版社，2012 年。

18. 邢福增：《基督教信仰与救国实践——二十世纪前期的个案研究》，香港建道神学院，1997 年。

19. 刘家峰：《中国基督教乡村建设运动研究（1907-1950）》，天津人民出版社，2008 年。

20. 孙秀玲：《近代中国基督教大学社会服务研究》，山东人民出版社，2013 年。

21. 吴洪成：《中国教会教育史》，西南师范大字出版社，1998 年。

22. 何晓夏,史静寰：《教会学校与教育近代化》，广东教育出版社，1996 年。

23. 孙秀玲：《近代中国基督教大学社会服务研究》，山东人民出版社，2013 年。

24. [美]卢茨著，曾钜生译：《中国教会大学史》，浙江教育出版社，1987 年。

25. 魏外扬：《宣教事业与近代中国》，宇宙光出版社，1978 年。

26. 高时良：《中国教会学校史》，湖南教育出版社，1994 年。

27. 李湘敏：《基督教教育与近代中国妇女》，福建教育出版社，1999 年。

28. 查时杰：《中国基督教人物小传》，中华福音神学院出版社，1983 年。

29. 查时杰：《民国基督教史论文集》，宇宙光出版社，1993 年。

30. 董丛林：《龙与上帝：基督教与中国传统文化》，三联书店，1992 年。

31. 柯理培著，余敬群译：《山东大复兴》，台湾浸信会神学院，1999 年。

32. 段琦：《奋进的历程：中国基督教的本色化》，商务印书馆，2004 年。

33. 陶飞亚，杨卫华：《基督教与中国社会研究入门》，复旦大学出版社，2009 年。

34. [美]何凯立著、陈建明译：《基督教在华出版事业》，四川大学出版社，2004 年。

35. 姚民权，罗伟虹：《中国基督教简史》，宗教文化出版社，2000 年。

36. 李宽淑：《中国基督教史略》，社会科学文献出版社，1998 年。

37. 黄新宪：《基督教教育与中国社会变迁》，福建教育出版社，1996 年。

38. 梁家麟：《福临中华：中国近代教会史十讲》，香港天道书楼，1995 年。

39. 汤清：《中国基督教百年史》，香港道声出版社，1987 年。

40. 吴利明《基督教与中国社会的变迁》，基督教文艺出版社，1981 年。

41. 马莉：《现代性视阈下的民国政府宗教政策研究》，中国社会科学出版社，2010 年。

42. 胡卫清：《普遍主义的挑战：近代中国基督教教育研究》，上海人民出版社，2000 年。

43. 杨天宏：《基督教与民国知识分子：1922-1927 年中国非基督教运动研究》，人民出版社，2005 年。

44. 张永广：《近代中日基督教教育比较研究》，上海社会科学院出版社，2012 年。

45. 徐松石编著：《华人浸信会史录》第 1 册，香港浸信会出版部，1972 年。

46. 段琦：《奋进的历程：中国基督教的本色化》，商务印书馆，2004 年。

47. 信德俭等编：《学以事人、真知力行：山西铭贤学校办学评述》，中国社会科学出版社，2010 年。

48. 罗冠宗主编：《前事不忘、后事之师：帝国主义利用基督教侵略中国事实述评》，宗教文化出版社，2003 年。

49. 杨念群：《再造病人：中西医冲突下的空间政治》，中国人民大学出版社，2006 年。

50. 何小莲：《西医东渐与文化调适》，上海古籍出版社，2006 年。

51. 吴梓明：《基督宗教与中国大学教育》，中国社会科学出版社，2003 年。

52. 张西平、卓新平主编：《本色之探——20 世纪中国基督教文化学术论集》，中国广播电视出版社，1999 年。

53. 萧楚辉：《奋兴主教会——中国教会与奋兴布道运动初探》，香港福音证主协会证道出版社，1989 年。

54. 林荣洪：《风潮中奋起的中国教会》，香港中国神学院，1980 年。

55. 林荣洪：《中华神学五十年》，香港中国神学院，1998 年。

56. 张玮瑛等：《燕京大学史稿》人民中国出版社，1999 年。

57. 陈远：《燕京大学，1919-1952》，浙江人民出版社，2013 年。

58. 李传斌：《条约特权制度下的医疗事业：基督教在华医疗事业研究》，湖南人民出版社，2010 年。

59. 李传斌：《基督教与近代中国不平等条约》，湖南人民出版社，2011 年

60. 陈明章：《学府纪闻：私立燕京大学》，台北：南京出版有限公司，1982 年。

61. 王效挺、黄文一主编：《战斗的历程：燕京大学地下党概况》，北京大学出版社，1993 年。

62. 梁冠霆：《留美青年的信仰追寻：北美中国基督教学生运动研究》，上海人民出版社，2010 年。

63. 郭卫东：《中土基督》，云南人民出版社，2001 年。

64. 郭卫东：《中国近代特殊教育史研究》，高等教育出版社，2012 年。

65. 郭大松：《中西文化交流的先驱和桥梁》，人民日报出版社，2007 年。

66. 齐小新：《口述历史分析——中国近代史上的美国传教士》，北京大学出版社，2003 年。

67. 徐以骅：《教会大学与神学教育》，福建教育出版社，1999 年。

68. 徐以骅：《中国基督教神学教育史论》，宇宙光出版社，2006 年。

69. 林治平主编：《基督教与中国本色》，宇宙光出版社，1990 年。

70. 林治平：《基督教在中国的本色化》，今日中国出版社，1998 年。

71. 杨森富：《中华基督教本色论文集》，宇宙光出版社，2006 年。

72. 罗伟虹主编：《中国基督教（新教）史》，上海人民出版社，2014 年。

73. 姚伟钧，胡俊修主编：《基督教与 20 世纪中国社会》，广西师范大学出版社，2014 年。

74. 张龙平：《国家、教育与宗教——基督教教育会与近代中国》，中国社会科学出版社，2015 年。

75. 徐保安：《教会大学与民族主义:以齐鲁大学学生群体为中心（1864-1937）》，南京大学出版社，2015 年。

76. 赵晓阳：《当代中国基督宗教史研究》，中国社会科学出版社，2016 年。

77. 刘海涛：《河北基督教史》，宗教文化出版社，2016 年。

78. 左芙蓉：《华北地区的圣公会》，宗教文化出版社，2017 年。

79. 黄光域：《基督教传行中国纪年（1807-1949）》，广西师范大学出版社，2017 年。

80. 章开沅、马敏主编，贝德士著：《贝德士中国基督教史著述选译》，上海社会科学院出版社，2017 年。

七、相关论文

（一）期刊论文

1. 洪君保：《五年运动》，《中国与教会》1981 年第 18 期。

2. 徐炳三：《福建圣公会与五年奋进布道运动》，《宗教学研究》2005 年第 3 期。

3. 聂资鲁：《百余年来美国的基督教在华传教史研究》，《近代史研究》2000 年第 3 期。

4. 张永广：《二十世纪上半叶中国基督教会合一运动述评》，《宗教学研究》2010 年第 4 期。

5. 龙秀清：《20 世纪初在华传教士的本色话语》，《天津师范大学学报》2010 年第 5 期。

6. 葛壮：《评析民国前期基督新教的大发展》，《社会科学》2010 年第 4 期。

7. 曲拯民：《齐鲁大学校史》，《山东文献》第 9-10 卷连载，1983-1984 年。

8. 张书丰：《山东教会学校教育九十年》，《华东师范大学学报》2000 年第 4 期。

9. 张子荣：《山西基督教宗派述略》，《三晋文化论丛》1994 年第 1 期。

10. 王立新：《后殖民理论与基督教在华传教史研究》，《史学理论研究》2003 年第 1 期。

11. 王立新：《"文化侵略"与"文化帝国主义"：美国传教士在华活动两种评价范式辨析》，《历史研究》2002 年第 3 期。

12. 吴梓明：《全球地域化：中国教会大学史研究的新视角》，《历史研究》2007 年第 4 期。

13. 陈建明：《基督教普世主义及其矛盾》，《世界宗教研究》2004 年第 2 期。

14. 陈建明：《基督教信仰与乡村教育理念的融合——〈田家半月报〉评析》，《世界宗教研究》2008 年第 4 期。

15. 胡卫清：《民族主义与近代中国基督教教育》，《石河子大学学报》2001 年第 2 期。

16. 胡卫清：《论近代教会学校的宗教教育》，《学术研究》2001 年第 7 期。

17. 陶飞亚、杨卫华：《改革开放以来的中国基督教史研究》，《史学月刊》2010 年第 10 期。

18. 任淑艳：《民国时期教会学校的宗教教育之悖论》，《史学月刊》2009 年第 5 期。

19. 程翠英：《疏离与忠诚：20 世纪中国基督教本色化历程研究》，《华中师范大学学报》2009 年第 4 期。

20. 段琦：《20 世纪初中国社会变迁与基督教发展互动关系浅析》，《当代中国民族宗教研究》2008 年第 3 辑。

21. 杨念群：《社会福音派与乡村建设运动的理论与组织基础》，《道风山汉语神学学刊》1998 年春季号。

22. 杨思信：《民国政府教会学校管理政策演变述论》，《世界宗教研究》2010 年第 5 期。

23. 郑利群：《抗战前中国基督教青年会的宗教活动》，《天风》2010 年第 1 期。

24. 金兵：《基督教青年会与民国时期的职业指导》，《世界宗教研究》2010 年第 4 期。

25. 刘家峰：《近代中国基督教运动中的差会与教会关系概论》，《宗教学研究》2006 年第 3 期。

26. 刘家峰：《从差会到教会：诚静怡基督教本色化思想解析》，《世界宗教研究》2006 年第 2 期。

27. 刘家峰：《基督教与民国时期的乡村识字运动》，《民国研究》第 15 辑，2009 年。

28. 鲁娜，陶飞亚：《齐鲁大学的历史资料及其研究》，《教育评论》1994 年第 1 期。

29. 姚西伊：《20 世纪二三十年代基要派》，王晓朝等主编：《信仰与社会》，广西师范大学出版社，2006 年。

30. 姚西伊：《"九一八"之后中国基督徒对战争与和平问题的思考与讨论》，《离异与融会：中国基督教与本色教会的兴起》，上海人民出版社，2005 年。

31. 马广全：《略论近代以来基督教在华北兴办的社会事业——以直隶省为中心进行考察》，《河北广播电视大学学报》2013 年第 3 期。

32. 毕晓莹：《美国公理会与民国通县乡村建设探析》，《中国社会经济史研究》2012 年第 2 期。

33. 毕晓莹：《美国公理会与保定乡村建设述论》，《古今农业》2012 年第 1 期。

34. 毕晓莹：《从潞河医院看教会医院与近代地方社会》，《史学月刊》2012 年第 10 期。

35. 张德明：《民国基督教五年运动布道事业初探》，《民国档案》2012 年第 3 期。

36. 秦武杰：《基督教与近代工业改良》，《南方论刊》2008 年第 10 期。

37. 左芙蓉：《近代北京基督教史研究现状与史料利用综述》，《世界宗教研究》2012 年第 2 期。

38. 左芙蓉：《北京基督教青年会的历史研究现状与档案资料综述》，《北京社会科学》2004 年第 3 期。

39. 吴义雄：《中国基督教史研究与区域社会史研究》，《史学月刊》2013 年第 10 期。

40. 吴义雄：《自立与本色化——19 世纪末 20 世纪初基督教对华传教战略之转变》，《中山大学学报》2004 年第 6 期。

41. 王成勉：《基督教合作运动之困境——"中华全国基督教协进会研究"》，载王成勉：《教会、文化与国家：对基督教史研究的思索与案例》，台湾宇宙光出版社，2006 年。

42. 聂家昕：《近代中国社会宗教的灾荒治理——读〈中国基督教乡村建设运动研究（1907-1950）〉》，《中国图书评论》2011 年第 10 期。

43. 刘海涛：《抗日战争时期的河北基督教》，《军事历史研究》2010 年第 3 期。

44. 陈柏峰：《基督教传播与中国宗教再认识》，《中国乡村研究》2011 年第 9 辑。

45. 陈岭：《基督教大学"中国化"意涵与实践的歧异——1930 年代燕京大学"百万基金运动"研究》，《近代史学刊》2015 年第 14 辑。

（二）硕博论文

1. 赵颖：《山东教会中学浅述》，山东大学硕士论文，2007 年。

2. 崔霞：《齐鲁大学的校园文化研究（1928-1937）》，山东大学硕士论文，2006 年。

3. 王超云：《基督教在近代中国传教方式的转变》，西北师范大学硕士论文，2007 年。

4. 刘安荣：《基督教的传播与近代山西社会早期现代化》，山西大学硕士论文，2004 年。

5. 赵英霞：《基督教会与近代山西社会》，中国人民大学博士论文，2004 年。

6. 王妍红：《美国北长老会近代在山东活动历史考察》，山东师范大学硕士论文，2009 年。

7. 赵景龙：《齐鲁大学的本土化与世俗化历程研究》，首都师范大学硕士论文，2007 年。

8. 汤云丽：《司徒雷登与燕京大学的学生运动》，河北师范大学硕士论文，2005年。

9. 王瑞：《"危城"中的抗日呐喊——以1931-1937年燕京大学师生的抗日言行为中心的考察》，上海大学硕士论文，2008年。

10. 刘家峰：《诚静怡与中国教会本色化运动》，中山大学，2004年博士后出站报告。孙建中：《近代山东基督教教区研究》，复旦大学硕士论文，2009年。

11. 徐燕：《中国基督教学生运动初探》，华中师范大学硕士论文，2008年。

12. 毕晓莹：《近代美南浸信会在山东活动述论》，山东师范大学硕士论文，2009年

13. 毕晓莹：《华北基督教公理会研究》，北京大学博士论文，2013年。

14. 钱希娜：《近代美国公理会在山东活动考察》，山东师范大学硕士论文，2013年。

15. 王杰：《民国时期的基督化家庭运动研究》，山东大学硕士论文，2010年。

16. 赵祥斌：《神圣与世俗之间：齐鲁大学乡村建设研究》，山东大学硕士论文，2011年。

17. 颜芳：《燕京大学乡村建设实验研究（1919-1941年）》，北京师范大学硕士论文，2008年。

18. 王伟：《清末民初教会合一运动研究（1900-1927）》，山东大学硕士论文，2008年。

19. 金基永：《民国前期北京基督教研究》，北京师范大学博士论文，2013年。

20. 张德明：《英国浸礼会在华活动历史考察》，山东师范大学硕士论文，2010年。

21. 姬红：《北京地区美国基督教会中学研究，1920-1941》，北京大学硕士论文，1989年。

22. 王聪：《从边缘到中心：山东基督教青年会历史研究》，山东大学硕士论文，2013年。

23. 陈静：《改变与认同：瑞华浸信会与山东地方社会》，山东大学硕士论文，2013年。

24. 杜敦科：《齐鲁大学教育转型与发展研究》，西北大学博士论文，2013年。

25. 高宁：《民国河北基督教会乡村建设运动研究》，河北师范大学硕士论文，2015年。

26. 马琰琰：《向何处走——齐鲁大学发展路径研究（1927-1949）》，山东大学博士论文，2017年。

27. 王爽：《民国时期燕京大学乡村建设研究——以清河实验为例》，河北大学硕士论文，2017 年。

28. 卢孝齐：《中国基督教乡村建设运动——以华北地区为例（1922-1937）》：台湾中国文化大学史学研究所，1985 年硕士论文。

29. 陈能治：《美国教会学校与近代中国——山西铭贤学校个案研究》，台湾成功大学博士论文，2006 年。

30. Norman Howard Cliff, *A History of the Protestant Movement in Shandong Province, China, 1859-1951*, Ph.D.dissertation ,University of Buckingham, 1994.

   柯喜乐：《山东基督教新教史，1859-1951》，白金汉大学，1994 年博士论文。

31. Janet E. Heininger, *The American Board in China: the Missionaries' Experiences and Attitudes, 1911-1952*, Ph.D.dissertation , University of Wisconsin, 1981.

   亨尼格：《美国公理会在中国；传教士的经验与态度，1911-1952 年》，威斯康辛大学，1984 年博士论文。

32. Mary T. Campfield, *Oberlin-in-China, 1881-1951*, Ph.D.dissertation, University of Virginia, 1974.

   卡费德：《欧柏林在中国，1881-1951》，弗吉尼亚大学，1974 年博士论文。

33. Samuel D. Ling, *The Other May Fourth movement : the Chinese Christian Renaissance,* 1919-1937, Ph.D.dissertation , Temple University, 1980.

   林慈信：《另一个五四运动：1919-1937 年中国的"基督教复兴"》，天普大学，1980 年博士论文。

34. Ng Lee-ming, *Christianity and Social Change: The Case of China, 1920-1950*, Ph.D.dissertation, Princeton Seminary, 1971.

   吴利明：《1920-1950 年的基督教与中国的社会变化》，普林斯顿神学院，1971 年博士论文。

35. Wesley L. Handy, *An Historical Analysis of the North China Mission （SBC） and Keswick Sanctification in the Shandong revival, 1927-1937*, Ph.D. dissertation ,Southern Baptist Theological Seminary, 2012.

   汉迪：《华北浸信会与山东大复兴中的凯瑟客神灵化：1927-1937》，美国南浸信会神学院博士论文，2012 年。

36. Lee, Chun Kwan, The theology of revival in the Chinese Christian Church, 1900-1949: Its emergence and impact , Ph.D.dissertation , Westminster Theological Seminary, 1988.

   李俊关：《中国基督教会的复兴神学，1900-49 年：它的起源与影响》，威斯敏斯特神学院，1988 年博士论文。

八、工具书

1. 中华福音神学院编刊：《中国基督教史研究书目：中日文专著与论文目录》，台北，1981年。

2. 马长林、吴小新主编：《中国教会文献目录：上海市档案馆珍藏资料》，上海古籍出版社，2002年。

3. 陈剑光、庞君华：《中国新方志中所基督宗教资料索引（1980-1998）》，中国宗教文化研究社，1998年。

4. 郭卫东主编：《近代外国在华文化机构综录》，上海人民出版社，1993年。

5. 金以枫编：《1949年以来基督宗教研究索引》，社会科学文献出版社，2007年。

6. Wu Xiaoxin（ed）,*Christianity in China: A Scholars's Guide to Resources in the Libraries and Archives of the United States*, New York, 2009.

7. R. G. Tiedemann, *Reference Guide to Christian Missionary Societies in China*, London, 2009.

   狄德满编：《中国基督教差会研究指引》，伦敦，2009年。

8. R. G. Tiedemann, *Handbook of Christianity in China*, Vol.II, London, 2010.

   狄德满编：《基督教在中国手册》第2卷，伦敦，2010年。

附录一：民国山东基督教史料介绍及反思

  第二次鸦片战争后，美国北长老会、英国浸礼会等西方基督教差会纷纷进入山东传教，其势力迅疾遍布齐鲁大地，到民国时期，已发展为仅次于广东的基督教大省。据 1920 年《中华归主》调查，时山东有欧美新教差会 20 个，布道区数目 1330 个，位居全国第一，外国宣教师 504 人，受餐信徒 41821 人，人数仅次于广东。[1]近年来，国内基督教史研究日渐升温，但出于基督教研究的特殊性，史料不足始终是困扰学者的重要问题。本文将试图以民国山东基督教史为研究对象，梳理介绍的相关的中、英文书刊及原始档案史料的具体情况，并展望山东基督教史研究未来努力方向，期望对研究者提供些许便利。

一、原始档案史料

  在近代来山东传教的欧美新教差会中，尤以美国北长老会、英国浸礼会、美国公理会、美国南浸信会等差会在山东的规模较大。民国山东各新教差会档案，为研究其活动的一手原始史料，涵盖各差会在中国传教的会议记录、年度报告、传教士来往信件等重要内容。目前国家图书馆及华中师范大学东西方文化交流中心收藏有美国公理会档案（Papers of the American Board of Commissioners for Foreign Missions）、英国圣道公会档案（Wesley Methodist

---

[1] 中华续行委办会调查特委会编：《中华归主：中国基督教事业统计，1901-1920》，北京：中国社会科学出版社，1987 年，第 406-419 页。

Missionary Society Archive）、英国圣公会档案（Church Missionary Society Archive ）、中国内地会档案（China Inland Mission, 1865-1951: from the School of Oriental and African Studies）、卫理宗档案（Missionary files: Methodist Church, 1912-1949）、《美国明尼苏达大学图书馆藏基督教男青年会档案》（广西师范大学出版社，2012年）[2]；除了差会档案外，各差会都编有英文的年度报告，如美国公理会，英国浸礼会，美国北长老会、美国美以美会，中国内地会等差会的英文年度报告，详细记载本年各差会在华活动，也是重要参考史料；皮克（Peake, Cyrus Henderson）等1973年编辑出版的大型美国来华传教士口述史料调查工程（ China Missionaries Oral History Collection），也涉及了数位民国时期在山东德州、济南等地活动的传教士口述记录，为珍贵的一手史料，现藏于香港中文大学图书馆。

因上海为民国时期众多新教差会及出版机构、基督教机关的总部所在地，在上海档案馆也藏有丰富而珍贵的教会史料。[3]具体而言，在英文原始差会档案中，有关于《美国长老会对外宣教部致中国总会及差会信件汇编》、《美国长老会对外宣教部年度报告》、《1860-1937年山东差会历年汇存：美国长老会山东差会会议记录》、《美国南浸信会华北差会年会会录》、《华北基督教公理会促进董事部年会报告记录》、《美国长老会登州分差会报告》、《美国长老会中国总会公报》，以上报告都是研究差会布道、教育、医疗等活动一手史料；另上海档案馆还有涉及在山东活动差会的中文档案，多为会议记录，如《华北长老会大会记录》、《中华基督教卫理公会华北年议会会议记录》、《山东中华圣公会第十六次教区议区记录》、《中华圣公会总议会报告书》等。而在山东各地档案馆中，也藏有部分基督教档案资料。山东省档案馆及济南档案馆，主要收藏有齐鲁大学的档案；而青岛作为基督教活动频繁地区，在青岛档案馆也保存有大量基督教史料，如青岛崇德中学、礼贤中学青岛青年会及信义

2　关于各差会档案及美国收藏中国基督教史料的详细介绍，另可参见狄德满（R. G. Tiedemann）主编的《中国基督教手册：第2卷，1800-至今》（*Handbook of Christianity in China: Volume Two:1800-present，2010*）及柯乐智（Archie R. Crouch）主编的《美国图书馆及档案馆藏中国基督教史料指南》（*Christianity in China: A Scholars's Guide to Resources in the Libraries and Archives of the United States，1989*），后者由吴小新2009年重新修订出版。

3　可参见马长林、吴小新编：《中国教会史料目录：上海档案馆珍藏史料》，上海：上海古籍出版社，2002年。

会等教会机构的史料；烟台虽为近代山东基督教重要活动地，但烟台档案馆内所藏基督教史料却较少；潍坊市档案馆则藏有瑞华浸信会主办的胶县瑞华中学（1929-1949年）的20多卷档案，涉及该中学的日常教学、行政及师生管理等史料；威海市档案馆曾专门从英国国家档案局复制大量英国在威海卫活动的英文档案，其中少量涉及英国弟兄会等基督教差会在威海的活动。

齐鲁大学为西方差会在山东创办的著名教会大学，在近代山东教育史上占有重要地位。关于齐鲁大学历史史料，在山东也保存很多[4]。关于齐大本身的历史档案，现多集中在山东大学西校区、济南市档案馆、山东省档案馆。特别是山东省档案馆，专门建立了齐鲁大学（1904-1952）全宗，比较完整地收藏了齐鲁大学自广文大学以来，包括了齐鲁大学在济南，四川成都，杭州，福州等地各个时期的历史史料。按照山东省档案馆的整理和分类，共有史料2043卷，分综合形成的档案、教务处档案、各院系及研究所档案、总务处档案、建国后档案五类，其中里面也有美国北长老会、英国浸礼会、美国公理会与齐鲁大学的书信往来及以上差会在山东传教报告的英文史料，对研究山东的教育史及宗教、西方文化的传播与影响，仍有重要的史料价值。而在亚洲基督教高等教育联合董事会的档案（United Board for Christian Higher Education in Asia）中，有齐鲁大学大学专门档案，大多为英文材料，其中大量涉及齐大的教学管理、行政事务及来往信件、校刊等史料，目前在华中师范大学、香港中文大学都有收藏。

二、民国图书史料

时来华各新教差会在华也出版有大量中文书籍，记载教会历史及教会学校、医院情况，对研究教会事业价值颇大。如《中华基督教卫理公会百周年纪念册》（1947年），对美以美会在民国山东活动有所涉及；教会人士吴立乐1936年编写的《浸会在华布道百年略史》及《中华浸会百周年纪念报告书》（1936年），对英国浸礼会、瑞典浸信会、美国南浸信会等三浸会系统差会在山东的活动情况也有简单介绍，可作为了解差会的基本线索。而《山东瑞华浸信会50周年纪念集》（1941年）与《华北浸会边荒布道小史》（1941年），也是了解瑞华浸信会与美国南浸信会在山东活动的史料。关于美国公理会的

---

4 另可参考鲁娜、陶飞亚的《齐鲁大学的历史史料及其研究》(《教育评论》1994年第1期）的介绍。

史料，1930 年出版的《山东德县卫氏博济医院报告书》、1932 年出版的《德县基督教公理会五十年史略》及 1937 年出版的《临清基督教公理会五十周年纪念小史》，对公理会在山东德县、临清两地发展状况都有所介绍。而活动于青岛地区的美国鲁东信义会，相关史料主要是该会编写的《鲁东信义会五十周年纪念刊》（1948 年），该书简单叙述了信义会在青岛的传教历程。美国长老会传教士郭显德（Hunter Corbett）在山东活动 40 余年，连警斋 1937 年编的《郭显德牧师行传全集》则对郭显德在山东传教、教育等活动有详细的记载，本书最后还附有《山东长老会概况》，为了解民国山东长老会史的重要史料；另外，中华基督教会全国总会的第二届到第五届的会议记录中，也有山东大会的教务活动的简要介绍。《华北中华基督教团成立周年纪念册》（1944 年）及兴亚宗教协会编《华北宗教年鉴》（1941 年），则对抗战时期的山东基督教会的情况有所涉及。中华全国基督教协进会编印的《订正中国基督教团体调查录》（1950 年），则为了解抗战后基督教在华活动的重要史料，对山东教派也有涉及。以上民国图书，市面上已不多见，多收藏于国家图书馆，北京大学图书馆及山东省图书馆。

上海档案馆也藏有丰富的民国山东基督教图书，以青年会为例来看，多集中于青岛、烟台、济南青年会的相关书籍。如《基督教青年会五十周年纪念册》（1936 年）、《中华基督教青年会全国大会报告书》、《烟台中华基督教青年会第十六届征友大会特刊》（1931 年）、《济南中华基督教青年会民国二十八年度会务年报告》（1940 年）、《烟台青年会廿周年纪念册》（1923 年）、《烟台中华基督教青年会三十周年纪念册》（1933 年）、《济南中华基督教青年会成立二十周年纪念特刊》（1933 年）、《烟台中华基督教女青年会特刊》（1934 年）、《济南青年会略史》（1931 年）、《威海卫中华基督教青年会成立纪念册》（1932 年）、《青岛中华基督教青年会五周纪念报告册》（1931 年）等。以上山东各地青年会的纪念册，多对青年会的历史、组织活动有详细记载。另上海档案馆还有涉及中华基督教会山东大会及各地神学院的图书，如《中华基督教会山东大会第八、九届常会议录》、《烟台市中华基督教会三十周年纪念册》（1949 年）、《中华基督教会济南区会常会记录》（1939 年）、《山东东海区会纪事》（1937 年）、《济南齐鲁大学神科章程》（1925 年）、《华北神学院简章》（1940 年）等。

民国山东各教会学校所出图书颇多，多以纪念刊或概览出现，为研究学校日常活动的重要参考，如《济南私立齐鲁中学概况一览》（1934 年）、《齐鲁大学一览》（1943 年）、《山东潍县广文中学五十周年纪念特刊：1883-1933》（1933 年）等。而《山东省政府教育厅视察报告》第 1-3 集（1930 年-1933年）、《山东省政府教育厅第二次工作报告》（1931 年）、《华北各省设立中小学校概览》（1942 年）等民国教育统计史料中，都有欧美差会在山东等中小学的班级、学生、教师等数量的详细统计。值得一提的是 1922 年由中华续行委办会分中英文出版的《中华归主》[5]，为全国性教会现状调查的报告书。该书对山东省新教教务有专门一章介绍，对与山东教会有关的现况作了统计上的说明，如传教士人数、中国信徒与神职人员数量、教堂数目、各宗派在山东分布状况，对教会学校、医院等相关事业也有记录，史料翔实，故是研究民国山东新教差会历史不可或缺的史料。鲍引登（C. L. Boynton）主编的《基督教在华传教运动手册》（*The Handbook of Christian Movement in China under Protestant Auspices*, 1936），则对当时山东各差会在华布道、教育、医疗等工作有具体数字统计。

当时来华传教士也写有许多基督新教差会在华活动的著作，也为我们了解差会的基本活动研究提供了基本线索。如德韦（Horace E. Dewey）的《华北美以美会 70 年布道史》（*Seventy Years of Methodist Evangelism in North China, 1869 to 1939*，1939）；力维韬（W. N. Lacy）《美以美会在华百年史》（*A Hundred Years of China Methodism*，1948），其中涉及了美以美会在山东的活动；英国浸礼会为仅次于美国北长老会的第二大差会，其相关著作有传教士白向义（E. W. Burt）1925 年著的《在华五十年：英国浸礼会在山东、山西及陕西的故事（1875-1925）》（*Fifty Years in China: The Story of the Baptist Mission in Shantung, Shansi and Shensi, (1875-1925)*）及 1937 年著的《英国浸礼会在华北六十年的传教故事》（*After Sixty Years: The Story of the Church Founded by the Baptist Missionary Society in North China*），魏礼模（H. R. Williamson）1957 年出版的《英国浸礼会在中国，1845-1952》（*British Baptists in China,1845-1952*），以上著作虽是对英国浸礼会在华活动的总体叙述，但对浸会在山东的活动有详细记载，并附有在山东活动传教士名单；麻海如（Harold S. Matthews）的《华北公理会 75 年》（*Seventy-five Years of the North China*

---

5 1987 年，中国社会科学院宗教研究所整理出版了《中华归主——中国基督教事业统计（1901-1920）》，2010 年又在中国社会科学出版社以《1901-1920 年中国基督教调查史料》为名出版修订版。

Mission, Peking: Sheffield Print Shop, 1942），则总结了公理会在华北地区传教的 75 年历史；奚尔恩（John J. Heeren）1940 年所著的《在山东前线》（*On the Shantung Front ,A History of the Shantung Mission of the Presbyterian Church in the U.S.A 1861-1940 in its Historical ,Economic ,and Political Setting*），则详述了美国北长老会在近代山东的传教历史；美国南浸会传教士高德福（Mary K. Crawford）1933 年所著的《山东复兴》（*The Shantung Revival*），也是对南浸会在非基督教运动后 10 年间教务飞速发展情况的记载[6]。但传教士所写教会历史所作的教会史，这种"基督教内的学术研究"主观上有浓厚的神学倾向与福音诉求，在具体事实细节研究上仍有所不足，忽略了中文史料的使用，其写作的学术准则也有所偏颇。而由中华基督教会全国总会编著的第二、三、四、五次总会会议录中，对由英国浸礼会、美国北长老会组成的中华基督教会山东大会的活动介绍较多。此外，阿美德（A.G.Ahmed）1936 年著的《图说烟台》（*Pictorial Chefoo*），其中有基督教在烟台所建益文商专，毓璜顶医院、烟台青年会等教会机构的简要介绍，也为了解 1930 年代烟台基督教活动的绝佳史料。[7]

三、民国报刊史料

时民国山东基督教差会也办有多所基督教大学及中小学，各校在教学之余，也主办有相应校刊。以笔者所见，有德州博文中学主办的《博文季刊》、济南齐鲁中学主办的《齐中月刊》、华北神学院主办的《华北神学院年刊》、潍县广文中学主办的《广文校刊》、青岛崇德中学主办的《崇德中学校刊》、烟台益文商专主办的《益文月刊》等。齐鲁大学内部也办有大量校刊，如《齐大旬刊》、《齐大月刊》、《齐大季刊》、《齐大年刊》、《齐大心声》、《鲁铎》等。在各校校刊中，除了学生的文艺作品外，还有对各校教学及文体活动的记载，为了解民国教会学校办学的重要史料。此外，《教育期刊》、《中华基督教教育季刊》、《华北基督教教育会期刊》等中文基督教教育期刊，内中也涉及了山东教会学校的情况。

6　本书的中文译本由俞敬群以《山东大复兴》为名出版（台北浸信会神学院，1969 年）

7　2007 年，陈海涛、刘惠琴以（《图说烟台（1935-36）》为名在齐鲁书社将此书翻译出版。

在教会报刊方面，当时主要在华基督宗派，都办有中文机关报刊。如卫理宗主办的《兴华》、浸礼宗主办的《真光》及《浸会声》、长老会主办《通问报》、圣公会主办的《圣公会报》、信义会主办的《信义报》、救世军主办的《救世报》及《军官月刊》、华北基督教农促会主办的《田家半月报》、中华基督教总会主办的《总会公报》、基督教协进会主办的《中华归主》月刊、华北公理会主办的《华北公理会月刊》等，皆涉及了各差会在山东的活动，多是对其教务的介绍。而青年会主办的刊物《青年进步》、《女青年月刊》、《消息》、《同工》、《威海青年》、《烟台青年》、《中华基督教青年会年鉴》等中，也对济南、青岛、烟台、威海、周村等地的男女青年会会务也有详细介绍。当时在华传教士办有英文杂志，提及华北基督教活动甚多，如英国圣公会主办的《华北与山东差会》（North China and Shantung Mission）、中国内地会主办的《中国亿兆》（China's Millions）、美国公理会主办的《传教士先驱》（Missionary Herald）、中华博医会主办的《博医会报》（China Medical Journal）、中华基督教教育会主办的《教育评论》（Educational Review）等，皆记述了大量民国山东基督教的教育、医疗事业及传教士的活动。

现对涉及民国山东基督教活动较多的《教务杂志》、《中华基督教会年鉴》、《中国差会年鉴》三种期刊作重点介绍。《教务杂志》（The Chinese Recorder，1867-1941）作为一本教会出版的英文杂志，是跨越清代与民国两阶段最具价值的教会英文期刊。在《教务杂志》上，除了对山东新教差会活动介绍外，还有山东传教士所写的反应教务及中国文化的文章，史料价值极大[8]；《中华基督教会年鉴》（1914-1936）：该年鉴以中文出版，内容广泛，虽是介绍全国各基督教宗派，但对美国北长老会、美国公理会、美国南浸信会、英国浸礼会等部分在山东新教差会的现况皆翔实的报道，教会学校、医院、文字宣教工作、社会关怀工作等等，皆有报告，在每期年鉴后都附有教会学校、医院、差会的职员名录与详细的教会事业数字统计[9]；《中国差会年鉴》（1910-1939）：该年鉴为英文（初名 China Mission Year Book，1926 年后改成 China Christian Year Book），完整的记录了 1910 年到 1939 年 30 年间基督

---

8 为方便读者查找，美国人罗凯琳（K. L. Lodwick）编有 2 卷本的《教务杂志索引》（*Chinese Recorder Index：a Guide to Christian Missions in Asia*，1867-1941，1986）。

9 《中华基督教会年鉴》共 13 期 14 大册，1983 年已由台湾中国教会研究中心影印出版。

教在华发展的实况，多由传教士报告本区工作概况，年鉴里含有对民国基督教在山东的布道、教育、医疗、出版等工作也多有介绍，成为另一套较完整的教会史珍贵史料。[10]值得一提的是，当前随着网络的发展，出现了众多的电子期刊资源，如大成老旧刊数据库，上海图书馆所办的晚清民国期刊数据库等，里面也有大量的民国中文教会期刊可全文阅读下载，涉及很多民国山东基督教活动期刊文章。

四、地方史志史料

因基督教在民国时期的特殊地位，当时民国地方志均出现了对当地基督教情况的介绍，也可为掌握基督教活动的基本史料。民国地方志基督教内容虽然较为简单，但多涉及了基督教在当地历史概况、教堂、传教士教徒数目、教会学校、医院等介绍，为难得的民国中文史料，可与西文史料对证使用。特别需要提及的是，张先清、赵蕊娟等主编的《中国地方志基督教史料》（东方出版中心，2010 年），其中专门摘抄了民国山东的《胶澳志》、《掖县志》、《临清县志》等 40 余种方志的基督教内容，为研究者提供了便利。而诸如《山东省志》（1925 年）、《续修历城县志》（1926 年）、《德县志》（1934 年）等民国山东地方志，在国家图书馆的特色资源中数字方志版块皆可在线浏览，方便了读者利用。建国后各地的地方、史志史料虽为二手史料，但同样不可忽视，也有专门的宗教章节提及基督教。香港学者陈剑光、林雪碧合编的《中国新方志中的基督宗教史料》（香港：圣神修院神哲学院，香港基督教协进会，2006 年）专门收集了山东 17 地市的 134 种省市地方志中的有关基督教的记载，但受编写者水平及史料限制，或是叙述简略，或是事实错误较多。此外，《山东省志》中的民族宗教志、教育志、卫生志也对各教会在各省的教育、卫生、传教活动有所叙述。台湾张玉法主编的《民国山东通志》（山东文献出版社，2002 年）则较为详细地介绍基督教会在山东的传教、教育、医疗及广智院活动的情况，其内容相比建国后的山东省市地方志有更高可信性。

建国后出版的山东各地文史、史志史料，如《山东史志资料》、《山东省宗教志史料选编》、《山东教育史志史料》、《山东文史资料选辑》、《山东文献》等，也有对近代山东基督教的不少介绍。在以上资料中，虽多为回忆文章的

---

10 此套年鉴，已由国家图书馆出版社于 2012 年以《中国基督教年鉴》（全二十四册）为名公开出版。

二手史料，但多涉及到山东基督教的传播及齐鲁大学、教会中学及医院的发展历史。如庄维民、王如绘的《山东基督教组织述略》（《山东史志资料》1983年第 2 辑），系统介绍了近代来山东各新教差会的沿革组织；《山东省宗教志史料选编》（第 1、2 辑），则有《解放前基督教在山东所办中小学概况》、《基督教在潍坊的传入与传播》等文章；在山东省市政协文史资料委员会编写的《山东文史资料选辑》则刊有《七七事变以前的齐鲁大学》、《我所知道的齐鲁大学》、《马庄耶稣家庭始末》、《山东基督教自立会简介》、《基督教公理会在山东的发展和组织概况》等文章，虽然部分文章观点带有浓厚政治色彩，但却有极高的史料价值；《山东文献》及《山东教育史志资料》则刊有《近代山东新教差会》、《美南浸信会在烟台创卫灵女校、焕文男校》、《青岛教会中学史略》、《枣庄地区的教会办学概况》等史实介绍文章。当然，在山东 17 地市文史史料中，也有相关基督教在各地活动的介绍，可作为研究的参考，在此不再细述[11]。如由潍坊奎文区政协编著的《百年沧桑乐道院》（中国档案出版社，2005 年），即汇集了关于美国北长老会在潍县创办的乐道院、广文中学、基督教医院的多篇回忆文章。另外在各地宗教局也曾在内部编有专门的基督教志，如济南市基督教两会编的《基督教史料选辑》（1-4 辑）、《山东省基督教志》、《淄博民族宗教志》、《烟台民族宗教志》、《潍坊基督教志》、《青岛基督教志》等，其中对基督教的在各地活动的介绍，远比公开出版的地方志内容丰富，但却因为内部发行缘故，在市面上比较少见。而部分与建国前的教会学校、医院有历史渊源的教育医疗机构也编著了相关的校志、医院志等史料，其中也涉及了很多民国基督教活动史料，诸如《山东大学齐鲁医院志、山东医科大学附属医院志（1890-2000）》（山东大学出版社，2000 年）、《山东省益都卫生学校志 1885-2005》，（山东大学出版社，2005 年）及《山东省青岛第十一中校志》（1998）、《山东潍坊二中校志：1883-1993》（1993）、韩同文所编的《广文校谱》（1993）及《齐鲁大学八十八年》（现代教育出版社，2010年）等书。

---

11 关于山东省及各地市文史史料中的基督教文章目录，可参见李永璞主编：《全国各级政协文史资料篇目索引：1960-1990》（北京：中国文史出版社，1992 年）及边晓利等编：《中国基督教史论文索引（1949-1997）》（《基督宗教研究》1999 年第 1辑）。

五、研究反思

改革开放以来，在众多学者的努力下，近代山东基督教史研究取得了丰硕成果[12]，将区域基督教史推上了新台阶。尤其自 1996 年陶飞亚、刘天路所著的《基督教会与近代山东社会》作为国内较早的基督教区域史研究著作推出后，山东基督教历史研究日渐走向多元化[13]。目前，山东大学胡卫清、刘天路教授正在从事教育部人文社科基地课题《山东基督教历史研究》的研究，相信会继续从更深层次，细化方面推进山东基督教史研究。但根据现有中西史料及研究现状，学术界对民国山东基督教史研究仍显不足，仍有许多问题亟需学者进一步研究探讨。

1、近代山东基督教史史料的翻译、整理

众所周知，研究近代山东基督教需要大量的原始外文史料，但是这些史料比较珍贵，很难寻找。虽然上述已有部分史料及传教士著作得以翻译出版，但这只是冰山一角，为了推进民国山东基督教史研究的深化，有必要对中国差会年鉴、教务杂志、差会年度报告、大会记录、中国基督教年鉴、传教士著作等史料中摘录有关近代山东基督教史料，以为研究者提供方便。对于来山东传教士的名单应详细翻译整理，并对著名男、女传教士给予立传，出版山东传教士传记丛书。值得一提的是，山东师范大学郭大松教授近来先后出版《中西文化交流的先驱和桥梁——近代山东早期来华基督新教传教士及其差会工作》（人民日报出版社，2007 年）及《中国第一所现代大学：登州文会馆》（山东人民出版社，2012 年）两书，汇集了大量反映民国基督教活动的珍贵史料。前者除了翻译有晚清时期山东各差会活动介绍外，还摘译有民国济南、烟台基督教活动的史料，后者则搜集整理了 1913 年出版的《文会馆志》，并有英美新教差会在登州活动的重要介绍，为研究者提供了极大方便。

---

12 具体可参见陶飞亚、杨卫华编：《基督教与中国社会研究入门》（上海：复旦大学出版社，2009 年）一书及金以枫编《1949 年以来基督宗教研究索引》（北京：社会科学文献出版社，2007 年）中相关山东基督教史研究成果介绍。

13 比较代表型的著作有：孙顺华：《基督教传播与近代青岛社会文化研究》（北京：中国社会科学出版社，2010 年）；程麻编译《美国镜头里的中国风情：一个传教士家族存留的山东旧影》（北京：中国文史出版社，2011 年）；陶飞亚的《中国的基督教乌托邦——以民国时期耶稣家庭为例》（北京：人民日报出版社，2012 年）。

当然在研究过程中，中文史料也是不可忽视的史料。山东及各地市地方志、文史史料等中文史料，虽然多为二手史料，仍有其重要参考价值。近代山东基督教在山东留下了大量遗迹，也有不少华人基督徒健在，对于田野调查、拜访基督徒的口述史料，也应给予重视，应及早组织人员进行采访并作归纳整理，以防止这些珍贵的口述史料消亡。不可忽视的是，当前学者在研究过程中，虽然一直强调基督教与地方社会的互动影响，但限于史料所限，多是介绍基督教对当地社会在教育、医疗、慈善等方面的贡献，但对于当地政府及民众对基督教活动的反应的相关史料却比较缺乏，有待以后进一步挖掘。

2、研究程度进一步深化

近年来的基督宗教研究正在突破传统的神学方法和浓烈的意识形态的束缚，开始更多地借鉴社会学、人类学、文化学的方法，形成一门综合性的研究学科，这也为我们研究山东基督教提供了便利与新视角。当前山东基督教史研究多是宏观考察研究，欠缺细化的探究。我们应摆脱某种革命史视野下的文化侵略模式、文化交流模式及现代化模式、后殖民主义理论等各种研究范式的干扰，吸取各种研究范式所长，从宗教普世主义的视角出发，着重于理清山东基督教的基本史实与线索。

民国时期来山东新教差会达 20 余个，以差会为个案考察其在民国山东活动，山东大学、山东师范大学的博士及硕士研究生正在从事这方面研究，而对 17 地市的传教士活动也可以分地区进行研究微观考察。对于众多的在山东活动的传教士，除晚清时期的狄考文，倪维思、慕拉第等人关注较多外，民国时期山东传教士少之又少。依笔者所见，美国长老会、公理会、英国浸礼会等差会都有当时的英文在华传教差会史，还有当时众多传教士的在山东传教的英文著作，再加上差会年度报告及前面我们所述史料，已经具备对各差会个案研究的条件。当然在研究差会个案史问题上，如何突出差会个案的特色，并改变传统的简单叙述其各方面活动的思路，也是后来研究者需要注意的问题。而从研究时段来看，抗战前民国山东基督教研究已有初步探讨，但抗战、解放战争时期及新中国成立前后的山东基督教还关注较少。

3、研究视野的放宽

传教士在近代社会转型中起到一定作用，对于近代山东基督教史研究，应放在整个近代中国社会大背景下考察，结合外部环境、社会关系、经济发展水平、文化教育水平等综合考虑，而不能孤立的考察。以往对传教士在山东的教育、医疗卫生、慈善事业关注较多，而对其传教布道、社会改良、妇女工作等关注较少，今后应在基本搞清史实基础上给予正确评价。传教士在近代中西文化交流上贡献较大，除在中国办学、把西学介绍引进中国外，山东很多传教士休假回国演讲、著书立说、在各自的国内发表文章、申请各种款项以及那些国家各阶层人的捐献活动等等，使中西方有了较多的了解，而学术界对此研究应急需深化。部分来山东传教士都对中国传统文化有较深研究，出版了一系列著作，我们对此应给予关注，他们的中国观、宗教观都是值得需要加强研究的地方。

除了关注外国差会在山东活动研究外，同时更应从本土视野关注民国时期的山东教会，如山东基督教自立会，地方教会，灵恩运动及民国山东基督徒群体与教会自立本色化研究，几乎还是空白点。而民国时期的山东的政教、民教关系也是值得研究地方，基督教与民国各时期山东地方当局的交往，传教士对国民党、共产党的态度，山东社会各阶层与基督教的冲突融合等问题皆值得继续研究。

近代基督教在世界范围内的广传福音运动及外国传教士来华，作为人类社会的一种历史现象，其兴起有着政治、经济、文化等诸多原因，我们有必要从更广阔的背景上考察近代来华传教士，比如资本的不可避免的世界性扩张趋势以及与此相伴的强势文化扩张、19 世纪的宗教复兴运动、基督教不同教派的各种宗教思潮等，都是应予考虑的因素，而研究传教士，尤其不能舍弃宗教学本身而单从政治学入手。[14]纵观民国基督教在山东的活动，我们不能一概的对其予以抹杀或赞扬，既要看到有的来华传教士有意无意充当了帝国主义侵华的帮手，也要看到不少传教士在中国从中世纪向现代转型过程中所起到的积极作用。因而，只有广泛结合各方面的因素进行考察，才能对基督教来华传教的动机、目的，进而对他们的传教事业实事求是地做出较为客观的评价。

---

14 郭大松译编：《中西文化交流的先驱和桥梁——近代山东早期来华基督新教传教士及其差会工作》，北京：人民日报出版社，2007 年，第 10 页。

附录二：民国北京基督教中文文献综述

第二次鸦片战争后，美国北长老会、英国伦敦会、美国公理会等西方基督教差会纷纷进入帝都北京传教，传教士足迹迅疾遍布京城，到民国时期，北京已有十余个欧美新教差会活动，并有真耶稣教会、基督徒聚会处等多处本土教会。当前中国基督教史研究日渐升温，但是搜集史料不易仍是影响该领域研究的重要问题，本文将以民国北京基督教史为研究对象，梳理介绍相关的中文文献情况，希望对研究者提供便利。

一、原始档案史料

北京市档案馆藏有关北京男、女青年会，各教会团体等日常，教会与政府往来的公文，涉及传教士案件、教会立案申请，政府对教会管理，为研究民国北京政教关系的珍贵史料。如《民国七年北京公理会众议会第四次记录及民国十、十一年京兆公理众议会春季记录》（1918-22 年）、《伦敦会多默思关于德尔纳被仆人周成章拐去钱款请严缉的函》（1921 年）、《京畿卫戍总司令部参谋处关于长老会被军人掠去洋车请查寻的函》（1926 年）、《北平市公安局关于各地基督教团体如有申请组织立案者可依照人民团体组织方案的训令》（1931 年）、《基督教女青年会请求立案补发证明的呈文和社会局的批》（1934 年）、《中华基督教游行布道救世团申请宣传布道的呈文和社会局的批》（1935 年）、《北平基督徒布道团请求备案设立基督徒聚会处的呈文和社会局的批》（1935 年）、《远东宣教会、中华圣洁福音堂申请备案的文件》（1941 年）等。另北京市档案馆还有北京的燕京大学及各教会中小学校的往来公文，涉及盗窃案件，赴公共机构参观，学生履历，学校立案等问题，如《北京汇文大学校课程和北京协和医院学校、华北协和女学校章程》（1913 年）、《私立汇文小学校董会关于增设功稚园及该园停办的呈文以及社会局的指令》（1932 年）、《私立慕贞女中校校董会关于改选校长、修正校董会章程的呈文及社会局的指令》（1934 年）、《私立光华、贝满、崇慈、翊教、幕贞等二十个中学毕业生履历及历年成绩一览表》（1937 年）、《北京市私立育英中学各级学生一览表》（1939 年）、《燕京大学关于学生屡次失物请严办的函》（1924 年）、《燕京大学关于撤销前失窃案并将二名校警释放的令》（1928 年）、《燕京大学等地要求来监参观及河北第一监狱的复函》（1946 年）、《女子圣道学校关于到河北第一监狱参观的函》（1947 年）、《北平私立燕京大学附属初级中学各级学生一览表及经费简表》（1948 年）等；在教会医院档案方面，主要涉及道济医院、协和医院与同仁医院，如《北平市私立协和医院、惠中女子中学等校关于申请准予立案的呈及教育局的指令》（1930 年）、《同仁、市立、道济等医院呈送的职员姓名等各项清册》（1942 年）、《卫生部医政司函询同仁医院是否立案及卫生局的复函》（1947 年）、《卫生局关于北平同仁医院拟成立董事会的呈和市政府的指令》（1945 年）。以上北京档案馆的相关档案文件，也为研究民国北京基督教与政府间的政教关系提供了宝贵资料，可以了解基督教与民国北京社会的互动关系。

因上海为民国时期众多新教差会及出版机构、基督教机关的总部所在地，在上海档案馆也藏有丰富而珍贵的教会史料。具体涉及到北京基督教的中文史料有《北京协和医学院青年会第三次报告书》（1917 年）；《北京基督教青年会财政、商业日夜专门学校》（1915 年）；《华北公理会职员录》，1927 年。《北平各大学基督徒学生夏令会纪念册》（1947 年）；《北平基督教学生团体联合会工作报告书》（1937）；《北平青年会简介》（1930 年）；《北平基督教联合救济工作报告书》（1937 年）；《北平区联乡村服务团特刊》（1931 年）；《北平联合女子圣道学院年报》（1934-1949 年）；《北平联青社社员录》（1948 年）等。而在该馆有关华北基督教及全国教会的资料中，也涉及到北京基督教内容，多为会议记录，如《晋鲁直三省公理联合董事部报告》、《华北基督教公理会促进董事部年会报告记录》、《华北长老会大会记录》、《中华基督教卫理公会华北年议会会议记录》、《中华圣公会总议会报告书》、《华北基督教农村事业促进会组织会会议记录与简章》、《中华基督教河北大会第六届年会记录》、《中华基督教会华北大会第 11-13 届常会记录》等，以上报告都是研究民国北京新教差会布道、教育、医疗等活动的一手史料。

此外，天津档案馆也藏有部分北京基督教的史料，如《北京联合女子道学院报告》，1934年；《河北省私立潞河中学、富育女中报告书》，1935年；《潞河医院民国二十三年报告书》，1934年等。通州档案馆则藏有：《私立潞河医院始末》，1936年；《潞河医院简况及接办手续》，1951年；北京大学档案馆则收藏有燕京大学的档案，多以外文资料为主，但也有少量中文档案资料，涉及学生、教师履历、财务报告等校务文件；另在中国协和医科大学档案馆及北京协和医院档案馆，则收藏有民国北京协和医学院及协和医院的有关资料，而北京市第六医院与同仁医院则收藏有当时民国北京道济医院与同济医院的档案，主要记载两所教会医院的院务报告。而现在北京的男、女青年会及北京基督教两会档案室，也收藏有部分民国时期的北京基督教教务档案及民国书刊。

二、民国图书史料

时来华各新教差会在华也出版有大量中文书籍，记载教会历史及教会学校、医院情况，对研究教会事业价值颇大。有关北京教会及教会医院的直接图书有《北京中华基督教会十周年大事记》，1930年；《北平公理会公产委员会典章》，1928年；《北平区公理会众议会年会纪录》，1939年；《北平协和医院简章》（1930年）；《北平协和医院报告书》，1930年，1933年；《同仁医院成立五十年小史》，1936年。有关北京男、女青年会介绍的图书有：《北京基督教青年会会务纪闻》，1923年；《北平基督教女青年会社会服务工作报告书》，1936年；《北平基督教女青年会三十周年纪念刊》，1946年。另在《基督教青年会全国大会报告》，1934年；《基督教女青年会全国会务研究会报告书》，1931年；《基督教青年会五十周年纪念册》，1936年，也涉及到了北京男女青年会的活动情况。当时在北平的英国伦敦会，美国北长老会都加入了中华基督教会华北大会，河北大会，而在中华基督教会的常会记录中，也记载了华北大会、河北大会的有关教务情况，可参见《中华基督教会全国总会第二届常会纪念册》（1929年）、《中华基督教会全国总会第三届常会议录》（1933年）、《中华基督教会全国总会第四届总议会议录》（1937年）、《中华基督教会全国总会第五届总议会会鲁》（1948年）。

在美国美以美会，华北公理会及其他教会历史资料中，也涉及到北京教区基督教的活动，如《华北美以美会四十二次年议会录》（1934年）；《华北美以美会第四十六次年议会录》（1939年）；《华北美会第二届年会记录》（1940

年）;《华北基督教宗教工作研究会会刊》(1941 年);《华北公理会调查报告书》（1944 年）;《华北公理会复员大会记录》(1946 年);《中华基督教卫理公会年议会简史》(1947 年);《中华基督教卫理公会百周年纪念册》(1947 年)，对华北公理会、美以美会在民国北京活动有所叙述;《华北中华基督教团成立周年纪念册》(1944 年) 及兴亚宗教协会编《华北宗教年鉴》(1941 年)，则对抗战时期的北京基督教会的情况有所涉及；中华全国基督教协进会编印的《订正中国基督教团体调查录》(1950 年)，则为了解抗战后基督教在华活动的重要史料，对北京教派也有涉及。还有部分图书涉及华北教会的内部规则，也包括北京教区，如华北公理会:《教会圣礼规则》, 1911 年；华北公理会:《教会规礼》, 1923 年；《华北长老会劝惩条例》, 1935 年；《中华圣公会华北教区宪法规例及附则附录》, 1934 年。值得一提的是 1922 年由中华续行委办会分中英文出版的《中华归主》，为全国性教会现状调查的报告书。该书对直隶省的新教教务有专门一章介绍，其中也包括了民国初期北京教会的情况详细统计，如传教士人数、中国信徒与神职人员数量、教堂数目、各宗派在北京分布状况，对教会学校、医院等相关事业也有记录，史料翔实，故是研究民国北京新教差会历史不可或缺的史料。

民国北京各教会学校刊物颇多，多以纪念刊出现，为研究学校日常活动的重要参考。当时北京各教会学校每年都出版有年刊，介绍当年学校的教学、学生生活等情况，如育英学校的《育英年刊》、贝满女中的《贝满年刊》、通县潞河中学的《潞河中学年刊》、燕京大学的《燕大年刊》；慕贞女中的《慕贞女中年刊》、崇德学校的《崇德年刊》、北京汇文学校的《私立北平汇文中学年刊》、协和医学院的《协和学生年刊》、北京财商学校的《北京财政商业专门学校年鉴》等。另各教会学校还出版有纪念刊，如《崇实中学校纪念刊》(1931 年)、《北平私立财政商业专门学校一九三二年毕业纪念册》(1932 年)、《北平私立崇实中学校七十周年纪念刊》(1935 年)、《北京崇慈女中纪念刊》(1939 年)、《崇实纪念刊》(1939 年)、《北京私立崇实中学校七十五周年纪念刊》(1941 年)、《北平市私立崇德中学 25 周年纪念》(1936 年)、《慕贞生活 70 周年纪念特刊》(1941 年)、《北平汇文第一小学校六十周年纪念刊》(1930 年)、《北京汇文第一小学七十周年纪念刊》(1940 年) 等。以上教会学校的年刊及纪念刊，多有学校概况，教师介绍及当年毕业生介绍，学生团体活动及学生的文艺文章，可作为了解教会学校发展历史的资

料。而在北京各教会学校内部还出版有一般的通俗介绍学校概况的图书，如
《北京入学指南》（1917 年）、《北京基督教青年会日、夜校章程》，1922 年；
《北京基督教青年会英文夜学校》，1927 年；《京师私立汇文中学校一览》，
1927 年；《私立潞河中学校详章》，1931 年；《1934 年育英学校概况》，1934
年；《私立潞河中学简章》，1931 年；《燕京大学宗教学院简章》，1932 年；《北
平私立崇实中学一览》，1932 年；《北平市私立慕贞女子中学校一览》，1934
年；《北平汇文神学校简章》，1931 年；《崇实学校一览》，1924 年；《北京私
立崇实中小学校一年概况报告书》，1937 年；《笃志一九三七》，1937 年；《私
立燕京大学一览》，1930 年；《燕京大学教职员名录》，1934 年；《燕京大学
一览》，1937 年；《燕大三年》，1948 年等。上文所述民国图书，馆藏比较分
散，可见于国家图书馆、首都图书馆、北京大学图书馆及北京、上海档案馆。

在民国时期的全国性及华北地区、北京地区的教育统计资料中，还涉及
北京教会大学及中小学等教会学校的具体统计，如学校班级、学生、教师等
数量的详细统计。具体而言，有《直隶教育统计图表》（1918 年）、《京师教
育概况》（1923 年）、《北京市各学校调查报告录》（1921 年）、《北平特别市
初等教育统计》（1929 年）、《北平市教育统计》（1932 年）、《北平私立大中
中学校一览》（1932 年）、《北平市教育概览》（1933 年）、《北平小学教育》
（1934 年）、《北平市私立中小学体育概况统计》（1935 年）、《北京市教育统
计》（1939 年）、《全国高等教育统计》（1932-1934 年）、《第一次中国教育年
鉴》（1934 年）、《教育部视察员视察各省市教育汇编》（1934 年）、《北平市
教育处所一览》（1937 年，1942 年）、《北京市教育视察团报告》（1938 年）、
《北京市各级中小学校调查》（1938 年）、《北京学术文化机关综览》（1940
年）、《北平特别市私立各校馆概况统计》（1941 年）、《华北各省市教会设立
中小学校概览》（1942 年）、《北平市各级教育机关一览》（1946 年）、《北平
市市私立教育机关一览》（1947 年）、《第二次中国教育年鉴》（1948 年）等[1]。
此外，在《北平市政府统计特刊》（1934 年、1935 年）、《北平市统计览要》
（1938 年）、《北平市政统计》（1948 年）、《北平特别市市政公报》、《北平市
市政公报》中也有当时北京教会学校统计。

---

[1] 以上教育统计，多可参见于《民国教育公报汇编》（北京：国家图书馆出版社，2009
年）；《民国教育统计资料汇编》（北京：国家图书馆出版社，2010 年）；《民国教育
统计资料汇编续编》（北京：国家图书馆出版社，2012 年）。

三、民国报刊史料

时民国北京基督教差会也办有多所基督教大学及中小学，各校在教学之余，也主办有相应校刊。在教会中学方面，北京的慕贞女校、崇慈女校、贝满女校、育英学校、崇实中学、崇德中学、培华女校等皆办有校刊或月刊，年刊，如美以美会主办的慕贞女校办有《慕贞半月刊》、《慕贞生活》、《慕贞校闻》;《慕贞季刊》、《慕贞校刊》、《慕贞半月刊》、《慕贞校刊》;美以美会主办的北平汇文中学则有《汇文学艺》、《汇文周报》、《汇文半月刊》、《汇文月刊、《汇文季刊》;美国北长老会主办的崇慈女校有《崇慈月刊》、《崇慈女中季刊》;美国北长老会主办的崇实学校有《崇实季刊》、《崇实中学校刊》;美国公理会开办的育英学校有《育英半月刊》、《育英团契季刊》、《育英体育》，贝满女中则有《贝满校刊》、《贝满季刊》;潞河中学则办有《潞河校刊》、《潞河半月刊》、《协和湖》、《潞河青声》;英国圣公会主办的培华女中则有《培华校刊》，圣公会的笃志女校则有《笃志季刊》，汇文小学则有《汇文第六小学校刊》等。燕京大学办有大量校刊及报纸，为研究该校活动重要史料。如燕京大学主办的《燕大友声》、《燕大农讯》、《燕大团契声》、《燕大周刊》、《燕大月刊》、《平西报》、《燕京大学校刊》、《燕京新闻》、《燕京神学丛刊》、《燕大基督徒团契年报》等[2]。在北京的教会学校刊物中，除了学校新闻外，还有教师，学生的文艺作品及学术文章，为了解当时学校生活全貌的有力材料。此外，在《大公报》、《益世报》、《华北日报》、《新民报》、《北平晨报》、《京报》、《新晨报》等京津各地报纸中，也有部分对北京基督教活动记载。

时民国基督教会也办有数十种基督教报刊，内容涉及民国基督教活动的详细介绍，成为研究他们活动的重要参考。其中，有关基督教育方面的期刊有：《宗教教育季刊》;《教育期刊》;《中华基督教教育季刊》;《晋直基督教教育会期刊》;《华北基督教教育会期刊》 等中文基督教教育期刊，内中也涉及了北京教会学校的情况;在教会报刊方面，当时主要在华基督宗派，都办有中文机关报刊，也涉及到北京基督教活动的介绍;时在北京地区主办或印刷的刊物有，远东宣教会主办的《暗中之光》;王明道主编的《灵食季刊》;燕

---

2 有关燕京大学资料具体介绍，可参见曲士培等：《燕京大学的基本情况、史料分布及办学特点》，出自吴梓明主编：《中国教会大学历史文献研讨会论文集》，香港：香港中文大学出版社，1995 年。

大宗教学院主办的《紫晶》；北京生命社与真理社主办的《真理与生命》[3]；美国公理会主办的《华北月报》、《华北公理会月刊》、《北平公理会月刊》；华北基督教农村事业促进会主办的《消息汇刊》；通县潞河乡村服务部主办的《消息季刊》；河北基督徒学生联合会主办的《葡萄树》；华北卫理公会主办的《华北卫理公会通讯》；中华基督教会青年团契主办的《恩友》月刊及北平基督徒学生团体联合会主办的《团契月刊》、北平美以美会的《教友双月刊》、救世军主办的《救世报》、北平青年会主办的《北平青年》、华北基督教农村服务联合会的《华北农联通讯》等，对北京基督教差会及团体活动介绍较多。

在民国上海、武汉、济南等地的基督教刊物中，也涉及了北京基督教的介绍，如广学会主办的《教会公报》、卫理宗主办的《兴华》、浸礼宗主办的《真光》及《浸会声》、长老会主办《通问报》、圣公会主办的《圣公会报》、信义会主办的《信义报》、救世军主办的《军官月刊》、华北基督教农促会主办的《田家半月报》[4]、中华基督教总会主办的《总会公报》、基督教协进会主办的《中华归主》月刊、浸礼宗主办的《真光杂志》，也涉及了各差会在北京的布道及社会事业等活动，多是对其教务的介绍。青年会主办的刊物《会务鸟瞰》、《女青年月刊》、《消息》、《同工》、《中华基督教青年会年鉴》等中，也对北平男女青年会会务也有详细介绍。

尤其需要提及资料的是《中华基督教会年鉴》，该年鉴以中文出版，自1914-1936年间分13期出版，内容广泛，虽是介绍全国各基督教宗派，但对北京新教差会的现况皆翔实的报道，涉及教会学校、医院、文字宣教工作、社会关怀工作等等，皆有报告，在每期年鉴后都附有教会学校、医院、差会的职员名录与详细的教会事业数字统计。就具体内容而言，涉及北京基督教史的文章有：北京协和医院（第2期，1915年）、北京汇文学校（第3期，1916年）、北京监狱布道及北京基督教女青年会（第5期，1918年）、北京证道团（第6期，1921年）北京缸瓦市伦敦会，灯市口公理会（第7期，1924年）、燕大基督徒团契（第10期，1928年）、燕京大学社会学系研究与推广工作（第11期，1931年）等。而在介绍直隶、河北教会情况中，对美国公理会、英国伦敦会、救世军等在北京活动的教会多有介绍，并涉及其基督教乡村建设活

3　此刊物1926年由北京基督教刊物《生命》月刊与《真理》周刊合并而成。

4　该刊1934年创刊于济南齐鲁大学，1937年迁往成都办刊，1946年又迁到北平，直至1950年初停刊。

动，附有北京各地学校名称、教员，医院职员，教会职员名单；值得一提的是，当前随着网络的发展，出现了众多的电子期刊资源，如国家图书馆的民国电子书刊，大成老旧刊数据库，上海图书馆所办的晚清民国期刊数据库等，里面也有大量的民国北京的中文教会期刊可全文阅读下载，涉及很多民国北京基督教活动期刊文章。

四、地方史志史料

因基督教在民国时期的特殊地位，当时民国地方志均出现了对当地基督教情况的介绍，也可为掌握基督教活动的基本史料。在民国时期的北京地方志中的宗教部分介绍中，多涉及了基督教在当地历史概况、教堂、传教士教徒数目、教会学校、医院等介绍，为珍贵的民国中文史料，如《北京志丛稿》（1940 年）、《顺义县志》（1933）、《河北省宛平县事情》（1939 年）、《河北省良乡县事情》（1939）、《通县志要》（1940）、《河北省顺义县事情》（1940 年）等，可与西文史料对证使用；张先清、赵蕊娟等主编的《中国地方志基督教史料》（东方出版中心，2010 年），也收集了民国时期北京的顺义、通县、延庆等地县志中有关基督教的资料，为研究者提供了便利；建国后各地的地方、史志史料虽为二手史料，但同样不可忽视，也有专门的宗教章节提及基督教。香港学者陈剑光、林雪碧合编的《中国新方志中的基督宗教史料》（香港基督教协进会，2006 年）专门收集了北京各区志中的有关基督教的记载；另在建国后出版的《北京志》宗教志（2007 年）及《河北省志》宗教志（1995 年）中，都有北京各宗派活动历时，教会的社会事业等方面的记载。但受编写者水平及史料限制，地方志中的基督教史料或是叙述简略，或是事实错误较多。

而在建国后编著的教育类或历史类资料汇编中，也涉及到北京教会学校及教会历史情况，如《北京高等教育史料》近现代部分（1992 年）、《北京近代中学教育史料》（1995 年）、《北京近代教育行政史料》（1995 年）、《北京近代小学史料》（1995 年）、《北京高等教育文献资料选编：1861-1948》（2004 年）、朱有瓛，高时良编：《中国近代学制史料》第四辑（1993 年）；陈学恂编：《中国近代教育史教学参考资料》下册（1987 年）；李楚材编：《帝国主义侵华教育史资料：教会教育》（1987 年）；解成编：《基督教在华传播系年》（河北卷）（2008 年）等。建国后的 1960 年代，各地两会曾编有专门的基督教史料，如北京基督教两会编：《北京基督教史料选辑》8 册，另社科院近代史编:《近代史资料》第 32 号（1963 年第 3 期）中则有《美国公理会在华北的扩张》、《美国公理会教士鼓吹加紧对华文化侵略》等文章，涉及了公理会在北京地区活动介绍。以上文章带有强烈的政治色彩，但也不失为了解教会历史的参考。此外，燕京研究院还编纂出版了民国时期著名神学家、燕大宗教学院院长赵紫宸的文章结集《赵紫宸文集》（2003 年）4 卷本，内中对了解赵紫宸的神学，宗教思想大有裨益。而对于北京基督徒会堂的创办者王明道的资料，香港出版有王明道的自述《五十年来》（1982 年）、《王明道先生讲道集》（1981 年）、《王明道日记选辑》（1997 年）等。

在地方史志，文史资料中，还有大量介绍教会学校及历史的文章。如在北京教育史志办编纂的《北京教育史志丛刊》也刊登多篇北京教会学校回忆或研究文章，如《记慕贞女校》（1990 年创刊号）;《民国北京教会小学概况》（1991 年 2 期）;《北京教会中学简况》（1991 年 3 期）;《私立培元学校》（1992 年第 1 期）;《日军关闭燕京大学前后见闻》（1999 年 3 期）; 2003 年 1 期刊登《近代北京教会学校概况》、《燕京大学的宗教学院》。北京各区文史资料，也有相关基督教在各地活动的介绍，可作为研究的参考，在此不再细述[5]。如北京政协文史资料委员会编的《杏坛忆旧》（北京出版社，2000 年）则有《私立通县潞河中学》、《贝满女中》、《北京育英学校》、《慕贞女校》、《北京私立崇德中学》、《百十周年庆汇文》等多篇北京教会学校的回忆文章。另在教会医院方面，在《北京文史资料精选》中还有《道济医院的历史概况》、《同仁学院的创办与发展》、《解放前的潞河医院》等回忆文章;《燕大文史资料》、《燕京大学史料选编》等则有燕京大学师生写的大量的回忆文章。而部分与建国前的北京教会学校、医院有历史渊源的教育医疗机构也编著了相关的校志、医院志等史料，其中也涉及了很多民国北京基督教活动史料。如燕京大学相关的书籍有:《私立燕京大学》（1982 年）、《燕京大学 37-41 级校友入学 50 周年纪念刊》（1988 年）、《燕京大学：1945-1951 级校友纪念刊》（1994 年）、燕京大学人物志（2001 年）; 前身为育英学校的北京二十五中则出版有《育英史鉴（1864-2004）》（2004 年）; 前身为崇德学校的北京三十一中学则编有《崇

5　关于北京省及各地市文史史料中的基督教文章目录，可参见李永璞主编:《全国各级政协文史资料篇目索引：1960-1990》（北京：中国文史出版社，1992 年）及边晓利等编:《中国基督教史论文索引（1949-1997）》（《基督宗教研究》1999 年第 1辑）。

德、北京三十一中建校 80 周年纪念》（1991 年），另有 85 周年纪念册（1996 年）；前身为贝满女中的北京一六六中学建国后编辑出版了《北京贝满女中、女 12 中、166 中学建校 120 周年纪念册》（1984 年），另有 130 周年、140 周年纪念册及《百年老校话今昔：北京一六六中学校史》（1984 年）；前身为汇文中学的北京二十六中则编有《百年老校话今昔：北京二十六中校史》（1985 年）与《汇文中学北京二十六中校史纪念册（1871-1986）》（1986 年）；通县潞河中学则编有《潞河中学纪念册》（1988 年）、《百年潞园：潞河中学百年图片册》（2001 年）及《潞河中学史话》（2014 年）；另有《话说老协和》（1987 年）、《中国协和医科大学校史》（1987 年）、《北京基督教青年会会史片断》（1992-93 年）等书。

五、研究反思

民国时期丰富的中文基督教史料，为研究北京基督教历史提供了有利条件，但由于基督教资料比较分散，部分资料已不多见，故学界应加强对北京基督教史料的搜集分类与整理，以史料结集的形式出版，并做好资料数字化工作。而在研究过程中，也不能过度依靠中文史料，必须结合英文原始差会档案及《教务杂志》、《中国差会年鉴》等民国英文书刊史料，相比来说，英文的教务统计更为准确，故应做好中英文资料互证。而北京的方志、文史史料及社会统计等中文史料，虽然多为二手史料，甚至存在某些错误，仍有其重要参考价值，在研究中也不可忽视。民国北京教会的部分教堂、学校等建筑现在仍有保留，也有不少华人基督徒健在，对于由田野调查、拜访基督徒而获得口述史料，也应给予重视，应及早组织人员进行采访并作归纳整理，以防止这些珍贵的口述史料消亡。

改革开放以来，在众多学者的努力下，民国北京基督教史研究取得了丰硕成果[6]，将区域基督教史推上了新台阶，代表作有北京市基督教两会编：《北京基督教史简编》（1995 年）；陈月清的《北京基督教发展述略》（1998 年）；左芙蓉的《社会福音、社会服务与社会改造：北京基督教青年会历史研究》（2005 年）与《基督教与近现代北京社会》（2009 年）等，但仍有许多问题

---

6 具体可参见左芙蓉：《近代北京基督教史研究现状及资料利用综述》（《世界宗教研究》2012 年第 2 期）及金以枫主编：《1949 年以来基督宗教研究索引》（北京：社会科学文献出版社，2007 年）中相关北京基督教史研究成果介绍。

值得深化研究。民国时期来北京传教的欧美新教差会达十余个，非常有必要以美国公理会、英国伦敦会、英国圣公会、美国美以美会、美国北长老会等英美差会为个案考察基督教在民国北京活动，利用差会档案、年度报告、会议记录及前面所述史料，已经具备对各差会个案研究的条件，可以进一步深化北京基督教史研究。在研究差会个案史问题上，如何突出差会个案的特色，并改变传统的简单叙述其各方面活动的思路，也是后来研究者需要注意的问题。同时，当前对教会学校、医院及传教士的个案研究较多，而对北平汇文神学院，北平联合女子圣道学院等神学院个案需加强研究，另更应加强对基督教来华本职工作——布道事业的关注，而非只注重其社会事业。而从研究时段来看，抗战前民国北京基督教研究已有初步探讨，但抗战、解放战争时期及新中国成立前后的北京基督教还关注较少。此外，除了关注外国差会在北京活动研究外，同时更应从本土视野关注民国时期的北京教会及教徒，如北京真耶稣教会、基督徒会堂、基督徒聚会处、圣城新教会及民国北京基督徒群体研究，都值得深入挖掘研究。